教育部人文社会科学重点研究基地云南大学西南边疆少数民族研究中心资助

西　部　地　区

农村妇女角色研究

以乡村振兴为视野

章立明◎著

中国书籍出版社
China Book Press

图书在版编目（CIP）数据

西部地区农村妇女角色研究：以乡村振兴为视野/章立明著．— 北京：中国书籍出版社，2024. 11.
ISBN 978 - 7 - 5241 - 0162 - 8

Ⅰ. D669. 68

中国国家版本馆 CIP 数据核字第 2025A85S54 号

西部地区农村妇女角色研究：以乡村振兴为视野

章立明　著

责任编辑　刘洁琼　王　淼
责任印制　孙马飞　马　芝
封面设计　中联华文
出版发行　中国书籍出版社
地　　址　北京市丰台区三路居路 97 号（邮编：100073）
电　　话　（010）52257143（总编室）　（010）52257140（发行部）
电子邮箱　eo@ chinabp. com. cn
经　　销　全国新华书店
印　　刷　三河市华东印刷有限公司
开　　本　710 毫米×1000 毫米　1/16
字　　数　226 千字
印　　张　13
版　　次　2025 年 6 月第 1 版　2025 年 6 月第 1 次印刷
书　　号　ISBN 978 - 7 - 5241 - 0162 - 8
定　　价　85. 00 元

图表示例

太阳歇歇么　歇得呢 月亮歇歇么 歇得呢 女人歇歇么 歇不得 女人歇下来么 火塘会熄掉呢 冷风吹着老人的头么 女人拿脊背去门缝上抵着 刺柯戳着娃娃的脚么　女人拿心肝去山路上垫着 有个女人在这么 老老小小就拢在一堆了 有个女人在这么　山倒下来 男人就扛起了

苦荞不苦么 吃得呢 槟榔不苦么　嚼得呢 女人不苦么　咋个得么 女人不去吃苦么 日子过不甜呢 天上不有个女人在这么 天就不会亮了 地上不有个女人在这么 地就不长草了 男人不有个女人陪着么 男人就要生病了 天底下不有个女人在着么 天底下就不会有人了

《高原女人》*

* 《高原女人》是云南民歌词作家蒋明初创作的一首民族歌谣。歌词用简单的云南方言，精辟地描述了女性的生产角色与再生产角色。杨丽萍在《云南映象》中选用《高原女人》伴舞并亲自说唱。

目　录

CONTENTS

导论

乡村振兴视野下的西部地区农村妇女

2017 年，党的十九大报告①提出在“三农”工作中实施“产业兴旺、生态宜居、乡风文明、治理有效、生活富裕”的乡村振兴战略，既是为了巩固农村地区来之不易的脱贫攻坚成果，又是为了全面建成社会主义现代化国家。② 作为乡村振兴的重要力量，西部农村妇女既是乡村振兴的享有者和受益者，又是乡村振兴的推动者和建设者。本书运用摩塞性别分析框架对西部农村妇女的三重角色进行研究，既探讨了农村妇女作为乡村振兴主体的经验事实，又有助于推动男女平等基本国策的贯彻落实。

一、乡村振兴战略与西部地区农村妇女

作为世界上人口数量最多的发展中国家，当前我国发展不平衡不充分问题在乡村最为突出，因此全面建成小康社会和全面建设社会主义现代化强国，短板在农业，难点在农村。作为实施乡村振兴战略的主体之一，③ 西部地区农村妇女既是乡村振兴的享有者和受益者，又是乡村振兴的推动者和建设者。

---

① 习近平在中国共产党第十九次全国代表大会上的报告［EB/OL］. 新华网，2017-10-27.

② 2022 年，党的“二十大”也明确提出“全面推进乡村振兴，坚持农业农村优先发展，坚持城乡融合发展，畅通城乡要素流动。”叶兴庆. 新时代中国乡村振兴战略论纲［J］. 改革，2018（1）：65-73；姜长云. 实施乡村振兴战略需努力规避几种倾向［J］. 农业经济问题，2018（1）：8-13；刘润秋，黄志兵. 实施乡村振兴战略的现实困境、政策误区及改革路径［J］. 农村经济，2018（6）：6-10.

③《中共中央 国务院关于实施乡村振兴战略的意见》指出，“坚持农民主体地位。充分尊重农民意愿，切实发挥农民在乡村振兴中的主体作用，调动亿万农民的积极性、主动性、创造性，把维护农民群众根本利益、促进农民共同富裕作为出发点和落脚点，促进农民持续增收，不断提升农民的获得感、幸福感、安全感。”

（一）乡村振兴战略与中国西部地区①

由于地理位置以及环境等多方面因素的综合影响，我国西部地区是经济发展的“洼地”，也是全面建成小康社会，任务最艰巨和最繁重的地区。2019 年中央一号文件（即《中共中央、国务院关于坚持农业农村优先发展做好“三农”工作的若干意见》）这样描述：“做好脱贫攻坚与乡村振兴的衔接，对摘帽后的贫困县要通过实施乡村振兴战略巩固发展成果，接续推动经济社会发展和群众生活改善。”党的十九届五中全会通过的《中共中央关于制定国民经济和社会发展第十四个五年规划和二〇三五年远景目标的建议》（以下简称《建议》），在“优先发展农业农村，全面推进乡村振兴”部分中提出，要“实现巩固拓展脱贫攻坚成果同乡村振兴有效衔接”，并就如何巩固拓展脱贫攻坚成果和实现二者的有效衔接，从帮扶机制、财政投入、健全农村社会保障和救助制度、增强内生发展能力等方面提出了具体要求。2022 年，党的“二十大”也明确提出“全面推进乡村振兴，坚持农业农村优先发展，坚持城乡融合发展，畅通城乡要素流动”。因此，西部地区就成为推动区域协调发展、共同发展的关键所在，同时也是乡村振兴的主战场之一。

1. 指导“三农”工作的乡村振兴战略

2017 年 10 月 18 日，习近平总书记在党的十九大报告中明确提出“乡村振兴战略”，对新发展阶段优先发展农业农村、全面推进乡村振兴做出总体部署，为做好当前和今后一个时期的“三农”工作指明了方向，如加快推进农业农村现代化，让农业成为有奔头的产业，让农民成为有吸引力的职业，让农村成为安居乐业的美丽家园。

2018 年 2 月，中共中央和国务院印发《关于实施乡村振兴战略的意见》，提出实施乡村振兴战略，是党的十九大做出的重大决策部署，是决胜全面建成小康社会、全面建设社会主义现代化国家的重大历史任务。《关于实施乡村振兴战略的意见》还明确了实施乡村振兴战略的目标任务。到 2020 年，乡村振兴取得重要进展，制度框架和政策体系基本形成；各地区各部门乡村振兴的思路举措得以确立，全面建成小康社会的目标如期实现。到 2022 年，乡村振兴的制度框

① 截至 2023 年 9 月 25 日，联合国粮食及农业组织的全球重要农业文化遗产保护名录已涵盖全球 23 个国家的 67 个系统，中国共有 18 处遗产地入选全球重要农业文化遗产保护名录，其中 7 处位于西部地区，它们分别是云南红河哈尼稻作梯田系统、贵州从江侗乡稻鱼鸭系统、云南普洱古茶园与茶文化系统、广西龙胜龙脊梯田、甘肃迭部扎尕那农林复合系统、内蒙古敖汉旱作农业系统、内蒙古阿鲁科尔沁草原游牧系统。

架和政策体系初步健全；探索形成一批各具特色的乡村振兴模式和经验，乡村振兴取得阶段性成果。到2035年，乡村振兴取得决定性进展，农业农村现代化基本实现。到2050年，乡村全面振兴，农业强、农村美、农民富全面实现。

2021年2月25日16时，国务院直属机构国家乡村振兴局正式挂牌，而之前国务院扶贫开发领导小组办公室的牌子已经摘下。[①] 国家乡村振兴局的正式挂牌，既是我国脱贫攻坚战取得全面胜利的一个标志，也是全面实施乡村振兴，巩固脱贫攻坚成果防止返贫的新起点。如在西部地区的脱贫县中确定一批国家乡村振兴重点帮扶县；加强农村低收入人口常态化帮扶，对有劳动能力的，坚持开发式帮扶方针，对没有劳动能力的，及时纳入现有社会保障体系等。

2021年4月29日，十三届全国人大常委会第二十八次会议表决通过《中华人民共和国乡村振兴促进法》，这是我国第一部直接以"乡村振兴"命名的法律，已于2021年6月1日正式施行。《乡村振兴促进法》包括10章，共74条。其中总则第四条（二）指出："坚持农民主体地位，充分尊重农民意愿，保障农民民主权利和其他合法权益，调动农民的积极性、主动性、创造性，维护农民根本利益。"[②] 这部法律坚持以人民为中心的发展思想，把实现共同富裕作为乡村振兴的目标和重要原则，将维护农民主体地位、尊重农民意愿、保障农民合法权益摆在突出位置，贯穿法律始终，目的在于把广大农民对美好生活的向往转化成推动乡村振兴的力量，为实现乡村振兴注入源源不断的内生动力。

2. 中国西部地区集生态脆弱与贫困为一体

我国西部地区共由12个省（直辖市、自治区）组成，即四川、陕西、云南、贵州、甘肃、青海六个省，广西、内蒙古、新疆、宁夏、西藏五个自治区，以及重庆一个直辖市。

截至2018年底，西部地区土地面积678.1589万平方公里，占全国总面积的70.6%，其中土地资源中平原面积占42%，盆地面积不到10%，约有48%的土地资源是沙漠、戈壁、石山和海拔3000米以上的高寒地区。特别是在农牧、林牧、农林等复合交错带形成突出的生态问题，如我国八大生态脆弱地区就有5个分布在西部地区，如西北荒漠绿洲交接生态脆弱区、西南岩溶山地石漠化生态脆弱区、西南山地农牧交错生态脆弱区、青藏高原复合侵蚀生态脆弱区和北

---

① 1986年5月16日，作为国务院议事协调机构的国务院贫困地区经济开发领导小组成立，1993年12月28日改称国务院扶贫开发领导小组。2021年成立的国家乡村振兴局由国务院扶贫开发领导小组办公室整体改组而来，由农业农村部代为管理。

② 中华人民共和国乡村振兴促进法［EB/OL］．新华网，2021-04-29.

方农牧交错生态脆弱区，具体表现为草地退化、土地沙化面积巨大、水土流失严重、自然灾害频发、水资源短缺以及生物多样性丧失等严重后果。

由于生态脆弱区大多属于限制性开发区域，所以生态脆弱成为西部地区致贫的最主要因素。生态脆弱地区与国家规划的贫困片区在很多地方是高度重合的，比如青藏高原和西南山地农牧交错带主要包括了西藏自治区和周边四省的藏区，西南的石漠化生态脆弱区则包括了滇桂黔的石漠化区在内。在国家 14 个集中连片特困地区中，西部地区就有 9 个，如六盘山区、秦巴山区、武陵山区、乌蒙山区、滇桂黔石漠化区、滇西边境山区、西藏、四省藏区和新疆南疆三地州。西部地区贫困人口多，贫困程度深，一直以来都是我国扶贫攻坚的主战场，1999 年至 2018 年，西部地区生产总值占全国比重由 17.9%提高到 20.1%，人均地区生产总值从相当于全国平均水平的 62.9%提高到 75.4%；2012 年至 2018 年，西部地区农村贫困发生率由 17.6%下降到 3.2%，累计下降 14.4 个百分点。2021 年 2 月 25 日，习近平总书记在全国脱贫攻坚总结表彰大会上发表重要讲话，庄严宣告：“经过全党全国各族人民共同努力，在迎来中国共产党成立一百周年的重要时刻，我国脱贫攻坚战取得了全面胜利，现行标准下 9899 万农村贫困人口全部脱贫，832 个贫困县全部摘帽，12.8 万个贫困村全部出列，区域性整体贫困得到解决，完成了消除绝对贫困的艰巨任务，创造了又一个彪炳史册的人间奇迹！”①

（二）西部地区农村妇女是实现乡村振兴的重要力量

乡村振兴的总要求是产业兴旺、生态宜居、乡风文明、治理有效和生活富裕，而要实现这个总要求就需要发动西部地区的农村妇女参与，她们不仅是乡村振兴的享有者和受益者，而且也是乡村振兴的推动者和建设者。西部地区农村女性人口数量庞大，且大部分是少数民族，所以西部地区农村妇女在实现乡村振兴中所起的作用也不尽相同。

1. 西部地区人口数量庞大的农村妇女

第七次全国人口普查数据显示，2020 年，西部地区总人口为 38285 万人，占全国总人口的比重为 27.12%，较 2010 年上升了 0.22 个百分点。城镇化率是城市化的度量指标，一般采用人口统计学指标，即城镇人口占总人口（包括农业与非农业）的比重。2020 年，我国城镇常住人口为 90199 万人，占总人口比

① 习近平：在全国脱贫攻坚总结表彰大会上的讲话［EB/OL］. 中国政府网，2021-02-25.

重为63.89%；乡村的人口为5.1亿人，占36.11%。2020年，我国户籍人口城镇化率为45.4%，这样看来我国乡村人口数量就更多了，这仅是全国的平均数据，具体到西部十二省区情况则更不一样。具体情况如表1所示。

表1 2020年西部十二省区人口总数与城镇化率简表

名称	人口总数（万人）	城镇化率（%）	农村人口（万人）
四川	8367.49	56.73	3620.90
云南	4720.93	50.05	2358.07
贵州	3856.21	53.15	1806.62
广西	5012.68	54.20	2295.58
陕西	3952.90	62.66	1475.93
甘肃	2501.98	52.23	1195.25
新疆	2585.23	56.53	1123.87
重庆	3205.42	69.46	979.01
内蒙古	2404.92	67.48	782.17
宁夏	720.27	64.96	252.40
青海	592.40	60.08	236.46
西藏	364.81	35.73	234.47
全国		63.89（45.4）	

数据来源：根据国家统计局相关数据整理汇总。中华人民共和国国家统计局官方网站，http：//stats.gov.cn/.

表1是2020年西部十二省区常住人口的城镇化率，西部地区的农村人口共有16360.73万，按照全国平均总人口性别比的105.07来计算，农村人口当中约

有8000万妇女，如果按户籍人口城镇化率来计算的话，那么西部地区农村人口当中就有超过1亿的农村妇女。

2. 西部地区的少数民族农村妇女

西部地区民族众多，是中国少数民族分布最集中的地区。在目前我国已认定的55个少数民族中，有将近50个世居在今天的西部地区。云南是全国世居少数民族种类最多的省份，拥有人口在5000人以上的彝族、哈尼族、白族和傣族等25个世居民族，其中傈僳族、拉祜族、佤族、景颇族和独龙族等15个少数民族为云南省独有，其中包括布朗族、独龙族、景颇族、基诺族、傈僳族、德昂族、拉祜族、怒族和佤族在内的9个“直过民族”。[①] 在西部地区，除了五个民族自治区，其余各省市也都有大量的少数民族人口和民族自治区域，以青海省为例，少数民族人口占全省总人口的45.5%，民族自治区域面积占全省总面积的98%。

总的来说，西部地区经济发展总体相对滞后，各个少数民族之间的发展状况也极不平衡，各个少数民族地区/村落内部也存在着利益不尽相同的群体。由于地域性、民族性和多元性，西部地区的少数民族创造并形成了包括语言文字、宗教信仰、自然崇拜、神话传说、歌谣舞蹈、服装饰物、建筑技艺以及礼仪习俗在内的独特民族文化，这也成为乡村振兴的重要文化资源。《中共中央 国务院关于实施乡村振兴战略的意见》中强调：“切实保护好优秀农耕文化遗产，推动优秀农耕文化遗产合理适度利用。深入挖掘农耕文化蕴含的优秀思想观念、人文精神、道德规范，充分发挥其在凝聚人心、教化群众、淳化民风中的重要作用。”[②]

2020年第七次人口普查数据显示，全国少数民族人口为12547万人，占全国人口总数的8.89%，与2010年相比，各少数民族人口增长10.26%，少数民族人口比重上升0.40个百分点。根据第六次全国人口普查数据，我国少数民族女性人口约5467万，目前尚未公布第七次人口普查中的分地区与分性别数据。如果按照全国55个少数民族的总人口的80%都在西部地区进行大致估算的话，那么西部地区约有10000万的少数民族，也有不低于5000万的少数民族妇女，如果以上文提到的西部地区至少有8000万的农村妇女来计算的话，那么也有近

① 特指新中国成立后，未经民主改革，直接由原始社会跨越几种社会形态过渡到社会主义社会的民族。

② 中共中央 国务院关于实施乡村振兴战略的意见［EB/OL］. 新华网，2018-02-04.

70%的人口是生活在农村的少数民族妇女。

因此，西部地区在实施乡村振兴战略过程，要格外重视农村妇女所起的作用，特别是要考虑到少数民族妇女在社会发展过程中遇到的比其他妇女群体更多的困难。另外，不同民族的风俗习惯、较低的受教育程度①以及政治参与能力不足等因素都会直接或间接地影响乡村振兴的效果与最终成果。

二、作为乡村振兴主体的农村妇女研究及其研究框架

2018 年中央一号文件明确提出将妇女作为实现乡村振兴的重要力量，而激发女性的主体性和能动性就是乡村振兴的重要课题。对此，学术界进行了一些研究，但存在不足。本书主要借助摩塞性别分析框架来剖析西部农村妇女的角色问题，并进行相应反思。

（一）乡村振兴与农村妇女研究的相关成果及其不足

通过对知网的梳理，我们发现国内学术界对于乡村振兴与农村妇女研究的相关成果数量不足，角度单一，学理性不足，特别是有关西部地区的内容更是稀少，这也为本文研究西部地区农村妇女角色留下了不少的空间。

1. 国内有关乡村振兴与农村妇女研究的成果

2021 年 3 月 2 日，2021 人民网全国两会调查热词榜出炉，乡村振兴位居第三位；2022 全国两会调查结果出炉，乡村振兴关注度位居第八位，可以说，连续两年乡村振兴都成为两会的霸榜热词。通过对知网的梳理，我们试图发现乡村振兴与西部农村妇女关联度的相关成果。截至 2023 年 5 月 3 日，中国知网上有 17450 篇标题包含“乡村振兴战略”的论文，以“乡村振兴与农村妇女”为标题，可以在知网上检索到相关学术论文 67 篇，涉及妇女就业创业、政治参与、村庄治理、精神生活和思想政治等主题，其中与西部地区关联度较高的是以下 10 篇：徐良的《乡村振兴视域下农村妇女技能就业创业实践路径探析——以青海海东青绣产业为例》、罗卫国等《乡村振兴战略下农村留守妇女的新困境——基于甘肃省通渭县 10 个村庄的个案研究》、温娟的《农村妇女参与乡村

① 2021 年 5 月 21 日第七次全国人口普查数据显示，在西部 12 个省（区）当中，受教育年限超过 10 年的只有内蒙古（10.08）、新疆（10.11）和陕西（10.26）三省，低于 10 年从高到低分别是宁夏（9.81）、重庆（9.8）、广西（9.54）、四川（9.24）、甘肃（9.13）、青海（8.85）、云南（8.80）、贵州（8.75）和西藏（6.76）。目前尚未公布各省性别与受教育年限的具体数据。国家统计局．第七次全国人口普查公报（第六号）［EB/OL］．国家统计局网站，2021-05-11.

振兴的问题与对策研究——以四川省兴文县金钟村为例》、穆热迪力·斯马依等的《农村妇女参与乡村振兴的意义探讨——以新疆南疆地区为例》、陈向欢等的《乡村振兴战略背景下农村留守妇女社区参与研究——以甘肃省临夏州A村农民合作社为例》、龚荣华的《乡村振兴背景下农村留守妇女继续教育问题及对策研究——基于广西壮族自治区L县的调查》、海天的《乡村振兴下西北地区农村妇女多维贫困治理研究——以宁夏西吉县X镇为例》、张欢欢等《赋权理论视角下农村妇女参与乡村振兴的路径研究——以S公益项目为例》、毛平等的《乡村振兴视角下民族地区农村妇女政治参与效能提升路径研究——基于四川省凉山州彝族农村地区的调研》和唐永霞等《贫困地区农村妇女在乡村振兴战略中的作用研究——以甘肃省通渭县为例》。

2018年6月13日，吴惠芳在《中国妇女报》发表《如何在乡村振兴中助推妇女赋权与发展——“乡村振兴与妇女发展”学术研讨会之新视点》一文，虽然只是对会议学术观点的综述，但是其中所涉及的乡土文化内涵、妇女在粮食安全方面的作用以及农村妇女参与乡村治理等观点与本书相关章节的写作思路不谋而合。如“乡土文化复兴和乡村文化建设是乡村振兴的重要内涵，也是实现性别平等的前提……要在乡土文化复兴中强化性别平等意识，挖掘和弘扬妇女解放时期的性别平等理念和丰富历史资源……要重视留守妇女和中老年妇女在传承乡村社会文化习俗、技艺和民间知识中的特殊地位和主体作用。乡村振兴不仅要实现产业兴旺，还包括了生态宜居、农业可持续发展等诸多层面……乡村振兴的目标之一是治理有效，因此促进农村妇女参与乡村治理也是一个重要议题。”①

2. 乡村振兴与农村妇女研究的不足之处

在为数不多的涉及乡村振兴与农村妇女的研究中，最为常见的就是把“妇女”一词当作一个集体名词来使用，指的是一个无可争议的、毫无区别的同质性群体。② 1991年，钱德拉·莫汉蒂（Chandra T. Mohanty）对包括单复数在内的“妇女”概念进行了反思，③ 指出妇女在日常生活中受到阶级、种族、文化

① 吴惠芳．如何在乡村振兴中助推妇女赋权与发展：“乡村振兴与妇女发展”学术研讨会之新视点［N］．中国妇女报，2018-06-13（B1）．

② 黄快生．妇女参与乡村振兴：制度困境与政策选择［J］．社会科学家，2021（4）：126-132.

③ MOHANTY C. Feminist Genealogies Colonial Legacies，Democratic Futures［M］. New York and London：Routledge，1991：63-64.

和国家等多重等级与权力关系的影响。如发展中国家妇女的贫困、不平等及边缘化是由男性占主宰的各种制度排斥并限制了妇女获得经济资源和政治参与造成的，而强制性的性别劳动分工又将户内外最繁重、劳动密集型且回报很低的工作任务分配给妇女等。也就是说，婚姻制度、性别分工、职业限制和种姓制度都在构筑妇女的具体内涵。

虽然同属中国妇女，西部地区农村妇女更多地受到族群、语言、生活方式、宗教文化以及地区/地域差异等因素的制约。我国 55 个少数民族人口总量不一，但几乎都有自己独特的风俗、习惯和语言等传统，再加上她们分散在不同地区，呈大分散小聚居的插花式分布，从而经历了不尽相同的发展轨迹和现代化历程，所以，我们不可以简单化地把西部农村妇女化约为一个集体名词，她们所处的这些不同权力等级和社会格局，不仅塑造了她们独特的生产角色和再生产角色，而且还影响到她们所扮演的社区角色。我们通过对西部农村妇女的生产、再生产和社区角色进行分析，进而透析农村妇女日常生活的不同层面并建构其生活意义与现实价值，从而展示西部地区农村妇女的生活智慧与生活经验，关注妇女的潜能与潜力，有助于分析制约妇女发挥潜能与潜力的因素，致力于在乡村振兴中增强农村妇女性别平等观念。

正如佟新在《少数民族性别观念：现状与形塑》一文中所说的，“不能预设少数民族人口，包括少数民族女性是落后的，而应该看到随着少数民族人口受教育程度的提高所呈现出的对其性别观念的正向影响。这一影响不仅指向少数民族女性还需要关注少数民族男性”①。对于西部农村妇女的研究来说亦是如此，必须消除包括自然/文化在内的二元对立，这样我们才能理解现实的同一性。

（二）摩塞社会性别分析框架及其反思

借助摩塞社会性别分析框架细分妇女的生产角色、再生产角色和社区角色，可以呈现西部地区农村妇女的日常生活经验和生活实践。当然，通过对中国历史经验的洞察，特别是厘清农桑并重的赋税制度与注重性别和辈分的孝道文化，在拓展欧美女性主义理论对妇女角色认知的广度与深度时，也能更好地理解中国西部农村妇女角色的内涵与意义。

1. 妇女发展理论洞见了妇女的生产角色

从 20 世纪 70 年代初的“妇女参与发展”（Women in Development）崛起，

---

① 杨国才，顾一平．多元化拓展性别研究 多视角观察民族发展关注：“回溯与前瞻：民族、性别与社会发展”学术研讨会［N］．中国妇女报，2019-08-06（6）．

到20世纪80年代中后期的“妇女与发展”（Women and Development）和“社会性别与发展”（Gender and Development）并列，妇女发展业已成为国际学术、实践和政策领域中不可或缺的一个重要议题。在20世纪50年代至60年代，发展机构主要从再生产的角度审视妇女的经济价值，[①] 因而不可避免只将妇女仅看作孩子生养者、持家者以及家庭主妇的再生产角色。

在人类社会早期阶段，两性分工现象便已出现。男性猎取大型动物以及制作工具，而女性编篮子、做罐子以及照料婴幼儿等。婴幼儿离不开成年人的悉心照料，而妇女被天然地认为是妻子或者母亲，照料者角色也被认为是母亲的“天然”职责（使命）。在现代社会中，支撑一个家庭可能意味着要通过“工薪劳动、微型企业经营、家庭户生产和自给自足的农业等各种活动，或者是四者兼而有之”[②]。也就是说，为了维持家庭生计，妇女要从事各种各样的活动，生产角色与家庭内部的再生产角色交织在一起而难以拆分。

然而发展理论却认为妇女仅仅作为生育者与照料者存在，全然不顾她们在现代社会中所承担的粮食生产者、加工者、小买卖经营者及其他有酬无酬生产安排的劳动角色。也就是说，发展政策和发展项目把妇女的生产作用与经济贡献隐匿了，最终导致在具体的项目实践中不是有意无意地漠视妇女，就是只对妇女的再生产角色，对诸如计划生育、人口控制、母婴保健、营养卫生以及家政等其他方面进行措施干预。

1970年，伊斯特·博斯鲁普（Ester Boserup）在《妇女在经济发展中的作用》[③] 一书中揭示了在亚非拉许多国家的生产部门中妇女的巨大贡献，而当男性被吸纳进入现代的农业部门时，妇女则滞留在无法获得土地、信贷和技术的温饱农业当中。也就是说，在世界很多地方，妇女并不能自动从发展项目中受益，而是被自动排除在发展进程之外。博斯鲁普最重要的贡献之一就是揭示了维持生计的经济活动主要是由妇女承担的，但她们的贡献却在生产与收入的统计表中被漠视了，农业劳动中的性别分工进一步影响了妇女劳动力向非农业的其他行业进行转移，使她们无法获得更高的薪资水平并不断提高自己。

---

① 再生产劳动（Reproduction）含生物和社会再生产两个维度，主要指生孩子、带孩子、做饭、洗衣、搞卫生、挑水、找柴和购物等劳动。在很多社会，通常由妇女承担的这些无酬劳动很少被当作真正意义上的“工作”。

② 周颜玲，伯海德．全球视角：妇女、家庭与公共政策［M］．王金玲，等译．北京：社会科学文献出版社，2004：323.

③ 胡玉坤，郭未，董丹．知识谱系、话语权力与妇女发展：国际发展中的社会性别理论与实践［J］．南京大学学报，2008（4）：34-39.

2. 摩塞框架对妇女三重角色的划分

虽然博斯鲁普的著作着力于使第三世界妇女长期被遮蔽的生产劳动、工作贡献和经济价值凸显出来，但她在强调妇女的生产劳动角色时又忽视了她们的再生产劳动角色，这就难免给“妇女与发展”造成了一些误解和盲点。正因为如此，“社会性别与发展”在这一方面做出了新的调整与回应，也就是说，不再将妇女视为一个同质性概念，而从生产角色与再生产角色相结合的层面来思考妇女的生活和地位，因为在农业社会的日常生活中妇女的生产和再生产活动通常是互相重叠甚至是不分彼此的。比如，找柴生火做饭是再生产劳动，把柴火送往集市交易获取经济收入就属于生产劳动；而采集活动本身也可以分为供自家使用或者为了市场交换等。此外，妇女也不完全是被动的牺牲品和发展的受害者，她们在发展过程和社会变迁中也有其主体能动性，其生存理性与智慧值得社会生活加以铭记与尊重。

为了进行社会性别的分析、培训和制订社会性别计划，国际发展计划者和实践者开发了诸多颇有影响力的分析方法与工具来评估发展中的社会性别差距。最负盛名的社会性别分析框架包括“哈佛框架、摩塞框架、社会关系框架、赋权框架和社会性别分析矩阵”等，① 它们各有侧重，本书采用的是其中的摩塞框架。1986 年，卡罗琳·摩塞（Caroline Moser）在《社会性别计划的理论和方式——满足妇女的实用性及战略性需要》一书中首先提出摩塞框架，而在 1993 年的《发展工作中的社会性别计划：理论、实践及培训》一书中，她对摩塞框架的背景及应用进行了非常详尽的描写和论述。

总的来说，摩塞框架的贡献在于细分妇女的生产与再生产任务，并把活动类别与性别和年龄结合起来（是成年妇女还是成年男性，是孩子还是老人等）来回答“谁做什么”的问题，至于“做了什么”需要更多的有关活动领域的相关细节。如每一个农业项目的活动图表会根据社会性别分工为每种作物或每块土地列出相应的每项农业活动（如开荒或者做准备等）所需的活动种类；每一项活动需要占用百分之几的时间，它是按季度还是按日来进行的时间分配；每一项活动发生的地点，也就是人们工作的地点是家里、自家土地上、家庭商店里、在社区之内或者之外的其他地方等。

在此种细分的背景下，摩塞通过“谁做什么”和“做了什么”的问题来描

① 马奇，史密斯，穆霍帕德亚．社会性别分析框架指南［M］．社会性别意识资源小组，译．北京：社会科学文献出版社，2004.

绘基于性别与年龄的劳动分工，发现大多数社会的妇女往往兼具三重角色，即生产角色、再生产角色及社区角色，而成年男性则主要从事生产及社区管理活动。正如摩塞定义的那样，生产是指生产用于消费和贸易的商品及服务（包括受雇于他人及个体经营），男性和女性都有可能参加此类工作，但他（她）们的具体工作及责任往往不同。也就是说，妇女从事的劳动其生产价值常常不像男性从事的那么明显可见，通常被认为不那么有价值或者通俗地说是“不值钱”。再生产性质的工作指对家庭以及家庭成员的日常照料和实际帮助，包括但不限于生育及照料孩子及家人。在贫穷的村落（社区）里，再生产的工作绝大部分是劳动密集型的，并且非常耗费时间，这些工作几乎总是由妇女和未成年的女孩来承担，并被认为是其天职。社区工作包括集体组织的社会性活动及服务（如庆典/庆祝活动，改善社区状况的活动，参与各类小组活动以及地区性的政治活动等），此类工作在经济分析中很少被考虑到，但是它需要大量的志愿工作时间，且对社区的精神及文化发展至关重要，本身就是组织社区团结和促进社区自治的途径之一，“男女都参加社区活动，但这里也同样盛行基于社会性别的劳动分工”①。摩塞将社区工作分为两种不同类型的工作。第一种是社区管理工作。因为这类工作被看成女性再生产角色的延伸，所以主要由妇女来承担。此类工作是确保每个人都可以获得和使用十分珍贵的资源，如水、保健及教育，因为是志愿性质的且无报酬的，往往由妇女在闲暇时间来完成。第二种是社区政治工作。它主要由男性来承担，他们参与有组织的和正规的、往往是在国家政治框架内的政治活动，这些工作通常是有薪水报酬的，或者通过地位和权力的提高而间接地获得相应的物质和精神收益。

虽然成年男性、成年妇女、男孩和女孩都有可能在某种程度上从事以上三个领域的工作，但男性从事再生产工作的情况却少得多。在许多男性的印象中，妇女不用干什么体力活，就是在家管管孩子，不可能从事太多的体力劳动。其实在许多社会里，妇女和女孩在承担了很多生产性劳动的同时，还要承担几乎全部的再生产性劳动。

摩塞框架最终目的是保证各种工作都能得到平等的重视。再生产的工作对于人的生存及劳动力的维持与再生产是至关重要的，但它却很少被看作“真正的”工作。当人们被问到他们从事什么工作时，回答几乎是生产性的工作，尤

---

① 马奇，史密斯，穆霍帕德亚．社会性别分析框架指南［M］．社会性别意识资源小组，译．北京：社会科学文献出版社，2004：76.

其是“那些有薪水及创造收入的工作”[①]。摩塞框架对三重角色的划分使那些往往被人们视而不见的工作进入研究者的视野，并有助于对不同领域的工作都进行更加公平的评估，特别是它还引起相关项目人员和研究者的注意，因为人们从事的“生产、再生产及社区工作之间是互相联系的，你不可能对一个领域做出改变而对其他领域毫无影响”[②]。

3. 中国历史经验对摩塞性别分析框架的反思

“妇女与发展”理论意识到妇女的从属地位同她们被排除在正规市场之外有关，因而力主使妇女融入市场经济并获得有报酬的工作；摩塞分析框架发现了妇女的生产角色与经济贡献。然而梳理中国古代嫁娶婚有关的家庭制度和与年龄、辈分和性别相结合的孝道文化，我们才发现农桑并重的赋税制度本身就肯定了妇女的经济贡献。当然，只以生产指标和经济贡献并不能全面评价西部地区农村妇女的生产角色及其实际所发挥的作用。

（1）以唐诗三百首[③]为例看西部农村妇女的生产劳动

在1949年前，我国农村盛行以生产资料的个体所有制为基础的小农经济，这种规模小、生产条件简单的经济形式之所以能够长期存在，就在于它是建立在以家庭为生产和生活单位之上的，通过家庭成员的性别分工来实现生产和消费的平衡。具体说来，夫妻双方都是家庭的主要劳动力，男性在田间耕作、妇女在家中纺织与操持家务的性别分工不仅满足了家庭成员的基本生活需要，而且在耕和织的劳动成果上还建立起一个国家的赋税制度，“一夫不耕，或受之饥；一女不织，或受之寒”（《汉书·食货志》），即我国古代农桑并重的赋税制度在肯定农夫的劳动价值时，也没有忽略农妇的生产价值。当然，古代农妇除了纺纱和织布之外，并没有完全绝缘于“耕”。刘禹锡写于四川重庆（渝）一带的《竹枝词》中的诗句“银钏金钗来负水，长刀短笠去烧畲”，就是指当地妇女与男性一样要从事刀耕火种的农业。在牛耕犁锄农业中，春插与秋收时节，妇女也要下地干活，如“农妇白纻裙，农父绿蓑衣”（刘禹锡的《插田歌》）；或者是在秋收时承担做饭送水等辅助性工作等，如白居易的《观刈麦》云：“田家少闲月，五月人倍忙。夜来南风起，小麦覆陇黄。妇姑荷箪食，童稚

① 马奇，史密斯，穆霍帕德亚．社会性别分析框架指南［M］．社会性别意识资源小组，译．北京：社会科学文献出版社，2004：63-64.

② 马奇，史密斯，穆霍帕德亚．社会性别分析框架指南［M］．社会性别意识资源小组，译．北京：社会科学文献出版社，2004：73.

③ 除另有注释外，本书所引用的唐诗选自武汉大学中文系选注的新选唐诗三百首。

携壶浆。相随饷田去，丁壮在南冈。”如果是家中无壮年男子，妇女就要独立承担起犁锄劳动，包括砍地［“谁家二女种新谷。无人无牛不及犁，持刀斫地翻作泥”（戴叔伦《女耕田行》）］和耕地［“纵有健妇把锄犁，禾生陇亩无东西”（杜甫《兵车行》）］等田间农活。

本来种桑采桑养蚕是农业生产部门中的亚种，但在中国古代却是农桑并称的，如元朝司农司撰写的《农桑辑要》就把两者并列同称，元朝农学家鲁明善在重新编纂的《农桑衣食撮要》二卷中也是把农桑放到衣食并重的位置。其实，以桑蚕为代表的织也是赋税体制的重要组成部分，如杜荀鹤在《山中寡妇》云：“桑柘废来犹纳税，田园荒后尚征苗。时挑野菜和根煮，旋斫生柴带叶烧。任是深山更深处，也应无计避征徭。”妇女的户外工作更多是与采桑、养蚕和纺织等劳动联系在一起的，因为桑柘也可以用来完税，如唐彦谦的《采桑女》云，“侵晨采桑谁家女，手挽长条泪如雨……愁听门外催里胥，官家二月收新丝”；孟郊的《织妇辞》云，“夫是田中郎，妾是田中女。当年嫁得君，为君秉机杼。筋力日已疲，不息窗下机。如何织纨素，自著蓝缕衣，官家榜村路，更索栽桑树”；柳宗元的《田家》亦云，“蚕丝尽输税，机杼空倚壁”。在中国小农经济体系中，从来就不缺乏妇女参与农业生产的例子，而对于具体家庭来说，妇女的劳动价值从来都是不可忽视和无法忽视的。

从魏武帝的赋税法令开始，桑蚕开始进入国家的赋税体制，“每亩粟四升，户绢二匹、绵二斤”。晋武帝颁布的“占田令”则规定，除田租外，每户还要缴纳户调，即“丁男作户主的，每年缴绢三匹、绵三斤；户主是女的或次丁男的，户调折半交纳”。北魏太和九年（485）颁布的《均田令》规定：“十五岁以上的男子每人授种植树木的桑田二十亩，产麻地方男子授麻田十亩，妇人五亩”以及“一夫一妇每年交纳租粟二石调帛一匹”。唐武德七年（624）颁布的“租庸调法”规定，每丁每年向国家交纳租粟二石；调随乡土所出，每年交纳绢（或绫）二丈和绵三两；不产棉的地方，即纳布二丈五尺，麻三斤。此外，每丁每年还要服徭役二十日，闰月加二日；如无徭役，则纳绢或布替代（庸），每天折合绢三尺或布三尺七寸五分。

从全国的情况来看，至少到元代还存在除粮食之外，以布帛等作为征缴对象的赋税方式，如从中统到天历年，云南的纳税名目中还包括“丝、绢、绵、布、包银等"①。到了明清时期，云南的棉布或麻布都是官府赋税课征的对象，而除了"岁输于官"的生产外，云南农妇生产的部分纺织品也用于市场交换，即妇女生产和加工的纺织品也可用于商品生产并参与市场流通，而不仅仅用于自家消费或者完税纳赋。

（2）制度化的家庭设置保障妇女的生活安全

"家庭是一个价值均衡的单位，女人在许多方面与男人的不平等和分化与分层体系的结构没有关系"②，但是在绝大多数社会，主要由妇女从事包括生育、喂养和照看孩子，为家庭其他成员提供日常服务的再生产劳动，但是如何评价女性的再生产劳动价值，则与家庭结构、性别角色和性别关系的其他制度设置有密切关系。

正如周颜玲所指出的，如果将"家长制"术语应用于男性占主导地位的任何形式的家庭，家庭内部的能动性就会变得模糊不清而不是得以澄清，因为即使是在家长制社会中，妇女为了能最大限度地得到安全生活也会选择一切机会抗争，"家庭的物质基础与家庭能向妇女提供保护的程度之间的关系就在于，妇女给予家庭的经济支持越大，她们讨价还价的力量也就越强"③。

那么，在中国从夫居、父系继嗣与注重孝道的家长制社会中，妇女又是如何"讨价还价"为自己争取利益的呢？也就是说，作为一个生活单元，家庭成员朝夕相处，家庭权力并不是由资源交换或规范导致的结果或份额，它总是以一种关系和事件的流动性形态出现在家庭当中，调整或影响着家庭格局不断地发生变化。我国的个体家庭在春秋中期就已出现，当时文献称之为"室"，既指一个单独居住的场所，也指共同居住于这个场所中的关系最为密切的亲属。如《诗经·豳风·七月》云："嗟我妇子，曰为改岁，入此室处。"此外，"家"也是一个生产协作单位，如丈夫在田间劳作，妻子携子前往送饭——"同我妇子，彼南亩，田畯至喜"；唐代葛鸦儿的《怀良人》中亦云："胡麻好种无人种，正是归时不见归。"相传胡麻必须是夫妇同种，才能获得好的收成。在我国农业社会中，小农个体家庭是最基本的生产单位和生活单位，家庭把生产与再生产活

① 梁方仲．中国历代户口、田地、田赋统计［M］．上海：上海人民出版社，1980：303-304.

② ACKER J. Women and Social Stratification：A Case of Intellectual Sexism［J］. American Journal of sociology，1973，78（4）.

③ 周颜玲，伯海德．全球视角：妇女、家庭与公共政策［M］．王金玲，等译．北京：社会科学文献出版社，2004：206.

动结合为一体。正是这种个体小农家庭的社会性质和性别结构，决定了妇女在实际的家庭生活中的地位不可能是单纯受到父权压制的，妇女的角色地位也会受到生产力的发展以及社会规范的影响而不断发生变化。如在我国传统家庭生活中，妇女的四德“德言工容”备受推崇，对于妻子和母亲来说，女红中的织补缝纫是成年女性必须掌握的持家基本功。如沈佺期的《古意》云：“九月寒砧催木叶，十年征戍忆辽阳。”李白的《子夜吴哥》云：“长安一片月，万户捣衣声。”《冬歌》亦云：“明朝驿使发，一夜絮征袍。素手抽针冷，那堪把剪刀。裁缝寄远道，几日到临洮?”李颀的《送魏万之京》云：“关城曙色催寒近，御苑砧声向晚多?”在外游子从“身上衣”想到要“报得三春晖”时，关联物正是“慈母手中线”；元稹在《遣悲怀》写道，“衣裳已施行看尽，针线犹存未忍开”，通过睹亡妻留下的针线而抒发对亡人的思念之情。也就是说，在现实生活中，妇女从事针织缝纫与浆洗工作也是有实际价值的，能为丈夫或者儿子提供再生产服务，从而唤起他们的尊重与感恩之情。

此外，我国传统文化承认夫妇之道的合理存在，如《周易·序卦》云：“有天地有万物，有万物然后有男女，有男女然后有夫妇……夫妇之道不可以不久也，故受之以恒。”从现有的甲骨古文中，可以发现商朝人十分重视祭祀，除了频繁地祭祀天地鬼神外，也祭祀亡故的先人，如“从大量祭祀卜卦时受祭者的称谓来看，当时不但重视对男性先人的祭祀，对女性先人如妣、后、母等的祭祀也很重视”①。中国家庭从夫居的居住模式，因辈分而来的年长者对年幼者的权威，加之官府提倡孝道等道德力量的约束，一个家庭中不可能长期把某一性别的亲属单独排除在外，或者说，从家庭内部歧视年长妇女并不是一种常态化或者常规化做法。《周礼·地官》云：“教三行，一曰孝行，以亲父母。”对于在世的父母，要做到亲爱友善和尊敬有加。《尔雅·释训》亦云：“善父母为孝。”而《孟子·离娄下》中更是指出“世俗所谓不孝者五”，都是针对在世父母的。

当然，同一分析范畴的性质和内涵在不同的历史时期和地理疆界内也会出现变异。比如在我国农业社会中，宗族、亲属、街坊邻里、辈分以及仪式等初级或者次级关系也会同阶级、性别、族群等社会等级交织在一起，对不同个体和群体的物质境遇和身份认同产生纷繁复杂的影响。如果把妇女作为个体置于家庭结构、婚姻状态和代际辈分三个利益格局中分别进行观察，其实不同群族、

① 朱凤瀚．商周家族形态研究［M］．天津：天津古籍出版社，1990：238-241.

阶级和年龄段的妇女状况在不同的格局当中是不均衡的。如在约瑟夫·洛克（Joseph F. Rock）笔下的纳西社会中，有着玫瑰色脸庞的纳西妇女做买卖、酿酒、编织和缝制自己的衣服，她们具有进攻性，会在路上拦截男人，把他们用棍棒击翻在地，因此，洛克得出了这样的结论："在小小的纳西社会里，妇女在理论上受鄙视，可是实际上她们得力，受人尊敬，男子享有特权，但是他们软弱，在经济生活中无足轻重。"①

三、乡村振兴与西部农村妇女研究的原则与本书的主要内容

正如前文所述，目前与"乡村振兴与西部地区农村妇女"相关联的研究成果数量不多，且质量参差不齐，特别是把大量结构性的社会问题归因于妇女本身素质低下、能力不足，使其站在现代化的对立面进而成为现代性的替罪羊，这一研究倾向淹没了从具体田野调查中发现问题、分析问题以及最终解决问题的可能性。此外，把妇女当作一个集合名词来使用，缺乏对妇女生物本质和自然倾向的反思，② 更无法呈现不同地区不同族群的农村妇女具体而生动的差异性。本书坚持以下两个基本原则，即面向西部地区农村妇女的日常生活状况以及恰当处理研究者与被研究者之间的主客位关系，来揭示进行西部地区农村妇女角色研究的价值与意义。

（一）乡村振兴与西部农村妇女研究的基本原则

本书将以中国社会大变革的两大历史节点（1949 年和 1978 年）作为写作的时间线，对收集到的相关资料进行分类整理。比如说将 1949 年以前划为妇女角色研究的第一阶段，从大量文献史料的细微处发现妇女的生产、再生产和社区角色来重建我国西部地区农村妇女的生活史；把 1949 年至 1978 年划为第二阶段，其中人民公社时期保留了农村妇女参加集体劳动的生产与生活材料；至于 1978 年以后则归为第三阶段，这是因为国外发展领域的参与式农村评估（Par-

① 和匠宇，和锈宇．孤独之旅：植物学家人类学家约瑟夫·洛克和他在云南的探险经历［M］．昆明：云南教育出版社，2001：62.

② 通过人类学田野调查反思妇女生物本质和自然倾向的研究成果，包括但不限于以下专著：云南社会性别与发展小组．参与性发展中的社会性别足迹［M］．北京：中国社会科学出版社，2005；潘毅．中国女工：新兴打工阶级的呼唤［M］．任焰，译．香港：明报出版社，2007；杜杉杉．社会性别的平等模式：筷子成对与拉祜族的两性合一［M］．刘永青，译．昆明：云南大学出版社，2008；沈海梅．中间地带：西南中国的社会性别、族性与认同［M］．北京：商务印书馆，2012；满珂．神圣世俗与性别关系：中国甘肃省东乡族的民族志研究［M］．北京：中国社会科学出版社，2013.

ticipatory Rural Appraisal）和女性主义口述史法等方法工具的加入，在性别与发展领域的大多数成果都具有了性别意识，其数据和图表往往能给予后续研究者以丰富的观点启发。当然，除了梳理现有的庞杂材料并弥补阙如外，我们认为需要遵循以下两个基本原则才能产出高质量的乡村振兴与西部农村妇女研究的相关成果。

1. 面向西部地区农村妇女的日常生活状况

从 20 世纪 90 年代以来，把社会性别统计纳入官方统计制度已成为一种世界性潮流趋势，联合国经济和社会事务统计司每隔 5 年就发布一份全球的性别报告，它们是《世界妇女状况（1970—1990）：趋势与统计数据》《世界妇女状况 1995：趋势和统计数据》《世界妇女状况 2000：趋势和统计数据》《世界妇女状况 2005：统计中的进步》《2010 世界妇女：趋势和统计》《2015 世界妇女：趋势和统计》《2020 年世界妇女：趋势和数据》，内容涉及人口与家庭、健康、教育、工作、权力与决策、针对妇女的暴力、环境及贫困等领域，报告展示了两性在健康、教育、工作和参政方面的差异，特别是妇女在遭遇身体暴力和摆脱贫穷方面所处的不利地位。《2015 世界妇女：趋势和统计》指出，当今全球男性比女性多 6200 万人，适龄男性中的 77% 身处职场，而女性的比例只有 50%；在就业的女性当中，薪酬水平平均只为男性的 70%～90%。发展中国家的女性在家务和护理方面比男性平均每天要多花 3 个小时，发达国家的这一时间差为 2 小时等。在 2020 年 10 月 20 日，联合国经济和社会事务部发布的《2020 世界妇女：趋势和统计》报告显示，全球只有 47%的处于工作年龄的妇女进入了劳动力市场，这一数字在过去的 25 年里几乎没有变化。这是因为全球女性需要从事大量的无偿家务包括护理工作，而她们平均每天花费在无偿家务和护理工作上的时间约为 4.2 小时，是男性的 3 倍，这阻碍了妇女进入劳动力市场发挥经济潜力。目前妇女发展的总体状况远未实现 1995 年各国在北京世界妇女大会上的承诺，而 2020 年以来新冠病毒的大流行正在打乱实现性别平等的努力，并有可能逆转过去几十年来所取得的成果。

毫无疑问，以上报告增加了世界妇女在社会发展中的能见度，但是针对不同地域不同族群妇女的研究还得靠事实和数据来说话，因为即使是同一个族群在不同的分布区所呈现出来的状况也是不同的，再加上年龄、辈分与宗教信仰等方面的差异，使得这方面的研究变得更加复杂和困难。

无论是在妇女与发展领域有扛鼎之称的《妇女在经济中的作用》中，还是摩塞对妇女三重角色的分析框架，它们讨论与分析的都是资本主义经济体制中的第三世界妇女。在欧美妇女研究领域，由于缺乏对某一区域某一族群妇女生活进行连续关注的传统，妇女研究的各个分支学科的学者各自为政，比如治神话学的擅长在世界各地传说中爬梳女神文化；做经济学的去关注第三世界印度果阿鱼市卖鱼妇女的贡献；长于妇女史的则聚焦英国工业革命早期妇女的工资与福利等。而本书的研究对象是我国西部地区的农村妇女，其中既包括“妇女与发展”界的标准对象“第三世界妇女”，也包括在采集时代、新石器时代和前工业社会中生活过的各族群妇女，通过对她们生产角色、再生产角色与社区角色的分析，来呈现妇女角色的生产与再生产机制，并揭示从事西部地区农村妇女角色研究的价值与意义。

为了了解西部地区农村妇女的日常生活经历，需要透过性别与身份的多重棱镜在具体的社区中进行有针对性的调查，揭示和理解农村妇女日常生活中的相关层面。比如不同时期的赋税制度对不同地域的妇女生产活动与再生产活动产生何种影响？不同家庭和社区中的性别劳动和性别分工有何变化？在不同族群散居和聚居的社区中，女童、未婚女性、年轻已婚妇女、中年已婚妇女和老年妇女的境况有何不同？这些不同族群、年龄与婚姻状态的妇女在日常生活中可能会面对何种问题？只有了解了这些不同类型的问题，才有助于揭露已习以为常的诸多偏见，并且发现农村妇女在日常生活中许多隐而不见的生活事实。本文从普通农村妇女着眼，展示在特定时空中的性别政治与其他等级制度的互动关系，因此我们必须面向日常生活作具体的情境化分析，才能发现真实的西部地区农村妇女的生存策略、生活智慧和基本技巧，因为“第三世界贫困妇女确保其家人和自身基本生存的生活经历……提供了理解发展过程的最清晰棱镜”①。

2. 恰当处理研究者与被研究者之间的主客位关系

甄砚的《中国农村妇女状况调查》（社会科学文献出版社，2008 年）一书是在对中国农村妇女状况进行问卷调查基础上撰写的成果，它主要由 4 部分组成，通过 10000 份农村妇女发展状况问卷，了解农村妇女在生产生活中的贡献和作用；通过 5000 份西部农村妇女发展状况问卷，了解当地妇女的生存发展与发展诉求；通过 1000 份进城务工妇女问卷，了解进城务工妇女的工作生活状况与生活评价与期望；通过 31 份进城务工妇女访谈材料，收集进城务工妇女的工

---

① SEN G. Grown Development, Crises, and Alternative Visions: Third World Women's Perspectives [M]. New York: Monthly Review Press, 1987: 9-10.

作生活状况等。这是全国妇联通过定量与定性方法了解中国农村妇女务农与务工状况，把握妇女的需求，有针对性地帮助妇女增收致富的方式，为今后带领妇女在构建和谐农村中发挥积极作用奠定了基础。

2019 年，全国妇联妇女研究所出版了《中国妇女研究年鉴（2011—2015）》① (全四册)，其以五年为一个周期，全面系统地汇编中国妇女/性别研究发展成果和信息。正如《中国妇女研究年鉴（2011—2015）》一书所示，妇女研究涉及农村妇女土地权益、妇女与贫困、妇女人权与法律研究、反对针对妇女的暴力、妇女参政、妇女与健康、妇女与教育、妇女与科技、妇女与环境、妇女与婚姻、女性与媒介、妇女与宗教等主题，再加上妇女研究者还要洞察不同地理疆界中的妇女经历，书写特定时空情境中的妇女生活，因此，研究者除了需要深厚学识素养的积累外，还要解决好作为研究对象的“主位”和研究者“客位”之间的平衡关系。

2008 年，吴治平出版《中国乡村妇女生活调查——随州视角》（长江文艺出版社）一书，这是一部反映改革开放 30 年来我国农村妇女生活现状的长篇纪实作品。作者进行了历时 4 年的田野调查，酷暑寒冬行走在农村，吃住在农户，与农民交朋友，将自己的亲历亲见以原生态形式真实地表现了出来。全书共分为 7 章，第 1 章“市场不相信眼泪”，包括“留守农妇的家庭收支账”“种田能手的喜与忧”和“黄俊和她的妇女养猪协会”等，主要关注农村妇女的经济生活；第 2 章“乡俗”，包括“红樱桃与女人禁忌”“从彩礼到折钱”“生儿子光荣?”等，主要关注农村的习俗；第 3 章“准白领”情调；第 4 章“婚恋伦理”；第 5 章“母爱无疆”；第 6 章“漫漫参政路”，包括“为啥选不出女干部”和“研究《孙子兵法》的女村支书”等，关注农村妇女参与社区治理与社会治理等。

在城市化的浪潮中，大多数男性青壮年农民纷纷外出打工，留守在家的女人们用柔弱的肩膀，接替了原来由男性承担的农业劳动，担负起守护着土地和家园的重担。作者在田野调查过程中，时常感动于她们在创造新生活中艰苦奋斗、开拓创新、奋发图强的精神。

在第四次世界妇女大会期间流行的一句官方口号是“从妇女的眼睛看世界”，用女性主义的术语来说，就是要把学术研究从记录妇女的工作转向再现妇女的观点并让她们发出自己的“声音”。也就是说，妇女研究的目的是要凸显妇

---

① 全国妇联妇女研究所．中国妇女研究年鉴（2011—2015）［M］．北京：社会科学文献出版社，2019.

女的能动性并最终赋权作为表现对象的妇女，让她们也能把自身的需求转化为行动，来改变自己的现状。

在农村妇女研究圈里，大量的农村妇女与妇女研究者身份是合二为一的，如何细分两者？或者有必要细分吗？如云南社会性别小组用口述史方法作的《参与性发展中的社会性别足迹》（北京：中国社会科学出版社，2005 年），其中多位作者本人就是少数民族妇女，运用口述史方法能更好地呈现研究过程中的妇女声音，展示她们的经历、价值观及其对社会变迁的解释等。黄秀蓉的《口述史方法与中国少数民族妇女史研究》（《西南大学学报》，2013 年第 4 期）也提出在语言习得、受访者的代表性问题处理、研究者与受访者的性别选择、对访谈关系的真实呈现和辨析口述资料的真实性等多个方面，都需要以学术规范的方式完整地呈现这一研究过程，这本身就是一种反思也是赋权过程。

其实正如吉尔兹在《文化持有者的内部眼界：论人类学理解的本质》一书中所说的，“他既不应完全沉湎于文化持有者的心境和理解，把他的文化描写志中的巫术部分写得像是一个真正的巫师写的那样；又不能像请一个对于音色没有任何真切概念的聋人去鉴别音色似的，把一部文化描写志中的巫术部分写得像是一个几何学家写的那样”①。妇女研究者如果只想写妇女生活是写不好妇女生活的，因为“妇女、文化和社会这三者之间存在相互影响的关系，因此在做田野调查时必须进行更大系统的分析，才能理解性别之间的复杂关系”②。

（二）本书的主要内容

本书由导言、第一至第三章和结论五个部分构成，具体内容如下所示：

导言为“乡村振兴视野下的西部地区农村妇女”。2017 年 10 月，党的十九大提出乡村振兴战略来巩固西部地区的脱贫攻坚成果，为今后的“三农”工作指明了方向。2022 年，党的二十大也明确提出“全面推进乡村振兴，坚持农业农村优先发展，坚持城乡融合发展，畅通城乡要素流动”。作为乡村振兴的重要力量，西部农村妇女既是乡村振兴的享有者和受益者，又是乡村振兴的推动者和建设者。本书运用摩塞性别分析框架对西部农村妇女的三重角色进行研究，既探讨了农村妇女作为乡村振兴主体的学理基础，又进一步推动了男女平等基本国策的贯彻落实。

---

① 吉尔兹．地方性知识［M］．王海龙，张家瑄，译．北京：中央编译出版社，2000：74-75.

② COLLIER J F, YANAGISAKO S. Theory in Anthropology's since Feminist Practice［J］. Critique of Anthropology, 1989, 9 (2): 27-37.

第一章为“西部地区农村妇女的生产角色”。为了分析西部地区农村妇女在不同生产类型中的生产角色，我们选择从一个较长时间段来关注西部地区存在的包括采集渔猎、刀耕火种、牧业以及犁锄农业等不同生产类型，这些都将为认识农村妇女的生产活动和劳动价值提供有益参考，对于重新评估西部地区农村妇女的生产角色具有十分重要的意义。

第二章为“西部地区农村妇女的再生产角色”。婚姻家庭是劳动力再生产（reproduction）的最小社会单位，作为妻子与母亲的妇女肩负着生殖者与照料者的双重角色。对于西部地区的农村妇女来说，她们的再生产劳动与生产劳动往往交织缠绕在一起，虽然她们从事的一些独特再生产劳动也具有交换价值，但是再生产劳动的女性化和无偿化是一个普遍现象。

第三章为“干预/介入西部地区农村妇女角色的生产/再生产过程”。本章将揭示西部地区农村妇女角色定型的生产/再生产机制，职业与就业的角色定型化也固化与强化了性别刻板印象，通过公共政策干预农村妇女角色的生产/再生产过程，有望开发农村妇女政治参与的需求并促使其转化为行动，在推动男女平等基本国策落到实处时，最终提高农村妇女的社会文化地位。

结论为“乡村振兴战略视野下西部地区农村妇女角色研究的维度与旨趣”。乡村振兴战略的主体是包括西部地区农村妇女在内的所有人，他们是实施乡村振兴战略的内生动力。当然，乡村振兴战略的实施也为西部地区农村妇女提供了发展机遇。在乡村振兴战略视野下进行西部地区农村妇女角色研究，对于全面实现男女平等基本国策具有重要的现实意义。

第一章

西部地区农村妇女的生产角色

为了分析西部地区农村妇女在不同生产类型中的生产角色，我们选择从一个较长时间段来关注西部地区存在的包括采集渔猎、刀耕火种、牧业以及犁锄农业等在内的不同生产类型。根据中国社会变革和历史变迁，1949 年和 1978 年是本书设定的两个重要历史分期点，如采集渔猎活动中的狩猎动物已成为受国家法律保护的禁猎对象，而在国家级自然保护区①的核心区一律禁止砍伐、放收、狩猎、捕捞、采药、开垦和烧荒等活动；1949 年以后刀耕火种部分或完全退出了生产领域；1978 年以后的家庭联产承包责任制也使得妇女承担更多的农业生产劳动，这些都将为认识农村妇女的生产活动和劳动价值提供有益参考，对于重新评估西部地区农村妇女劳动力的生产角色具有十分重要的意义。

第一节　西部地区有关妇女的生产传说及其他

从西部地区农村少数民族妇女的生产传说，到新石器时代的考古发现，再到诗经时代的妇女劳动、汉砖汉画中的妇女生活和古滇国青铜贮贝器上的妇女活动，西部地区农村妇女的生产劳动从传说开始再到实物佐证，始终以一种不容抹杀并且无法令人忽视的方式真实地存在着。

一、有关妇女的生产传说与生产劳动

西部地区地域辽阔，生产方式多样，加之本书所要涉及的妇女生产劳动时间跨度大，所以需要对生产概念进行相对明确的界定，才能最终界定妇女的生

① 《中华人民共和国自然保护区条例》是为加强自然保护区的建设和管理，保护自然环境和自然资源制定。由中华人民共和国国务院于 1994 年 10 月 9 日发布，自 1994 年 12 月 1 日起实施。2017 年 10 月 7 日，国务院总理李克强签署第 687 号中华人民共和国国务院令，对《中华人民共和国自然保护区条例》进行了修改。

产角色内涵。

在中国古代文献中“生产”有以下三个基本含义：第一，生计。《史记·货殖列传》云：“吾治生产，犹伊尹、吕尚之谋，孙吴用兵，商鞅行法是也。”第二，财产和产业。陶宗仪的《辍耕录·传国玺》云：“太师国王之孙曰拾得者，尝官同知通政院事，今既殁矣，生产散失，家计窘极。”第三，出产。皇甫湜的《论进奉书》载：“且任土之贡，生产有常，履亩之收，等籍既定，人识所出，吏难为奸。”这几个生产含义虽都属于经济领域，但无法识别生产活动背后的人的因素，或者说无法明晰生产与生产者之间的关系，因为只有识别出具体的生产劳动，才能分析从事生产劳动的劳动者情况。

在现代经济学中，广义的生产是指人们创造物质财富的过程，即将生产要素进行组合来制造产品的活动，包括物质财富生产、精神财富生产以及人自身的生产；狭义的生产仅指创造物质财富的活动和过程。本书所涉及的主要是后者，而与之相关的生产领域亦称为“物质生产领域”，即人们创造物质财富活动的各部门和各工种的总和，包括物质资料的生产和物质生产服务两个方面。按照我国统计年鉴的分类标准，[①] 农林牧副渔业属于第一产业，工业属于第二产业，提供产品和服务的集市贸易和休闲农业（以“农家乐”为代表）等属于第三产业。本书所说的西部地区农村妇女是指生活在西部地区户籍为农业人口的妇女，她们的生产活动横跨在一二三产业，既有从事第一产业的刀耕火种和犁锄农业之前的采集渔猎活动的，也有在第二产业工厂从事产品生产的打工人，更多则是从事第三产业的集市贸易和为休闲农业提供产品和服务的人员。也就是说，本书试图通过西部地区农村妇女在不同生产类型中的多样化角色，揭示其经济贡献和经济价值，无论这种经济是从纳贡性质、赋税性质还是市场性质的角度来理解，妇女都是物质产品的创造者或者公共服务的提供者，其生存智慧和劳动能力值得我们透过历史的迷尘去探索和归纳。

（一）与西部农村妇女有关的生产传说

在《周易·系辞下·二章》中有这样一段著名的话：“古者包牺氏之王天下也，仰则观象于天，俯则观法于地，观鸟兽之文，与地之宜，近取诸身，远取

① 根据《2017年国民经济行业分类注释》（按第1号修改单修订），第一产业是指农、林、牧、渔业。第二产业是指采矿业（不含开采辅助活动），制造业（不含金属制品、机械和设备修理业），电力、热力、燃气及水生产和供应业，建筑业。第三产业即服务业，是指除第一产业、第二产业以外的其他行业。第一产业范畴一致，包含“种植业、林业、畜牧业、渔业”四大类。

诸物，于是始作八卦，以通神明之德，以类万物之情。作结绳而为网罟，以佃以渔，盖取诸离。包牺氏没，神农氏作，斫木为耜，揉木为耒，耒耨之利，以教天下，盖取诸益。日中为市，致天下之民，聚天下之货，交易而退，各得其所，盖取诸噬嗑。神农氏没，黄帝、尧、舜氏作，通其变，使民不倦，神而化之，使民宜之。易穷则变，变则通，通则久。是以自天佑之，吉无不利，黄帝、尧、舜，垂衣裳而天下治，盖取诸乾坤。刳木为舟，剡木为楫，舟楫之利，以济不通，致远以利天下，盖取诸涣。服牛乘马，引重致远，以利天下，盖取诸随。重门击柝，以待暴客，盖取诸豫。断木为杵，掘地为臼，臼杵之利，万民以济，盖取诸小过。弦木为弧，剡木为矢，弧矢之利，以威天下，盖取诸睽。上古穴居而野处，后世圣人易之以宫室，上栋下宇，以待风雨，盖取诸大壮。古之葬者，厚衣之以薪，葬之中野，不封不树，丧期无数，后世圣人易之以棺椁，盖取诸大过。上古结绳而治，后世圣人易之以书契，百官以治，万民以察，盖取诸夬。”把三皇五帝与我国最初的几种生产发明传说联系起来，其中就涉及与本书相关的几种妇女生产劳动类型，如“结绳网罟”（渔猎）、“斫木为耜，揉木为耒”（刀耕火种）、“日中为市……聚天下之货，交易而退”（集市交易）和“断木为杵，掘地为臼”（谷物脱粒）等。当然，《周易·系辞》除了能说明渔猎、农业和集市交易这几种生产类型的历史悠久外，却不能告诉我们更多的信息，比如说平日里是谁制作这些工具？都是些什么人在使用这些工具？到集市去交易的都是些什么人？交易的物品是由谁生产的？

此后有关生产方面的传说日益丰富起来，如女娲发明笙（“女娲作笙簧”《世本·作篇》）；燧人氏钻木取火（“以化腥臊”《韩非子·五属》）；神农氏发明农具、制陶、冶炼、医药和种植等技术（“神农之时天雨粟；神农遂耕而种之；作陶冶斤斧，为耒耜耨，以垦草莽”《绎史》卷四引《周书》）；伯余和胡曹发明衣裳（《世本·作篇》）；伯益发明捕兽陷阱和驯养术；挥发明弓箭；巧垂发明各种奇巧物事；仓颉发明文字……以上唯一可以识别性别的生产发明者是女娲，虽然数量少但是有关性别与发明物之间的关键信息毕竟还是出现了。

汉代先蚕的传说则把女性与蚕直接联系起来，被称为“先蚕”的是黄帝的元妃嫘祖。《史记·王帝本纪》云：“黄帝居轩辕之丘，而娶于西陵之女，是为嫘祖。嫘祖为黄帝正妃（正妻）。”淮南王《蚕经》云：“西陵氏劝蚕稼，亲蚕始此……西陵氏之女嫘祖……始教民育蚕，治丝茧以供衣服……故后世祀为先蚕。”从北周起，西陵氏嫘祖成为官方祀典中的正式蚕神。明代徐道在《历代神仙通鉴·仙真衍派》中，用通俗的语言，将嫘祖养蚕、育种、采桑、治丝、造机、织帛、制衣以及染色增美等事项都做了细致描述，以此坐实嫘祖与蚕丝之间的关系。清代吴乘权在《纲鉴易知录》中云："伏羲化蚕，西陵氏始养蚕。"按照唐代以后的流行说法，女娲成为伏羲之妻，和伏羲在一起，女娲还能以"配偶和助手"的角色保持她在神灵世界的一席之地。而帝王后妃的"蚕桑"祭礼在《周礼·天官冢宰》和《谷梁传》已有正式记载，如"王后亲蚕，以共祭服"。

当然，把采桑、养蚕、缫丝、织造等与桑蚕有关的劳动视为妇女专属工作的文字记载出现得较早。《穆天子传》中有云，（周穆王）"休于获泽，以观桑者，乃饮于桑林"；《吕氏春秋·本味篇》云，"有侁氏女子采桑，得婴儿于空桑之中，献之其君"；《洞冥记》亦云，"朔以元封中游濛鸿之地，忽见王母采桑于白海之滨"。而把蚕的性别与女性联系起来的记载，则最早见于《山海经·海外北经》中，如"欧丝之野，在大踵东。一女子跪，据树欧丝"。

（二）西部地区三大片区的史前农业考古

由于西部地区地域辽阔，地理环境复杂，再加上生态气候多样，试以黄河流域、蒙新内陆和长江以南三大片区的农业考古发现为例，来概述西部地区的生产类型与人类活动的关联性，特别是指出其中妇女所从事的劳动类型与生产活动范围。

之所以用农业考古而不是其他名称，是因为远在 3 万年以前，华夏民族的祖先就生活在黄河之滨的水洞沟一带，《韩非子·五蠹》云："古者丈夫不耕，草木之实足食也；妇人不织，禽兽之皮足衣也。"远古人类通过采集渔猎获得野生动植物的生产方式已经持续了数千年之久，然而采集植物果实与块根的木棍或者竹片易腐难以见诸后世。《吴越春秋》云，"断竹、续竹、飞土、逐肉"，其中"竹"是不复存在了，而"土"则与考古发现中的"镞""尖状器""切割器""刮削器"和"网坠"等一样得以保留，石器成了人类最早生产工具的见证。在距今 12000 年前，华夏大地才有了新石器农业，也就是说，到了韩非子所说的"至于神农，人民众多，禽兽不足"时代，种植农业的出现才成为迫切需求。于是"乇""斧""锛""凿"和"锄"等"以垦草莽"的生产工具，还有"释米加烧石上而食之"的谷物脱粒的磨盘、磨棒磨制工具和烹煮食物的陶制用品等大量出现，而装在石刀、石铲手柄上的棍棒则难以保存下来，后世已经无法一睹其真容了。

1. 黄河中上游地区

前仰韶文化时期留有成千上万的大型村落遗址，大多集中在黄河流域和长江流域，其中黄河上游以陇东和关中的大地湾文化和陕南汉水上游的李家村文化最具代表性。在甘肃秦安的大地湾遗址出土了人类最早的栽培物——黍以及一整套农业生产工具，如砍伐林木、清理场地和加工木器的石斧，松土和翻土的石铲，收割植物的石镰以及加工谷物的石磨盘和石磨棒等。

在距今5000年前，以关中、豫西和晋南一带为中心的广大地区也发现了仰韶文化遗址。在其出土物中既有粟、黍、麻、水稻和蔬菜种子，又有生产工具，如石斧、石铲和石锄等石制工具以及木耒、骨铲和陶刀等其他材质的工具。此外，当地居民已经开始养殖猪、狗、山羊、绵羊和黄牛等家畜，遗址中还包括牲畜栏圈和夜宿场等。在黄河上游的甘肃、青海、宁夏等省的齐家文化中，人们仍以养猪为主，但已形成相当规模的牛和羊等畜群，而采集渔猎比重随着农牧经济的发展已经进一步下降了。

2. 北方蒙新内陆地区

这里所说的北方地区包括内蒙古和新疆等省区，是我国牧区的主要分布地，但该地区的新石器时代的遗址中只有个别的遗址能确定是以畜牧业为主，其他呈现的是以种植业为主或是以渔猎为主的生产类型，如内蒙古赤峰的兴隆洼农业遗址，大兴安岭西侧呼伦贝尔草原的渔猎遗址和典型沙漠草原区的蒙新高原游猎遗迹等。

此外，这一地区当时的作物主要为黍和麦，但由于收获物有限，所以采取其他形式来弥补农业产量上的不足，如季节性较强的捕鱼和狩猎，在遗址中常发现鱼钩、鱼漂、网坠、箭镞、鱼蚌残骸及野猪、鹿、兔等动物的骨骼化石。另外，该区域内还发现了相当数量的猪、狗、牛、羊及马的骨骼化石及部分陶器纹饰上的圈栏，都说明当时畜牧业已经具备一定的规模，或者说有了一定程度的发展。

3. 长江以南地区

在包括广东、广西、福建、江西、台湾、海南、云南、贵州和西藏在内的长江以南地区，分布着距今10000年的新石器早期遗址。出土物中包括大量的渔猎工具和安装在点种棒（木耒的雏形）上的“重石”、用于清理场地的石斧、用于挖土点种的骨蚌等小型农具，可见当时主要的生计方式就是采集渔猎和刀耕火种农业并重。

南方地区农业虽然萌生得早，但后来也出现了其他的发展类型。如在沿江沿海多贝丘遗址，说明种植业与捕食水产品的渔业相伴共生了相当长的时期；河流两岸的台地（岗地）遗址，发展成了以种植业为主的混合类型；而在以云南、贵州和西藏为代表的西南地区，则由采集渔猎逐步过渡到用简单石制工具进行刀耕火种式的农业生产。

从渔猎工具和农业工具的出土，动物骨骼化石和村落遗址大小面积等，都可以推测出农业生产水平和其他生产方式在农业中所占的比例。当然，这些农业考古发现还无法让我们知道那些工具是谁制造，谁在用，如何用。因此，需要借助其他资料来重建这一时期的生产劳动图景。现在唯一可以确认的是，女性与采桑和缫丝之间的关系。甲骨文中有丝字及丝字旁的字很多；从卜辞来看，商代已经有了桑树，有了丝和帛，金文里也有丝字，《毛公鼎》《品父盘》等铭文里都有丝字；中国最古老的书籍里也有丝的记载，如《尚书·禹贡》中云："桑土既蚕，是降丘宅土……厥贡漆丝，厥篚织文。"

新石器时代我国文化最繁荣的地区是黄河流域，蚕丝最初也主要在这一带；四川古名蜀，其在甲骨文里就是蚕的象形，来自南方西陵部落的嫘祖成为黄河流域黄帝的元妃；而"内蒙古赤峰出土的玉蚕为柞蚕形体，表明我国北方草原森林地区有养柞蚕的历史，可追溯到距今5000多年的红山文化时期"①。也就是说，以上三个区域的史前农业考古至少为桑蚕与女织之间提供了一系列的关联性证据。

二、《诗经》时代的妇女劳动类型

作为中国第一部诗歌总集的《诗经》，2/3的诗篇表现了距今3000年黄河流域的农业生产活动和社会生活，对史前农业考古中的生产类型都进行了展示，丰富与加深了我们对妇女生产劳动类型与活动范围的认知与把握。

（一）两性都可从事的采集劳动②

以植物起兴固然是《诗经》中最常见的一种比喻方法，但是《诗经》当中植物种类繁多也是不争的事实，如《鄘风·桑中》的"唐""桑""麦"和"葑"（"爰采唐矣？……期我乎桑中，要我乎上宫……爰采麦矣？期我乎桑中，要我乎上宫……爰采葑矣？……期我乎桑中，要我乎上宫"）；《陈风·东门之

① 马自树．中国边疆民族地区文物集萃［M］．上海：上海辞书出版社，1999：142.

② 就常识来说，妇女主要从事采集劳动，但是考虑到农业出现之前的漫长岁月，我们认为采集其实是一种两性都可以从事的劳动，类似的现象在犁耕农业中同样存在。

枌》中男女互相酬赠的“荍”与“椒”（“视尔如荍，贻我握椒”）；《邶风·静女》中的“管”（“贻我彤管”）等。在3000年前的《诗经》里，山林、原野、溪谷和湿地里长满了各式各样的植物，如可供食用的荠、荼、蕨、芹、韭、葵、菽、葑、菲、荇和蘩等植物以及唐、桃、李、棣、棘、枣、郁、薁、瓜、断壶等；可供制衣的“菅”（“白华菅兮，白茅束兮”《小雅·白华》）、蒯、麻和褐等；作为染采材料的“绿”和“蓝”；作为薪柴的“樗”；用来修盖房屋的“茅”；以及作为生产工具的“绹”和编织“懿筐”所需的竹与藤等。

在《诗经》中出现频率最高的动词是“采”，说明采集是当时民众日常生活中最常见的行为。如《邶风·谷风》中的“采葑采菲，无以下体”，《鲁颂·泮水》中的“思乐泮水，薄采其芹……思乐泮水，薄采其藻……思乐泮水，薄采其茆”和《豳风·七月》中的“采蘩祁祁”等。《周南·芣苢》云：“采采芣苢，薄言采之。采采芣苢，薄言有之。采采芣苢，薄言掇之。采采芣苢，薄言捋之。采采芣苢，薄言袺之。采采芣苢，薄言襭之”，其中的“采之”“有之”“掇之”“捋之”“袺之”和“襭之”，只有一字之差，却描述了采集“芣苢”的完整过程。类似的例子还有《周南·关雎》中的“参差荇菜，左右流之”，“参差荇菜，左右采之”和“参差荇菜，左右芼之”等。

（二）周代农家一年四季的生产劳动

《大雅·生民》说的是周民的先祖后稷在“邰家室”种植庄稼，通过野生驯化从变异植株中选择和培育出许多种农作物的故事，“诞降嘉种，维秬维秠，维穈维芑。恒之秬秠，是获是亩。恒之穈芑，是任是负，以归肇祀”，而且让这些农作物生长茂盛，大获丰收，“诞实匍匐，克岐克嶷，以就口食。蓺之荏菽，荏菽旆旆。禾役穟穟，麻麦幪幪，瓜瓞唪唪”。

《诗经》中最著名的农事诗是《豳风·七月》，其也是《国风》中最长的一首，全诗共分为八章，从岁寒写到春耕，生动地描写了周代农家一年中的劳动与生活，全诗就是一部农家农事生产的“工作历”。周代农家要种植禾、麻、菽和麦等多种农作物，还要根据时令采蘩、采荼、编筐、修枝、砍柴、酿酒、搓绳和打狐。其中妇女参与的劳动有：为田间劳作的男性烹制饭食并送到田间地头供其食用（“同我妇子，馌彼南亩”）；采桑（“女执懿筐，遵彼微行，爰求柔桑”，“猗彼女桑”）；沤麻和绩麻（“八月载绩”）；染采（“载玄载黄，我朱孔阳”）；制裘（“取彼狐狸，为公子裘”）；裁衣（“为公子裳”）以及春季的采集活动（“春日迟迟，采蘩祁祁”）。

全诗内容如下：

七月流火，九月授衣。一之日觱发，二之日栗烈。无衣无褐，何以卒岁！三之日于耜，四之日举趾。同我妇子，馌彼南亩。田畯至喜。

七月流火，九月授衣。春日载阳，有鸣仓庚。女执懿筐，遵彼微行，爰求柔桑。春日迟迟，采蘩祁祁。女心伤悲，殆及公子同归。

七月流火，八月萑苇。蚕月条桑，取彼斧斨，以伐远扬，猗彼女桑。七月鸣鵙，八月载绩。载玄载黄，我朱孔阳，为公子裳。

四月秀葽，五月鸣蜩。八月其获，十月陨萚。一之日于貉，取彼狐狸，为公子裘。二之日其同，载缵武功。言私其豵，献豜于公。

五月斯螽动股，六月莎鸡振羽。七月在野，八月在宇，九月在户，十月蟋蟀入我床下。穹窒熏鼠，塞向墐户，嗟我妇子，曰为改岁，入此室处。

六月食郁及薁，七月亨葵及菽。八月剥枣，十月获稻。为此春酒，以介眉寿。七月食瓜，八月断壶，九月叔苴。采荼薪樗，食我农夫。

九月筑场圃，十月纳禾稼。黍稷重穋，禾麻菽麦。嗟我农夫，我稼既同，上入执宫功。昼尔于茅，宵尔索绹。亟其乘屋，其始播百谷。

二之日凿冰冲冲，三之日纳于凌阴。四之日其蚤，献羔祭韭。九月肃霜，十月涤场。朋酒斯飨，曰杀羔羊。跻彼公堂，称彼兕觥，万寿无疆！

从全诗中可以看出，农家一年四季的生产活动安排得十分周密：三之日（周历三月，为夏历一月）要“于耜”（修理农具）、“纳于凌阴”（把凿好的冰存放在地窖）；四之日（周历四月，夏历二月）要“献羔祭韭”（春播前举行祭祀）和“举趾”（下地干活）；三月（夏历）“女执懿筐……爰求柔桑……采蘩祁祁”（女子采桑和采蘩）、“蚕月条桑”（修剪长大的桑树枝条）；六月“食郁及薁”（采摘野果供自食）；七月“亨葵及菽”和“食瓜”；八月“剥枣”“断壶”“载绩……载玄载黄，为公子裳”（绩麻、染采和缝纫）；九月“叔苴”“采荼薪樗”“筑场圃”（修建打谷场）；十月“纳禾稼。黍稷重穋，禾麻菽麦”“涤场”“获春酒……杀羔羊”（脱粒打谷，收纳粮仓，清扫场地，酿酒等）；十一月“于貉，取彼狐狸，为公子裘”；十二月“载缵武功。言私其豵，献豜于公”（狩猎）和“凿冰冲冲”（在地窖储冰）。此外，除了“播百谷”不误农时外，农家平日里还要“昼尔于茅，宵尔索绹”（白天打茅草，晚上搓绳子）；“懿筐”（编筐）；“亟其乘屋”（修葺房屋），“穹窒熏鼠，塞向墐户”（灭鼠，做好冬季的防寒工作）；还要承担公差“上入执宫功”（为贵族修理宫殿）等。

《豳风·七月》为我们认识周代的生产劳动提供了丰富信息，如给桑树修枝的“蚕月条桑”，猎“莎鸡”“貉”“狐”和“豜”等活动，表明狩猎是根据季节而采取的有计划行动，通过猎获野物既能为日常膳食提供额外的动物蛋白，也能保护田地里正在成熟的庄稼使其免受野生动物的糟蹋；养殖的家畜可以作为祭品（“献羔祭韭”）。此外，在《邶风·新台》中还出现了渔具，“鱼网之设，鸿则离之”；在《陈风·东门之枌》男女互相赞美和酬赠的诗句里，出现了做生意做买卖的赶集行为“不绩其麻，市也婆娑”；《卫风·氓》中云，“氓之蚩蚩，抱布贸丝”，也就是说，用来交换的物品当中，出现了直接与妇女生产劳动有关的“布”与“丝”等物。

（三）妇女专属的采桑、养蚕及其他劳动

在《诗经》时代，桑树种植已很普遍，如《小雅·小弁》中的“维桑与梓，心恭敬上”；《魏风·十亩之间》中的“十亩之间兮，桑者闲闲兮……十亩之外兮，桑者泄汇兮”；《郑风·将仲子》的“将仲子兮，无逾我墙，无折我树桑”；《鄘风·桑中》中的“爰采唐矣……期我乎桑中，要我乎上宫……爰采麦矣……期我乎桑中，要我乎上宫……爰采葑矣……期我乎桑中，要我乎上宫”等。也就是说，桑树已由最初的绿化树和果用树，变成了与蚕丝有关的制衣用树。其实除了《诗经》外，《礼记》里同样有关于蚕桑的记述，如“季春之月，蚕事既登，分蚕称丝”；《孟子·梁惠王》亦云，“五亩之宅，树之以桑，五十者可以衣帛矣”。

至于“植桑育蚕”者的性别属性，即把妇女劳动与采桑、养蚕与缝纫联系起来，最明确说法来自《七月》里多次提到的“女桑”；在《大雅·瞻卬》中的“休其蚕丝”和《卫风·氓》中的“氓之蚩蚩，抱布贸丝”等。在《诗经》中还有多处谈到丝，其中既有没有染色的素丝，也有染过色的丝，如《邶风·绿衣》中的“绿兮丝兮”；丝既可以制衣服，也可以制成带子，如《曹风·鸤鸠》中的“其带伊丝”：而且丝还可以织成锦，如《卫风·硕人》中的“衣锦褧衣”和《小雅·巷伯》中的“萋兮斐兮，成是贝锦”。

在《诗经》时代，除了取用兽皮、蚕丝、葛、藤、菅和蒯之外，妇女还通过广泛种植麻、纻等衣用纤维来满足家庭成员的穿衣遮体和盖被保暖等需求。如《王风·丘中有麻》中的“丘中有麦”和“丘中有麻”，可见麦和麻是同时种植的；《齐风·南山》中有“艺麻之如何？衡从其亩”；《陈风·东门之池》中有“东门之池，可以沤麻。东门之池，可以沤苎。东门之池，可以沤菅，”麻经沤制，麻皮易剥且软化，就可以绩麻了，即把麻纤维劈开接续起来搓成线，以供纺织之用。此外，妇女还采集和种植染采的植物，使服装呈现出不同的色泽，如《小雅·采绿》中出现的“绿”和“蓝”，就是当时最为常见的染采植物。

三、考古发现中的妇女劳动类别

除了《诗经》中确认的“女采”“女种”和“女织”之外，我们还能够从汉画汉砖与古滇国青铜器考古中发现妇女活动在更多的生产类别中，承担更加多样化的劳动任务。

（一）汉画汉砖中的妇女劳动

汉代厚葬成风，分布在黄河流域的陕西、山西、河南和内蒙古和林格尔汉墓中的汉画汉砖上接先秦，下启敦煌石窟，其中蕴藏着汉代性别分工的若干信息。如兴起于西汉早期，盛行于东汉的墓葬，墓主多为当时的高官显贵或地方豪强，壁画按题材内容大致可归纳为七大种类，[①] 与本书有关的是其中的两类：

第一，表现墓主庄园中生产活动场面的农耕、桑园、放牧和射猎等内容。虽然汉代服装以宽袍大袖为主，但还是很容易识别出具体劳动者的性别，在放牧图、出猎图、车骑图、出行图、烹饪图和仪卫图等场景中描绘的多为男子形象。

第二，表现墓主人车马出行、宾主宴饮、舞乐百戏等日常生活内容。如在东汉晚期棒台子屯一号汉墓壁画中的《出行图》和《宴乐百戏图》等；内蒙古和林格尔墓有墓主人的《乐舞百戏图》，画中表现了掷剑、弄丸、舞轮和安息五案等内容。其中女性的形象要么是贵妇人，如洛阳玻璃厂东汉墓的宴饮图中出现男女墓主人端坐榻上对饮的形象；要么是贵妇人的侍女，如甘肃酒泉魏晋十六国壁画中西王母的持华盖侍女，内蒙古陈师曾墓壁画中为贵妇整妆的侍女，密县打虎亭 2 号墓室下部绘的五幅 14 人的大型侍女图；更多的女性是以宴乐中的舞者形象出现的，如张衡的《南都赋》中的“齐童唱兮列赵女，坐南歌兮起郑舞”，卢照邻的《长安古意》中的“罗襦宝带为君解，燕歌赵舞为君开”，就是通过描写歌舞乐伎的表演来表现当时贵族阶层的日常筵宴生活场景。

（二）古滇国青铜器皿上的妇女劳动

除了《诗经》中已确认的“女采”“女种”与“女织”，汉画中的“贵妇

---

① 张合荣．汉墓壁画的布局、内容和风格［J］．华夏考古，1995（12）：85-91.

人”“女侍”和“女伎”外，在古滇国青铜器皿[①]上还以最直观的形式表现了“女耕”“女商”与“女祭”等生产与祭祀场面，极大地丰富了后世对于当时妇女从事不同类别生产劳动与社会角色的认知。

古滇国青铜时代大体始自商代晚期，终于东汉早期，绵延上千年，其中晋宁石寨山、江川李家山、呈贡天子庙、昆明羊甫头、呈贡龙街石碑村和楚雄万家坝等古墓葬出土了包括锄、斧、锛、镰、凿、锥、削、针、锯以及成套纺织工具在内的各类生产器物。其中男性墓主随葬的大多是兵器、礼器、生产工具和金属扣饰，而女性的则以金铜钏、贮贝器、纺织工具和针线筒为主，其中最具代表性的就是表现祭祀、战争、播种、纳贡、纺织、放牧、狩猎、舞蹈和饮宴等场面的贮贝器（铜鼓）。

1. 锄耕农业中的劳动妇女

由于新石器时代西南地区不少地方已种植稻谷，青铜时代云南种植稻谷更为普遍。[②] 如 1975 年在昆明市黑林铺大团山墓葬中出土的陶盘，上面就有明显的稻粒和稻壳的痕迹；玉溪市刺桐关遗址也发现了稻谷的遗迹；“2001 年云南永仁磨盘地新石器时代遗址中出土的稻谷遗存划归为粳类型”[③]。除稻谷外，古滇国民众还种植小麦、稗子、麻和桑等农作物。由于古滇国人普遍使用青铜农具来从事锄耕，多地墓葬中都出土了从砍伐林木、开荒翻土、中耕点种、开渠挖沟、除草松土到收割庄稼的一整套锄耕农业相关的工具，而且出土的农业工具数量十分巨大。也就是说，这一阶段的农业处于刀耕火种农业到锄犁耕作农业的过渡阶段。

在石寨山 M20：1 号贮贝器盖上铸了三十五个人图像，中央竖立一高大铜柱，一侧铸以端坐四人抬杠之肩舆的鎏金女主人，前后簇拥一队跣足侍从，其后“一男扛铲，一女挎种子囊，一男持点种棒相随”[④]。石寨山出土的另一件贮贝器侧面也有播种图像，主要“表现了男子荷锄，妇女持点种棒列队的场景”[⑤]。

---

① 同属西南地区青铜文明代表的还有公元前 16 世纪至公元前 14 世纪的三星堆遗址，截至 2021 年 9 月 9 日，三星堆新发现的 6 个“祭祀坑”已出重要祭祀文物一千余件，对于探索人类早期政治组织及社会形态演化具有重要价值。

② 方铁．西南通史［M］．郑州：中州古籍出版社，2003：37.

③ 樊海涛．古滇人的衣食住行略考［J］．南方文物，2014（4）：74-79.

④ 马自树．中国边疆民族地区文物集萃［M］．上海：上海辞书出版社，1999：369.

⑤ 方铁．西南通史［M］．郑州：中州古籍出版社，2003：37.

在石寨山 M12：2 号贮贝器上还有滇人妇女秋收忙碌的场景，“妇女们列队将肩上的粮食一袋袋卸下交与管粮食的男子入库”①，此外，还出现了妇女头顶箩筐，筐内盛满食物的其他生活场景。

2. 纺织生产中的妇女劳动

在新石器时代，纺织工具已有较大的发展，在祥云大波那、祥云禾甸镇检村、江川李家山和晋宁石寨山等地遗址中都发现了陶纺轮和绕线板等纺织工具，而在呈贡区龙街石碑村发掘的“女性墓葬 35 座中，有 26 座以陶纺轮随葬”②。

晋宁石寨山 M1 号墓还出土了一件纺织贮贝器，上面显示，端坐的女主人正在监视三个手捻纺线，用砾石打磨上光成品的妇女。其中三个妇女正在做织布状，女主人身后站着一个手执长棍的男性，似乎在听候她的命令，对生产不力的女织工进行处罚，右边站着三个人，正在验收或呈验织出的布匹，左边坐着一个人，似在案旁保管经过验收后的布匹。

此外，江川李家山 M23 墓发现了以针线筒贮藏蚕丝制成的细线，还有一些由蚕丝线串缀玉珠而成的珠襦。从以上考古发现来看，古滇国主要的纺织工具仍是纺轮和腰式纺织机，因为“纺织品幅宽（在）25 厘米左右”③。纺织要经过纺纱、络纱、卷纬、上机、织布和上光等工艺过程。晋宁石寨山出土的另一件青铜贮贝器上也雕铸有当时人们纺织的场面。盖上铸 2.5 厘米至 6 厘米的十八个小铜人。除了个别男性外，其余的都是女性，其中纺织者共 5 人，其中 1 人捻线，4 人用腰织机织布，做出提综、打纬和引纬等动作，其中捻线者身侧挂一布袋，袋内装物，应当为麻、棉和毛等原料。

3. 集市交易中的妇女劳动

在石寨山 12 号墓出土的 1 件贮贝器上表现了利用祭祀活动机会进行集市贸易的场面。该贮贝器盖上共铸有 120 余个人像，表明“妇女是集市交易的主要参加者”④。如妇女手持箩筐或头顶箩筐来回走动，与席地而坐者仰俯相对地讨价还价做生意，而提篮与箩筐中盛放的多是瓜果和畜禽等农副产品和渔猎品。在石寨山 1 号墓出土的贮贝器上也铸有与上述场面相同的情形，在雕铸的 52 人中也可看出做生意者多是妇女，这种以“赶街子”（定期集市）方式来交换农副产品的初级贸易形式，在今天西南地区的部分农村集市上还可以看到。

---

① 汪宁生．云南考古［M］．昆明：云南人民出版社，1992：69-70.
② 方铁．西南通史［M］．郑州：中州古籍出版社，2003：37.
③ 方铁．西南通史［M］．郑州：中州古籍出版社，2003：41.
④ 汪宁生．云南考古［M］．昆明：云南人民出版社，1992：70.

4. 担任主祭者或者家庭劳动的监工

在古滇国青铜器皿上的图案中，男性大多为手执兵器的士兵、从事狩猎和农耕生产的猎人（农夫）；妇女则大多以播种、收粮入仓、纺织和集市交易活动为主，有的还兼做针线活。此外，贵族妇女专门从事与农业有关的祭祀仪式共三例，如播种仪式（M20：1），承担杀人祭祀仪式的主祭者（12 号墓）等；在另一祭祀贮贝器盖上铸各种人物造型 127 个，“中坐一女，为主祭者，有宰杀、煮烹祭祀牲，另有喂虎、养马、孔雀等，奏乐和杀殉等内容”①。在粮食收获入仓（M12：2）和纺织活动（M1）中，由女性担任指挥和监督工作的共有两例。

第二节 西部地区农村妇女的生产类型

分析汉代以后的文献资料和大量歌谣，我们可以梳理出西部地区妇女在农业、牧业、纺织和集市交易中的生产与活动，从而重建农桑并重时代西部地区妇女与国家贡赋（市场）的关系。西部地区妇女从来就没有脱离过生产领域，她们一直从事着性别规定或者跨性别的生产劳动，在除了种植业外，包括林业、畜牧业、渔业等“大农业”范围内从事着生产劳动，扮演着自己的生产角色。以生产方式的变迁为例，在 1949 年以后，采集活动一直持续到了当代，渔猎活动由于划定了区域所有权而禁渔禁猎，乃至于狩猎完全退出了日常生活；大部分的云南刀耕火种带停止了刀耕火种；西部牧区中农业生产比重增大，出现了更多的定居地和圈养式畜牧生产；女织的手工产品为更便宜的工业生产商品所替代，女织部分完全地退出了生产领域，如云南曼暖远克木人妇女一直将自种的棉花织成布后运往坝区交换生活必需品。1958 年成立人民公社后，实行供给制，不准个人私自交易货物，“主要是用来交换其他物品的棉花从此失去了它的作用，曼暖远克木人也就从此不再种植了”②。此外，农村集市一度被取消，供销社成为一个调剂市场供需双方的窗口，也就是说，它是满足农村生产和生活需要而设立的销售生产工具、生活用品和收购农产品、副业产品等的商业机构。

① 马自树．中国边疆民族地区文物集萃［M］．上海：上海辞书出版社，1999：369.

② 张宁．克木人的农耕礼仪与禁忌：兼论交感巫术中的映射律［J］．民族研究，1999（6）：21-29.

一、西部地区的生态环境与生产类型

20世纪初期至20世纪50年代，为理解西部地区因生态环境各异而衍生出来的不同生产方式，国内学者以民族生态、经济类别、土壤利用与生计方式为基点提出不同的看法，来探讨其多样性、复杂性和灵活性，尤其是以下两种说法最具代表性，而为了识别西部地区农村妇女生产劳动的类型，本书也相应地提出了自己的观点。

第一，江帆从经济类型/民族族别角度，对20世纪初中国农村经济类型进行了相应的划分，具体如表1.1所示。

表1.1　20世纪初中国少数民族所处经济类型简表

类型	主/亚	民族
狩猎—采集经济类型	主	珞巴、鄂伦春、赫哲、高山、鄂温克、独龙
	亚	瑶（布努人）、苦聪人（拉祜族）
斯威顿经济类型（粗放的原始性农业耕作形式）	主	畲、苗、黎、佤佬 、景颇、傈僳、哈尼、毛南、仡佬、拉祜、基诺、怒、佤、布朗、德昂、门巴、满、锡伯
	亚	鄂温克族分支、高山族分支
畜牧经济类型	主	蒙古、达斡尔、哈萨克、羌、塔吉克、裕固、东乡、柯尔克孜、塔塔尔、乌孜别克、彝、普米、纳西
	亚	撒拉
农业经济类型	主	汉、布依、傣、侗、水、白、阿昌、土家、回、维吾尔、撒拉、壮、朝鲜、保安、京、俄罗斯
	亚	柯尔克孜族分支、土族分支、东乡族分支、满与锡伯族的部分分支、裕固族的部分分支、毛南与佤佬族的部分支系，苗族的部分支系
工业经济类型	主	
	亚	阿昌、保安、塔塔尔、汉族等民族内部支系及发达地区

资料来源：江帆．生态民俗学［M］．哈尔滨：黑龙江人民出版社，2003：61。

江帆所做的归纳主要是基于经济类型/民族类别的划分，注意到中国少数民族小聚居大分散的特点，把同一个民族因为处于不同地域划分为主型和亚型。当然，此类划分主要的问题是按照现成的经济学名词去套用各民族的生产水平与生产类型，因而，可以提供的信息量有限，更不用说其中并没有考虑劳动者的性别等因素。

第二，林耀华从民族/经济文化类型角度提出的划分，更贴近经济文化类型与地理环境的相关性，是目前国内民族类院校核心教材《民族学通论》中的经典论述，具体内容如表 1.2 所示。

表 1.2 中国少数民族经济文化类型简表

经济文化类型名称	亚型
采集渔猎型	
畜牧型	包括鄂温克族为代表的苔原畜牧型，蒙古族为代表的戈壁草原游牧型，哈萨克族为代表的盆地草原游牧型，藏族为代表的高山草场游牧型
农耕型	山林刀耕火种型（门巴、络巴、独龙、怒、佤、德昂、傈僳、苗、瑶、黎、高山、景颇、基诺） 山地耕猎型（土家、仡佬） 丘陵稻作型（壮、傣、侗、水、仡佬、毛南、黎族） 绿洲耕牧型（维吾尔、乌孜别克、撒拉、裕固、达斡尔、塔塔尔、东乡、保安、锡伯） 平原集约农耕型（北方亚型和南方亚型）（汉、满、回、维吾尔、蒙古）

资料来源：林耀华．民族学通论［M］．北京：中央民族大学出版社，2002：88-96。

林耀华从生态类型上把全国民族与地理环境联系起来，划分为草原生态民族区、森林生态民族区和山地农耕民族区等。这种划分兼顾了更多差异，而且更能说明民族与经济文化类型的相同与相异。当然，此说从宏观角度设计一个包罗万象的框架，而且是基于 1949 年以后国内各民族发展状况所做出的划分，难免会有遗漏，比如采集渔猎类一栏就是空白的，其实这一生产类型并没有消失，特别是在热带与亚热带的南方地区更是如此。

本书认为这些生计方式虽有发生学上的前后，但是诸如采集渔猎等生计方式并不会在定居农业中完全消失，还会以各种形式继续存在。如采集活动促进农作物栽培技术的发展，而狩猎活动促进家禽家畜的驯养和放牧。随着许多族群的农业和畜牧业发展起来，采集渔猎就不再是主要的生计方式了，但是它们可以作为生产生活资料的补充或者出于经济交换的目的而被保留下来。也就是说，采集作为一种生计方式会一直都存在，不同的是它在某一个阶段食物构成中的比重不同（如采集物是作为主食还是辅食）；技术不同（渔的工具从徒手到复杂工具）；品种不同（利用新的物种，淘汰旧的物种）；用途不同（例如芭蕉叶表面洁净光滑，在《云南志略·诸夷风俗》中载，“野蛮……食无器皿，以芭蕉叶藉之”，现在云南民族地区仍把它用作食具或者制作特色餐食如“泼水粑粑”等的外包装物）；社会管理制度不同（如休渔期、禁猎区与山林地界的划界定边等）；是否具有市场交换价值等。

因此，本书抛弃那种认为一个族群一个生态环境一种生态利用方式一种生计方式的说法，从西北区、北方区和南方区的大片区概念出发，在采集渔猎、刀耕火种农业、牧业、纺织、集市交换等生计方式中寻找妇女参与的生产类型以及发掘性别劳动的种类与形式。

二、妇女从事采集渔猎劳动

人类的生存离不开对地表动植物的依赖，无须高明的工具和技术便可采集到浆果、坚果、植物根块，贝类、鸟卵、昆虫、鱼类和已死的兽类等，因此，采集渔猎无疑是人类最早也是持续时间最长的一种生计方式。一般说来，如果一个民族农业水平越高，农作物的收获能为人类提供稳定的食物来源，那么对于季节性出产物的依赖程度就越有限，比如其采集的植物主要是用作菜肴，采集物在其日常生活中所占的比例就较小。反之，大多数以刀耕火种农业为主的族群，其出产物往往不够一年食用，采集物主要是为了弥补主粮的不足，因而在其社会生活中所占的比例就较大。如1950年代，“贵州台江的高坡苗，由于地处高寒山区，粮食十分短缺，一个寨子每年就要采四五万斤野菜佐食”①。再如贵州的麻山、瑶山、月亮山地区是苗族和瑶族的聚居地，20世纪80年代当地民众每年的人均口粮仅有200~300斤，而在国内一般的农耕地区，每年人均消

① 贵州省编写组．苗族社会历史调查：第1册［M］．贵阳：贵州民族出版社，1986：134.

耗的粮食，包括畜禽饲料在内，最低需求量也在600斤左右。因此，多年来，各级政府部门一直将这一区域视为温饱不及的极端贫困地区。其实，生活在这一地区的苗族和瑶族等族群并非如外界想象的那样难得温饱，当地族群除了食用苞谷、洋芋和稻谷等农作物外，还将百余种野生动植物都当作了粮食和饲料，用来解决各个家庭所需的淀粉和动物蛋白的供给问题等。

（一）女性从事的采集劳动

云南拉祜族（苦聪人）在歌谣中唱道："爬上高山，摘背野果回家来，剥剥过一天；进到深箐，找把野菜回家来，煮煮吃一顿；扛一捆栗柴回家来，烧一塘旺旺的大火，双脚弯弯过一夜。"而摘、剥、找、扛等采集渔猎活动往往被视为不同性别的两种劳动，"没有肉吃，男人害羞；没有菜吃，妇女害羞"。景泰的《云南图经志书》卷四云，北胜州，"巢处山林有名栗些者……居山林，无室屋，不事产业……其妇人则掘取草木之根以给日食"。在刀耕火种和犁锄耕作农业中从事采集的也大都是妇女，她们在上山劳动之余从山林中、箐沟边采摘野菜野果作为日常所需的蔬菜水果。把采集渔猎理解为一分为二的性别劳动显然是过于简单了，因为男性也在从事采集，女性也在从事围猎和捕鱼。20世纪初，独龙族人的刀耕火种方式使他们收获的粮食只能维持8~9个月的生活，一年中至少要有1/3的时间靠采集植物的根块来补充粮食的不足，男性主要负责挖掘植物块根，大型植物如董棕的采集也需要由男性来完成，而妇女们则采集植物的茎叶和花果，也包括捕获小型动物和鱼虾等物。

兹以采集方面最有特点的云南南部热带区域为例，该区域由于降水充沛，终年温暖，植物可以全年生长，不存在产量和种类季节性减少的问题，数百种植物能为生活在当地的族群提供可供食用的根、茎、叶、花、种子和果实。① 如同苦聪人的歌谣里所唱的："土里长出来的是菜，树上长出来的是菜，竹根上长出来的是菜，藤子上长出来的也是菜。"在云南可供采集的植物大体可分为块根类、茎叶花类、竹笋类、菌类、果类等，而且采集活动多是按季节进行的，如春季和夏季采摘植物的块根、嫩芽、枝叶、花、笋和菌类；秋季和冬季采摘植物的果实。总的来说，采集最为集中的是每年的第一和第二季度，第三和第四季度因为很多人工栽培的瓜果也成熟了，所以采集量就相对较少。

① 这一部分除另有注明的外，内容改写自《活在丛林山水间——云南民族采集渔猎》一书。刘怡，芮鸿．活在丛林山水间：云南民族采集渔猎［M］．昆明：云南教育出版社，2000.

1. 块根类

云南各民族常采集的块根类植物有二十余种之多，它们是青山药、绿山药、硬壳山药、黄山药、马蹄、山芋头、薯蓣、葛根、四棱、蓑衣包、黄精、芭蕉根、野百合、魔芋、藤萝卜等，这些植物块根不仅个头大（最大的重十余斤），而且数量多［一窝（塘）多达百余斤］。大部分块根类植物要在4~6月采集，葛根和山药一年四季都可以挖取。采集块根类植物时，除了用手直接拔取外，云南各个族群主要使用尖头的木棍（木耒）、骨铲和鹿角锄等简单工具进行挖掘。

此外，从块根类植物中提取淀粉的工艺也较为简单。如独龙族妇女把葛根挖回来后，要用刀将其分段砍碎，然后放在石臼中舂成碎块，再用水淘洗，滤出杂质后沉淀数小时，就能得到底部白色的沉淀物——葛根粉，一般是做成饼或烧食或煎食。独龙族和拉祜族妇女还擅长从董棕树干中提取淀粉。一般是先用刀把董棕树干砍倒，去皮留芯，将髓芯切片剁细，用水淘洗，滤去粗渣和树皮类杂物，再用细布过滤，将淘洗之水沉淀，去除水分后，晒干后便可得到成块的淀粉，董棕粉也是当地酿酒的主要原料之一。

2. 茎叶花类

云南南部一年四季不间断地生长着各类野生植物，特别是春夏季节常有新鲜茎叶类植物可供各个族群集中采食。这些茎叶类植物多达百余种，如鱼腥草、臭菜、香椿、苋菜、水香菜、苦凉菜、野茄子、酸荞菜、山韭菜、山白菜、花椒叶、树头菜、南瓜尖、洋丝瓜尖、刺五加、槐花、金雀花、苦刺花、棠梨花和大白花等，现已是云南各地农贸市场上的应季菜蔬，“吃春”成为各地食客春天餐桌上的特色佳肴。此外，芭蕉花类野菜既可以煮食作为口粮，也可以加工制成深受食客喜爱的地方风味菜。特别是各族群妇女还把一部分野生植物，如臭菜和缅芫荽等野菜从田间移栽到了自家的房前屋后，随时采摘取食，烹饪加工十分方便。

3. 笋类

云南各族群普遍喜食的笋类有二十余种，如甜竹笋、黄竹笋、茅竹笋、白竹笋和斑竹等，每年的4~9月是采集竹笋的最佳季节，从独龙江畔到澜沧江边的少数民族妇女都会背上背篓，看到破土而出的竹笋，横切一刀，剥去多余的笋叶就可装入背篓。采回的野笋可以鲜吃，也可切丝后泡制成酸笋或者晒干后制成干笋片（丝）供一年四季食用，加工与贮存方法都十分简便易行。

4. 菌类

世界上可供食用的野生菌类共六百余种，其中云南就有两百多种，居全国第一位，最为著名的有竹荪、香菇、黑木耳、黄木耳、白参、松茸、牛肝菌、虎掌菌、青头菌、白风菌、荞面菌、干巴菌、鸡油菌、奶浆菌和谷熟菌等。以牛肝菌为例，全国约有 26 种，云南就有其中的 22 种，而且 11 种还为云南所独有，可煮、可炒、可油炸，菌肉肥厚，香甜可口。每年春夏之交的雨季，云南各地的山林中都有无数的采菌人在采拾菌子，其中采菌最佳的时间是每年的 5~9 月，而不同的菌类需要在不同月份采摘，如民谚所说："五黄六月捡杂菌，八九月间拾松茸。"

5. 果实类

在云南，一年四季都有可供采集食用的果实类植物，大致有百余个品种，如杧果、鸡嗉果、毛荔枝、羊屎果、野芭蕉、涩梨、黄桑果、青梅、木瓜果、野板栗、杨梅、刺梅、橄榄、野葡萄和菠萝等。采集野果只要掌握果实成熟的季节，借助简单的工具就可以完成，而且很多果实还可以边采边吃。如山枇杷等野果曾经是景颇族和拉祜族的主要辅粮，在农历三至四月的缺粮期间，每餐的饭食中都会掺上枇杷果。

在云南傣族中流传着这样一首《摘果子歌》，歌中唱道：

我们住在山脚，
我们睡在山洞。
两边都是大森林，
大森林里野果多，
有甜的有酸的，
有红的有绿的，
有大的有小的。①

6. 昆虫类

除了采集植物外，云南傣族、景颇族、傈僳族、阿昌族、基诺族、哈尼族和彝族等十余个族群还采集和食用蚂蚱、蝉、竹虫、蟋蟀、蚂蚁和蜂等昆虫。从前这些昆虫是其获取动物蛋白的主要来源，现在利用这些昆虫制作的食品也

① 西双版纳州民族事务委员会．傣族文学简史［M］．昆明：云南民族出版社，1988：17.

是当地族群餐桌上的美味佳肴。

云南彝族、苗族、傈僳族、哈尼族、佤族、拉祜族、布朗族、傣族、壮族、阿昌族、景颇族和独龙族男子都擅长采集蜂蛹，“不敢烧蜂巢的人，吃不着蜂蛹”，采蛹吃蜜就成了各族青壮年男性最为喜爱的一项活动。每年采集野蜂蛹的最佳时间是农历七至十月，如何找到野蜂巢呢？独龙族往往利用日落西山余晖尚照在崖壁之际的逆光来寻找其踪迹，或者由“妇女在花丛中寻找采花蜜的岩蜂，捕捉一只系上发丝，再沿迹寻到蜂巢处”。①

在刀耕火种和犁锄耕作农业时期，人们也通过养蜂来获取蜂产品，如拉祜族把养蜂当作是一项常规的生产活动，每家屋檐下都会设置一两只蜂桶，这样一年四季都可以割蜜自食或者在集市上出售来补贴家用。

（二）妇女从事渔猎劳动

明代钱古训和李思聪在《百夷传》中云：“哈杜，巢居山林……不识农业，惟食草木禽兽，盖骑射。”而元代李京在《云南志略·诸夷风俗》中也载：“野蛮，在寻传以西……不事农亩，入山林采草木及动物而食。”也就是说，人们除了采用有限的技术获取植物和某些昆虫外，还把蛙、蛇、鱼、蟹及大型动物的幼崽作为人体所需的蛋白质及其他各种营养物质的来源。雍正《顺宁府志》卷九云：“倮黑……饮食取蜂蛇鼠蛤，无所不啖。”20世纪50年代初，景颇族的生活就像一首歌谣中唱的：“撵走毒蛇，在大树下搭一个草棚；赶走虎豹，在岩洞里找一个睡处；烧一把火，种一块苦荞；射一弩箭，打一只麂子；生的吃一顿，烧的过一天。”

20世纪50年代以前，西部地区的狩猎活动一般由男性进行，“只有不上山的汉子，没有撵不着的麂子”。为什么狩猎被视为是一项男性活动呢？按照景颇族的传说，古时候男女分别养各自的猪、鸡、牛、马。妇女饲养家畜、家禽很细心，白天放它们出去，晚上再关回圈里；可男性放养家畜和家禽很不用心，白天放在山林里，晚上也不赶回家，后来男性放养的家畜、家禽都变成了野猪、野牛、野鸡、麂子和马鹿，而男性想吃到新鲜肉，只得上山打猎，所以，打猎就成了男性的专职工作。

那么，是否妇女就不能参加狩猎活动了呢？答案是否定的。狩猎分为集体围猎与个人狩猎两种。集体围猎也叫集体撵山，针对野象、野牛、熊、虎、豹、

① 刘怡，芮鸿．活在丛林山水间：云南民族采集渔猎［M］．昆明：云南教育出版社，2000：41.

野猪等大型动物。景颇族的《狩猎歌》这样唱道："哦哟——呃！森林里，野兽多，麂子马鹿到处跑……到了打猎处，大家就分开，男子列成队，分兵去把口，女子排成行，进凹去助威。"当集体狩猎时，一般要由一个最有经验的猎人来安排和调度人手，如善于射击的猎手要埋伏在核心地带，妇女和青少年一起呐喊驱赶猎物逃向包围圈，最后捕获的野兽要当场分配，除了对最先击中者给予野兽头或者其他特殊部位的奖励外，其余部位都要不分性别和年龄地分给所有参与围猎的人。进入刀耕火种农业后，围猎活动就成了必不可少的除害活动，如春季豪猪会糟蹋豌豆蚕豆，秋季野猪及猴子会偷吃毁坏苞谷和稻谷等农作物，那时就会有一场必需的单兵阻击或者集体伏击的狩猎活动了。

个人狩猎是集体狩猎的补充，即猎手用弩、竹弓、扣子、竹镖、跳签、压木、长刀、夹子、竹签、扣笼和火药枪，在麂子、岩羊、马鹿、羚羊、野兔、松鼠、犀鸟、锦鸡和白鹇等小型动物出没的路口和饮水处设伏，特别是夏末秋初农作物开始成熟时要在庄稼地四周设置竹签和地弩等，并常常在月明星稀的夜晚伏击猎物，才能保证一年的好收成到时不化为乌有。

我国的渔业生产主要分布在内河、湖泊和沿海地区，那些临江河湖泊而居的族群少不了食用鱼、虾、蟹、鳝、螺和蚌等水产品，而捕鱼则是男女皆宜的活动，如《后汉书·西南夷列传》云："哀牢夷者，其先有妇人名沙壹，居于牢山。尝捕鱼水中，触沉木若有感。"一般说来，因西部地区河流和湖泊等自然条件差异较大，不同性别的捕鱼方式也有较大差异。男性大多采用钓竿钓鱼、撒网捕鱼、用刀砍鱼、鱼篓（笼）捕鱼、木叉刺（戳）鱼、灯光捕鱼、发箭射鱼、用药毒鱼和拦坝捕鱼等方式，而妇女大多用手网、罩笼等小型工具捕鱼。在云南傣族地区，男子只负责织鱼篓，捕鱼工作则由妇女来承担。此外，白族、彝族、傈僳族、哈尼族、纳西族和蒙古族等也会用黄麻或者葛麻来编织拦网、罩网等捕鱼工具，前往河池沼泽中捕鱼。

（三）女性通过采集经验积累的物候知识

由于妇女在采集生活中更多地接触和观察植物，所以，就会总结出一些利用植物资源的知识，这些积累下来的物候知识在刀耕火种、犁锄耕作和牧业生产中都曾发挥过重要作用。或者说，农业有可能是女性发明的，因为她们有更多机会去掌握相应的物候知识。

当然，掌握物候知识并把它们运用于农业实践中需要经历一个漫长的过程，各个族群在表述这段历史时也借助了版本众多的生产或者节日传说。在苦聪人卡腊节的传说中，卡腊（男性老人）在生活中细心观察，摸索到播种的知识，成功地在山地里种植了苞谷和高粱，但是当庄稼成熟后却遭到野兽和鸟雀的践踏，为了不让自己的劳动果实受到破坏，他多次向彝家兄弟求教，卡腊学会了编制捕鸟的网，设置捉野兽的地坑，因此，制服了鸟兽的侵犯，保住了一年的收成，苦聪人把每年的正月初三称作“卡腊节”。

拉祜族在长期的采集渔猎生活中逐渐认识并掌握了“植物的生长规律，动物的习性和气候之间的关系，形成了一套操作性强的物候观察法”①。如当地竹子、山药、白花和红细叶花等出苗、开花、结果和落叶都有节律性的变化和年份变化，若与以往不同，则预示气候会发生变化，例如山药提前出苗，白花和红细叶花提前开，竹笋提前出土，都预示着当年气候温和，但是雨季时间会较长。

苦聪人的《栽种歌》就是一部农事活动的物候历，歌中唱道：

李子树开花的时候，
是撒谷的节令；
刺苞菜发芽的时候，
应该栽秧了；
梨树开花的时候，
是种苞谷的节令；
大红菌出土的时候，
应该犁冬荞地了……②

也就是说，没有采集时代对植物生长和物候的观察，把植物受一定节律支配出现的适时变化现象（开花、落叶等）加以总结，就不会出现这类“栽种歌”。考虑到当时各族群交流有限的情况，这些物候知识的总结应是独立发生的，即他们各自从植物的物候观察中获得了这些关于农事节令的信息，最后通过口耳相传的形式保存下来并在农业生产中加以运用。例如，“在盈江卡场，三月初，山坡河畔绽出无数粉红和雪白的杜鹃花，是烧地季节来到的标志；在水冬瓜树落叶之前必须把地整好；桃花和梨花盛开之时，最适宜种荞；而陆稻的

① 王正华．澜沧拉祜西山地农业与生态环境变迁［M］//尹绍亭，秋道弥智．人类学生态环境史研究．北京：中国社会科学出版，2006.

② 孙敏，郑显文．拉祜族苦聪人民间文学集成［M］．昆明：云南人民出版社，1990：33.

播种，却不能延迟到杨梅成熟之后；在盈江铜壁关的小寨一带，樱桃花开是收割旱谷的最佳节令，如果等到樱桃花凋谢才收割旱谷，谷子因过分成熟，谷粒容易脱落”①。

20 世纪 50 年代前，云南潞西的景颇族看到一种“南罗逊”（载瓦语）的藤状植物开出红色花朵时，就知道撒秧的季节来临了，而“蓬生”草（载瓦语）开花便到了收割水稻的时节；地山岭上播种旱谷和草棉时，要听见春季的蝉鸣和看见一种“半涅”（载瓦语）的树开白花；一种叫“木蕊”（载瓦语）的植物开花则标志着冬季的来临，也该播种豌豆、蚕豆和小麦等小春作物了。在潞西的巩令一带，景颇族播种旱谷和水稻的节令是从红木树和“抢泡什”树（载瓦语）的变化中获取的：当红木树现蕾和“抢泡什”树结果时，就开始播种山岭上的旱谷地；当红木花凋谢时，就开始育水稻秧；当“抢泡什”树成熟时开始栽秧；当红木树的花像鱼的眼睛白白的还没有开的时候，就是种村边地的时候了；到了红木树的花掉在地上，一瓣瓣黄黄的，像晒干的笋子一般时，就是种下半山地的时候了，此时也适合在地上栽种旱谷、苞谷、红米、姜及苤菜等作物。通过这种两两相对的物候变化来决定什么时节种什么作物的知识，云南的景颇族一直保留到了犁锄耕作的农业生产时代。

三、妇女从事刀耕火种农业

刀耕火种农业并不是自然而然出现的，它是采集时代积累的植物知识和物候知识的运用，也是一种两性合作的生产方式，如烧荒时为了防止过火面积大就需要妇女参与，至于点种、护秋围猎、收割与脱粒加工等工序都离不开妇女劳动力的实际参与。

（一）源远流长的刀耕火种方式

刀耕火种，顾名思义就是砍倒树木之后烧光和播种。清李调元在《南越笔记》中云：“耕无犁锄，率以刀治土，种五谷，曰刀耕。燔林木使灰入土，土暖而虫蛇死，以为肥，曰火耨。”在唐宋之前，长江流域以南地区还保留了刀耕火种的一个变种“火耕水耨”，火耕即烧掉杂草，水耨即在水中用镰芟去杂草或用手拔去杂草，并让水把杂草沤烂。先秦时期，苗族先民主要居住在河湖密布的江汉平原，以火耕水耨的方式进行稻作生产，《战国策·魏策一》曾载：“三苗

---

① 许建初，左停，杨永平．中国西南生物资源管理的社会文化研究［M］．昆明：云南科技出版社，2001.

之居，左有彭蠡之波，右有洞庭之水，文山在其南，而衡山在其北。”后来苗族在不断南迁的过程中，在秦汉之际形成了适应山区自然生态特征的刀耕火种，并辅之以采集渔猎等生产方式，即“苗民山多田少，稻谷罕见，多于山坡种杂粮，披其榛芜，纵火焚之，煨土成烬，然后开垦，所谓刀耕火种”①。

当然，西部地区山地民族进入刀耕火种农业的时间先后不一，如“景颇族大约在元代以后才出现刀耕火种”②。20 世纪 50 年代初期，在云南澜沧江以西地区，西起怒江傈僳族自治州和德宏傣族景颇族自治州，中经临沧和思茅地区西南部、西双版纳傣族自治州南部和红河哈尼族彝族自治州，东达文山壮族苗族自治州南部，形成一条横跨千里的刀耕火种带，居住在这一区域的拉祜族、怒族、独龙族、基诺族、德昂族、景颇族、傈僳族、佤族和布朗族等大都采用刀耕火种方式。如金平拉祜族“通常每隔 1 年就短途移徙耕作居留地一次，每隔 3 年又重返故地利用那些已经休闲期满的耕地，每隔 12 年左右就不辞长途跋涉到另一片原始森林”③。大致是在 20 世纪 70 年代以后，刀耕火种才逐渐退出西部农村的生产领域，转而以一种各家自行开荒自负盈亏的粗放方式继续存在于犁锄耕作农业当中。

（二）妇女参与烧地和播种劳动

道光《普洱府志》卷十八《人种志》中云：“三撮毛……以捕猎野物为食，男勤耕作，妇人任力。”作为一种不挖不犁不锄的生产方式，刀耕火种在种子播种以后的田间管理方面相当节省人力，然而从砍树、烧地和防止过火面积大的守地扑火和播种等环节来看，仅凭男性的力量难以开发大片的火烧地，需要成年妇女在其中发挥必不可少的作用。

刘禹锡的《竹枝词》是对巴渝一带山地民族刀耕火种方式的描摹，诗云：“山上层层桃李花，云间烟火是人家。银钏金钗来负水，长刀短笠去烧畬。”其中明确指出妇女从事的正是刀耕火种农业。明朝以后，刀耕火种一词开始频频出现在文献记载中，如明郭子章的《黔记·黔中杂诗》中载：“群峰莽亘插天遥，旅魄都从一望销。蛮语兼传红仡佬，土风渐入紫姜苗。耕山到处皆凭火，出户无人不佩刀。”云南境内苗族的刀耕火种记载则多见于清代文献。如乾隆《镇雄州志》卷三《风俗》云，“苗类，镇雄四境皆有。好山居，男女任力，刀

① 陈斌，赵云生．苗族文化论［M］．昆明：云南民族出版社，1999：37.
② 周兴渤．景颇族文化［M］．长春：吉林教育出版社，1991：15.
③ 云南省少数民族编写组．拉祜族简史［M］．昆明：云南人民出版社，1986：60.

耕火种以供食用”；道光《大姚县志》卷七云，“蛮子……居高山陡壁，其上下如飞。男女皆衣麻布长衣，以麻布裹腿，带刀劈山地种干粮……近年土民著人自江外招来种地，前后教正里山中已数百家”。

刘禹锡诗云：“何处好畲田，团团缦山腹。钻龟得雨卦，上山烧卧木……下种暖灰中，乘阳拆牙蘖。苍苍一雨后，苕颖如云发。”[①] 可以说是对刀耕火种农业最形象的描摹。通常山地民族在山岭上选好一片土地，把树木砍倒晒干后，放火燔烧，烧荒后的地表上留有一层灰烬，为土壤增添了较多的灰（钾）肥，再用有尖端的棍棒在地上戳一个洞，放入种子，随即掩盖种子，以后不施肥，也不中耕，任其生长，等待最后的收获。当然，人类学民族志中的刀耕火种远比诗人笔端的描写要具体和复杂得多。[②] 20世纪40年代至70年代，曼暖远克木人砍种山地，每年12月“号地”（寻找合适的地块），请“陆滚”（巫师）看当年砍种地块的凶吉；次年1月各家各户去砍地，男性和妇女都去把上面的树和草砍倒；2月晒地，树木砍倒后，放在地上曝晒一个月左右；3~5月放火烧地，烧地前通知全寨各户男子共同参加，无男子之家亦可由妇女参加，有的树干巨大不能一次完全烧尽，还要捡烧数次，直到把树和草完全烧尽并捡除残渣为止；6月动手点种，点种时，男子手持点种棍“农”（先用刀将竹或木质的棍棒一头削尖，用秃以后再削，后在一头装上铁质圆锥形头）在前面戳洞，妇女则紧跟在后往每个小洞里丢上两三颗种子并随即覆土。这一男性戳洞女子撒种的做法与佤族和基诺族都相同，而景颇族则刚好相反，“女子用小锄打眼点种，小伙子尾随其后用竹扫帚扫土盖上种子”[③]。

（三）妇女参与谷物收割劳动

刀耕火种方式种下的谷物，经过三个多月的生长，到了9~10月谷子成熟后，经过穗选和块选种子后，其余的谷物就需要收割入仓了。

在使用镰刀等收割工具之前，山地族群一般是用手折下谷穗或者把谷穗拔起来的方式进行收割，还有一种最为常见的收割方式就是用手捋下穗上的籽粒放进背篓里，而任其茎叶留在田间腐烂不加理会。

新石器时代的考古发现证明，当时人们用蚌镰、石刀和石镰之类的收割工具来收割谷物，此后才开始使用铁镰。西藏墨脱县的门巴族在收获水稻和旱稻

---

① 彭定求，等．全唐诗［M］．卷三百五十四，北京：中华书局，1960.

② 杨晓冰．环境变迁与生计方式的调适：曼暖远克木人的刀耕火种文化［M］//尹绍亭，秋道弥智．人类学生态环境史研究．北京：中国社会科学出版社出版，2006.

③ 金乐勒．云南少数民族禁忌大观［M］．芒市：德宏民族出版社，2004：112.

时，一般是用月牙形的小镰刀一穗一穗割下来放入背篓，煮食时再进行加工脱粒。之所以割取谷穗，而不是连秆收割，是因为当时禾谷类作物驯化未久，成熟期不一致，一手握住谷穗，一手持镰割开谷茎，就是为了避免成熟谷粒脱落而造成的损失，当然，这种割穗留茎的收割法也减轻了运输谷物过程中的劳动强度。直至汉代晚期，这一收割习惯仍然存在。如四川成都凤凰山出土的东汉渔猎收获画像砖的下半部分就可以看到这种收割场面，画面左边的三人正在割取稻穗，捆扎成束，最左边一人将已扎好的稻穗挑走，右边的两人则高举一种大镰刀在砍割已经割掉稻穗的禾秸作为牧草，如不需要稻草作为饲料的，则将它留在田中，任其干枯，来年春天烧后作为灰肥肥田后就可以再行种植新稻了。

（四）妇女从事谷物脱粒劳动

《百夷传》云："土僚蛮……山田薄少，刀耕火种，所收稻谷，悬于竹棚之下，日旋捣而食。""捣"是一种原始的稻谷脱粒方式。其实刀耕火种民族最早使用的脱粒方法是用手搓，然后则用脚踩。云南布朗族把收割回来的谷穗曝晒几天后，就在地上铺一块大篾笆，把晒干了的谷穗置于其上，旁栽一木桩，男女手扶木桩，双脚搓踩脱粒。有的山地民族用木棍敲打谷穗的方式来脱粒，有时脚踩和棍打的方式同时进行。如怒族在收获旱稻后，在地上挖一浅坑，铺上麻布毯，放上稻穗，周围用麻布毯子围起，然后用木棍敲打；克木人采用打谷板或者打谷棍来脱粒；瑶族和仫佬族用一种叫"撩棍"或"吊棍"的工具来打谷脱粒。

《周易·系辞下·二章》云："断木为杵，掘地为臼，臼杵之利，万民以济。"在目前考古发现中确认的脱粒农具包括杵臼和磨盘，如河姆渡遗址出土的木杵和裴李岗遗址出土的石磨盘都有七八千年的历史。谜语"黄土筑城墙，兵马跑四方。只听锣鼓响，个个脱衣裳"的谜底就是舂米的石臼，石臼分"捣臼"和"踏臼"两种。杵臼则兼有脱粒和去壳碎粒的功能。石臼舂米完全是手工活计，一石臼最多容纳八斤，用榔槌得捣上四五百次，米才能脱去糠皮，舂米者往往会两手虎口磨出血泡，疼得撕心裂肺。戚夫人在《舂米歌》中唱道："子为王，母为虏。终日舂薄暮，常与死为伍。相隔三千里，当使谁告汝！""终日舂薄暮"的一般是妇女，因此，家家户户的妇女每天都需要花费大量的时间来舂米，使得"舂泉四面绕茅屋，日日唯闻杵臼声"成为村落一景。进入现代社会后，石臼舂米则演变成了少数民族妇女的歌舞表演形式，如布依族、黎族的"舂米舞"，佤族的"舂碓舞"和"舂棒舞"，甚至壮族的扁担舞都是由优美的舂米动作演变成的具有较高艺术观赏性的舞蹈。

除了石臼外，砻和碾也具有去壳和碎粒的功能。《淮南子·说林训》云，“舌之与齿，孰先砻也”，砻的形状如石磨，由上下两扇组成。有关砻的最早资料是江苏省泗洪县重岗东汉墓出土的画像石“粮食加工图”，上面就有妇女推砻的场面。“米饭香喷喷，砻谷累煞人”，说的就是“砻谷舂米”是妇女们的“专属活计”，如李白的《宿五松山下荀媪家》中所云：“田家秋作苦，邻女夜舂夜。”

在《舂米谣》里这样唱道：

黑八哥，红嘴儿，
俺在娘屋里做女儿，
天天吃的白米米儿。
俺在婆屋里做媳妇，
天天吃的渣豆腐，
脚舂碓，手拉磨，
一拉拉到半夜过……

歌谣里提到的磨也是一件谷物去壳碎粒的工具。独龙族去壳碎粒的工具是石磨盘，使用时，下置簸箕，大石块放在簸箕上，一端用小木墩或石头垫起，使之倾斜，人跪在簸箕前，把谷粒放在石块上，双手执鹅卵石碾磨，利用石板的倾斜度，使磨碎的谷粒自行落在簸箕上。而旋转型石磨出现于战国时期，在汉代得到很大的发展，它一直是西部地区最重要的粮食加工农具，如居于滇东北、川南山区的族群以稻谷为主食，所收稻谷悬于竹棚之下，“日旋捣而食”，所谓的“捣”就是一种脱谷方式。在发明了利用杠杆原理的踏碓和利用畜力、水力驱动的畜力碓和水碓后，手工操作的杵臼并未完全消失，在西部的农村地区仍然具有顽强的生命力。如云南和贵州的农村在年节时节手工制作饵块和糍粑等，称为“舂饵块”或者“捣糍粑”，指的就是男女两性都可以使用杵臼等制作瓷实、黏糊、有韧性的米制品专供自家食用或者赠送亲友。“门换新联户换米，还舂饵块备香厨”描绘的就是云南农村在岁末备米舂制饵块的生活场景，每到大年初二初三，家家户户走亲访友时也会带上自家做的米制品去给亲朋好友品尝。

宋代范成大在《冬舂米》中写道：“群呼步碓满门庭，连杵成腊雷动天。筛匀箕健无粞糠，百斛只费三日忙。”诗中除了提及谷米脱粒和去壳的“碓”和“杵”外，还有就是扬弃谷壳糠秕杂物的农具“筛”和“箕”。作为谷米加工的最后一道工序，人们最初是用手捧口吹的办法来得到净谷，而后才懂得借助风力吹去糠壳。20 世纪 50 年代初，傣族妇女打完谷子后就用竹笋叶扇，一边扇一边用脚去拨弄，把瘪壳和残渣都弄干净了，才把谷子背回家。当然，用簸箕来簸扬糠壳的方式出现得较晚，如《大雅·生民》中云："或舂或揄，或簸或扬。"《大雅·大东》亦云："维南有箕，可以簸扬。"由于簸箕簸扬的谷物数量有限，对堆积在晒谷场上的大量谷物还需使用如木锨、木叉和飏篮之类的扬场器具进行翻晒工作。西汉史游在《急就篇》云："碓、硙、扇、隤、舂、簸、扬"，已指明簸与扬是两种净谷方法，庄稼收获之后，在场圃脱粒晒干，再用这些工具铲起谷物迎风扬之，借助风力吹走糠秕杂物，可以得到净谷。1972 年在甘肃嘉峪关东北的戈壁滩上，发现一处魏晋时期的墓群，其中有九座墓室的墓砖上绘有彩画，表现了包括采桑、耕田、狩猎、畜牧、屯垦、庖厨、宴饮等在内的生活场景，如三号墓《扬场图》中既有抱麦捆的农妇，又可以看到持木叉扬场的情景；在甘肃安西榆林窟 20 窟壁画中也可以看到用飏篮扬谷的情景。

四、妇女从事的牧业生产

从北纬 51°到北纬 28°的广阔地域，是我国从东北到西南的半月形畜牧生产带，在这一区域内生活的蒙古族、哈萨克族、裕固族、塔吉克族、柯尔克孜族和藏族等都是以畜牧业为主的族群。虽然民谚中说"一人不贪二艺，养羊儿不能种地"，农业与牧业势不两立，但是在以上民族中既有从事"逐水草而居"的牧业，也有从事"设屯营而田作"的农业，或者是两者兼有。具体而言，以大兴安岭—长城—阴山—贺兰山—青藏高原东缘一线为界可分为农区畜牧生产和牧区畜牧生产两大类型。它们之间的差别在于：一是饲草和饲料的来源不同，农区畜牧业以农作物秸秆、各种农副产品或饲料作物为主，牧区畜牧业以天然牧草为主；二是经营方式不同，农区畜牧业以舍饲为主，经营管理比较集约，生产比较稳定，而牧区则以放牧为主，管理比较粗放，生产不太稳定；三是牧畜种类不同，农区以猪、牛及家禽为主，牧区以牛、羊、马和骆驼等为主。本部分内容主要涉及妇女在牧业生产中的主要角色，如妇女从事守夜、拆卸与管理蒙古包和加工畜产品等活动。

（一）妇女在转场活动中的守夜角色

北方蒙新内陆一直是中国北方族群生产和活动的场所，公元前 3 世纪至公元 13 世纪期间，匈奴、东胡、乌桓、鲜卑、突厥、契丹和蒙古等族群，都曾经先后在这片土地上劳动生息，创造了独具特色的草原文化。“逐水草而居”就是牧民随着草场、淡水、盐地这些资源的季节性波动而形成的迁徙和聚散，其实这种对草地的有效利用方式，也包含着运用丰富的牧草知识和转场活动中的性别分工等信息。

正是由于远古人类长期从事采集渔猎生活，积累了相当丰富的有关动植物的知识，特别是常见牧草的形态特征、生长环境、分布范围以及营养价值等，这些知识正是北方民族得以驯化植物（农业）和动物（畜牧业）的先决条件，如《内蒙古资源大辞典》① 列出的植物就有 2600 种之多。其实在蒙新牧区，普通牧民对于气候环境、地形地势、水源风向与牧草的品种长势都有相当敏锐的观察力，随口也能说出几十种牧草的名称，特别是有经验的牧民，即使在夜间骑马，用鼻子一嗅也能分辨出所经过草地的牧草品种及其生长态势。

由于一年四季乃至每个季节里牧草的生长发育状态都会出现明显差异，所以牧民往往根据地理环境和气候条件将放牧场地分为夏季牧场和冬季牧场，“夏天到山坡，冬天到暖窝”，这种对牧场的季节性转场就是为了使牲畜在全年的不同时期都能获得充足的牧草供应。在蒙古族牧民的放牧过程中，如果在一些气候和植被条件差异较大的地区，从每年的春季开始就要安排牲畜转场，一年四次；而在一些气候与植被差异不大的地区，一年只需要进行两次转场。蒙古族牧民还需要根据畜群中的不同种类来选择不同放牧地的牧草，具体而言，还要根据畜群中的大畜与小畜、成畜与幼畜的数量来分阶段分区域地调配牧草，从而合理地利用草场资源。其实所谓的“逐水草而居”就是根据不同的季节和月份，甚至是一天当中的早晚不同时段的阳光强弱、风向变化和风力大小等差异来组织放牧的一整套制度，如“前晌吃凉草，晌午吃热草，后晌回头草”，“前晌阳坡后晌背，放下的羊儿人人爱”等都是牧民放牧经验的总结。

试以内蒙古牧区牧民的转场活动为例，② 如每年的 3 月 11 日—6 月 20 日，牲畜就要转场，搬进长着嫩草的春季牧场（库克铁木），之所以选择在水草丰盛的阳坡地带，主要是进行接羔和育羔工作；6 月 20 日—9 月 20 日，牲畜要搬进夏季牧场（加依拉吾），选择水草丰盛、树木成荫的山区，绵羊等小畜一般在高山或阴凉草地上放牧，骆驼要野牧在平坦或者碱性草场，这一阶段主要是进行

---

① 恩和. 蒙古族游牧人的植物文化草原牧民的生态智慧：传统畜牧业中的草畜关系［C］. 首届中国骆驼产业发展战略研讨会，2010-08-29.

② 王文辉. 内蒙古气候［M］. 北京：气象出版社，1990：219.

牲畜抓膘和剪毛等畜产品加工活计；9月20日—11月15日，牲畜要搬进秋季牧场（库则吾），选择在冬季雪大而无法利用的山区和地势较低平坦草场上放牧，其间的主要生产活动是牧畜抓膘、保膘、配种、剪羊毛、整修冬牧场和贮备冬草等；11月10日至次年3月10日，牲畜要搬进冬季牧场（克斯塔吾），选择在雪少、阳坡、草多而避风的地方放牧小畜，马群则放牧在有雪的山区，牛群则放牧在靠近水源的避风草场。

在新石器时代的考古中发现蒙新地区有大量石围栏遗址，此后的文献记载中，也不断有石头栏、土围栏和木栅栏等名称出现，“小雪牛羊进暖圈”“兵不离马，马不离圈，放羊的不离破羊圈”。到了明末清初，蒙古族牧民开始白天逐水草放牧，到了夜晚则将牲畜圈入栏内派人看守，即昼牧夜圈。在柯尔克孜族牧人的家庭中，男女两性有着明确的劳动分工，如男性从事放牧、种地和打柴等野外劳动，妇女白天在家做饭、纺织、缝纫、挤奶和替羊羔接生，而到了夜晚则在羊圈边守圈。在深山密林中的毡房外，妇女们夜晚看守羊圈，为了度过漫漫长夜，她们坐在圈墙上，身边放着木棍棒，手中捻着毛线，眼睛望着安睡的羊群，口里唱着《守圈歌》，歌中唱道：

> 我把针尖弄弯了呀！
> 我今天看守羊圈。
> 我又把针尖弄直了呀！
> 怕丢羊我才来守羊圈。
> ……
> 我守在圈外大路边，
> 愿我的羊群快安睡。
> 姑娘、媳妇守羊圈，
> 这是祖先传来的习惯。[①]

（二）妇女拆卸与管理蒙古包

为了转场方便和便于日常居住，蒙古族牧民创造了易拆卸、携带方便且坚固耐用的蒙古包，其圆形尖顶，顶上和四周覆盖一至两层的厚毡片，包内分为

① 中国少数民族社会历史调查资料丛刊编辑组．柯尔克孜族风俗习惯［M］．北京：民族出版社，2009：48.

哈那（围墙支架）、天窗、椽子和门四个部分。搭建蒙古包的主要材料是绳索、树干以及毡毯等畜产品，而蒙古包的搭建、拆卸和运输，只要一两个成年人就可完成。在搬迁时，先由男性察看牧场情况，确定搬迁地点和时间，“在搬迁时，所有用具要全部搬走，包扎装运全由妇女承担”①，游牧民族的妇女和男性一样要从事管理幌车和往车上装卸帐幕的工作。

蒙古包空气流通、采光条件好，冬暖夏凉，不仅是游牧民族的生活场所，也是进行畜牧业生产和畜产品加工的工作间，牧民不需要出屋就能掌握畜圈及其附近发生的情况，如“浩特内的母羊下羔、畜群惊动、驼羔脱绳，乳牛、母驼返回浩特，以及外人来访等所有的动静”②，必要时还可以指挥畜群转移等。前文提到的柯尔克孜人的《守圈歌》，既是妇女们排遣漫漫长夜的劳动歌，也是妇女在抚慰夜圈内的牧群，让它们在歌声中安然地度过一个又一个熟睡的夜晚。

（三）妇女从事畜产品的加工

蒙新高原的草原畜牧业早在匈奴时期就已相当发达，千百年来游牧民族驯化和培育出骆驼、黄牛、绵羊、山羊、牡马和牝马，用以维持自己的正常生计和生活。传统牧民的理想是“五畜俱全”，这是因为五畜俱全能为牧民提供品质优良且多样化的肉和奶制品；五种不同家畜的皮张和绒毛能提供牧民生产和生活所需的原材料；而五畜俱全的家庭才能在转场时有可供骑乘和拉车的马、牛和骆驼等运输工具。

游牧民族的妇女除了挤牛奶、制酥油和奶酪来满足家庭成员的再生产需求外，主要的生产性工作还包括制线搓线、加工皮张和用草编织席垫等，其中加工皮张是男女都可从事的工作，而女性主要从事制线与用草编席垫等活计。

1. 利用羊毛搓线和制毡

在藏族史诗《格萨尔》的《征服大食之部》中，专门介绍了对牛毛、牛绒的加工程序，如牦牛身上什么部位的毛绒有什么特点，适合捻什么样的毛线，可用在什么地方，对“白尾野牛的胸部毛、公牦牛的臀部毛和母牦牛的腹部毛”等也做了一一介绍。在《降伏妖魔之部》中还介绍了如何“纺线、缠线和织毛褐子”等工序，表明藏族对畜毛的了解和利用程度已达到了相当水平。

在蒙新牧区，取毛都用手工，羊毛制线和搓线工作是由老年妇女完成的。

---

① 中国少数民族社会历史调查资料丛刊编辑组．巴里坤哈萨克族风俗习惯［M］．北京：民族出版社，2009：21.

② 恩和．蒙古族游牧人的植物文化草原牧民的生态智慧：传统畜牧业中的草畜关系［C］．首届中国骆驼产业发展战略研讨会，2010-08-29.

她们围坐在毡房前，用柳树条抽打着一堆羊毛，七八条树枝此起彼伏，整齐有序地落在羊毛上，而且互不影响操作，等到羊毛蓬松了，去除杂质后，就可以用来搓制成线。有时也可以把羊毛与牛毛混合捻成小股，再像编辫子一样做成羊毛绳子。

此外，妇女的常规性工作还包括用绵羊毛擀防寒隔潮的毡子，因此擀毡就成为牧区妇女必不可少的手工劳动。擀毡时，要先将羊毛放在未熟过的牛马硬皮上面，用柳条弹松后，均匀地摊在芨芨草帘上，洒上热水，卷起草帘，用三根长绳绕在芨芨草帘上，六个人在地面上拉绳子来回滚动或用畜力拉着滚动，待毛连成片后，取出来，用水清洗过后，再用胳膊滚动毛片，即粗制成为毡子。妇女们利用毡子来制作多种多样的生活和生产用品，如毡房用毡、褥毡、花毡、地毡、鞍垫、毡鞋、毡袜、毡衣、家具袋、房杆套、房墙套和牲畜被等。

哈萨克族妇女制作各种精美的毛、毡用品并绣制日常生活所需的帽子、套头盖巾、炊具袋、褡裢、箱套、坐垫、鞍垫、套具、帐帘、毡毯、壁挂和房毡等，特别是制作绣花毯是哈萨克妇女的绝活之一。

蒙古族妇女用驼绒和纯羊绒制作一种牧民生产生活中必不可少的万能用具，它在转场时可以装下全部家当，行走时可以背在肩上作为皮囊；晚上可以铺在地上，当作防潮防湿的卧具；下雨天可以顶在头上，刮风时也可以裹在身上，作为防寒防冻的外披等。

2. 男女都可鞣制和加工牛羊皮张

五畜俱全的畜牧业为牧民们提供了种类齐全的动物皮革原料，各民族牧人都有人工熟皮和鞣制皮张的技术，以及把它们加工成各种生产和生活用品的丰富经验。如藏族史诗《格萨尔》中就提到藏民用酸奶水泡制生牛皮和生羊皮，通过去脂、鞣制成皮革再制作各类衣帽等的记载。而从唐代开始，云贵一带居民畜养牛羊等大牲畜就已十分普遍。《元史》卷六一（志第十三·地理四）云，“（磨些蛮）土多牛马，无布帛，男女悉被牛羊皮”；而曲靖、武定、澄江，鹤庆等府的土官土目等贵族妇女“服两截杂色锦绮……背披黑羊皮”；景泰《云南图经志书》卷四亦云，北胜州，“有名栗者……岁输官者惟皮张耳”。现在哈萨克族牧人仍然用绵羊、山羊皮制作皮袄、皮裤、皮帽、皮褥、皮被和皮大衣等生活用品以及皮囊和风箱等生产用品；而蒙古族牧民还根据不同部位骆驼皮的特色，制成水桶、水壶、饭碗等各种日常用品以及放牧和挤奶等必需的劳动器具，而最为常见的就是将小畜皮革加工制作被褥、衣服或者鞋靴。

五、妇女专属的纺织劳动

据青海柳湾马厂类型墓葬统计，“五十三个男性墓主，有四十五个随葬斧、锛、凿，只有八个随葬纺轮，三十一个女性墓主有二十八个随葬纺轮”①，可见农具与纺具已经成了两性分工的象征物，即当时的男耕女织的性别分工已经常态化。“一夫不耕不得食，一女不织不得衣”，在强调农桑并重的中国古代社会里，以桑丝为代表的女织的重要性由此可见一斑。在《汉书·地理志第八下》载，“（南越）男子耕农，种禾稻纻麻，女子桑蚕织绩”，至于“清平卫人口中，男以耕读为业，女以绩纺为务”②。类似的文献记载多见于清代以后的志书中，如刘慰三在《滇南志略》中记载腾冲一地的居民“多务耕织”；滇南一带石屏的“妇人习女红，勤纺织，每深夜犹闻机杼之声”；通海的“农耕稼，虽缙绅家妇女亦勤纺织”和蒙自的“妇人鸡鸣戒旦，纺绩是勤”等。

现代农业经济学把种麻、种棉、种桑和养蚕作为种植业与养殖业来分别论述，而麻织、丝织、棉织和毛织的女织是农业生产的一种补充形式，归并在家庭副业或者手工业的范畴当中，也就是说，它被定义为服务于家庭内部，满足家庭成员穿衣盖被的保暖需求，是属于再生产部分的内容。我们知道由于布帛绸绢的通用性，一直到明清时代女织品既是流官体制中赋税的征收种类，也是土官制度中的朝贡与回赠之物，更是集市上的大宗交易商品。在明清民间集市交换的既有作为原料的棉花、麻和靛蓝，又有棉纱和麻线等半成品和棉麻布等成品。

（一）从贡赋体制看西部妇女的女织劳动

从汉代开始，女织的数量与水平都取得了相当的成就。“在广西贵县罗泊湾汉墓出土了丝绸、麻布、织锦、纱帽等织物的残片，同墓出土的木牍还开列了缯、苎、布、绸、线、絮和丝等麻织和丝织品的名称。”③ 这就使得以布帛实物进行的不时纳贡和常年赋税的科征成为可能，棉布（棉绢、帛叠）、丝绸（蚕桑）、纻麻布（兰干细布）和羊毛布（朱罽、罽旄），通过纳贡和赋税科差进入国家赋税的公共管理层面，使其生产劳动具有了公共性，也就是说，它不再只

① 中国社会科学院考古研究所．新中国的考古发现与研究［M］．北京：文物出版社，1984：114.

② 方铁．西南通史［M］．郑州：中州古籍出版社，2003：632.

③ 方铁．西南通史［M］．郑州：中州古籍出版社，2003：60.

属于再生产性的家务劳动。随着赋税制度的变迁，这种公共性还体现为其所具有的市场交换价值，使得女织品在满足家庭内部需求外为市场交换而进行的生产成为可能，从而明确标注出妇女生产劳动所蕴含的经济价值。

1. 充当纳贡与回赠物的麻丝布帛

《小雅·北山》中云："溥天之下，莫非王土；率土之滨，莫非王臣。"在畿服（册封）和羁縻（土官）制度中，中原王朝的君主是内外服的共主，在王国中心地区（内服）设立行政机构，进行直接管理；在直属地区之外的外服，则由接受中原王朝册封的地方统治者进行统治，而且九州之内的各个地区，都负有进贡的责任。共主根据所进贡的物品价值回赠相当物品，称为"进贡和回赐"，并遵循"厚往薄来"的朝贡原则。此后各个时期的中原政权和其他诸国之间也形成朝贡体制，明清改土归流后，土官地区对朝廷沿用朝贡体制，流官地区则适用赋税体制。

（1）作为西部地区地方政权的纳贡品

《慧超往五天竺国传》记载胡蜜王云："见属大寔所管，每年输绢三千匹。"西域各国把绢绫黄金银钱并举，绢还可以当作贡物来输送，可见，其使用范围与用途大抵与内地是相同的。

唐代南诏诸族纺织的丝绫绢布和桐华布，山地民织造的披毡，做工颇为精美，其中的一些精品被南诏政权视为进贡大唐王朝的贡物。如长庆三年，南诏王"进金碧文丝十有六品"；中和元年，南诏遣使者迎唐公主，"献珍怪毡罽百床"。①

《新唐书·地理志》记载岭南地区和黔中道诸州岁贡的方物中都有女织制品类，如由当地特殊原料制成的"蕉布、纻布、落麻布、竹布、竹纻练、白纻细布、纱、绳和朝霞布等"②。

宋代西南地区生产的棉麻布，不仅达到了空前的生产规模，而且质地良好，也成了上贡朝廷的大宗物品。绍兴二年（公元1132年），诸路贡纺织品，其中"西川、广西布七十七万匹"。北宋全国麻织品的产量，居第一位的是成都府路，"第三位是广南西路，产量达179791匹"③。

元泰定元年（公元1324年），贵州东部地区的"八番生蛮及杨、黄五种人

① 方铁．西南通史［M］．郑州：中州古籍出版社，2003：175-176.

② 方铁．西南通史［M］．郑州：中州古籍出版社，2003：341.

③ 方铁．西南通史［M］．郑州：中州古籍出版社，2003：270-271.

27000余户降元，提出愿每年缴纳布2500匹”，元朝遂于其地置长官司；泰定三年（公元1326年），八番严霞洞蛮归附，亦愿岁输布2500匹，元廷设蛮夷官镇抚之；致和元年（公元1328年），云南安隆寨土官岑世忠与其兄岑世兴相攻，“自籍其民32000户来附，愿岁输户3000匹，请求元立宣抚司以总之”。①

明洪武朝，车里、老挝、八百和威远等地的朝贡物中都有“丝幔帐”一项。明代景泰的《云南图经志书》卷六亦云：“干崖宣抚司……境内甚热，四时皆蚕，以其丝染五色织土锦充贡”。《明太宗永乐实录》中提到洪武三十五年（1402）九月在金齿百夷地区则以“丝幔帐”充作贡物。在明清改土归流后，在云南设有土司的地区，以“干崖丝织五色土锦充贡”，再加上“境内甚热，四时皆蚕，以其丝染五色，织上锦充贡”；特别是万历年间，丽江、孟养、车里的土官以“各色绒棉，各色布手巾”等物品作为贡物。清代余庆远的《维西闻见录》言雍正八年（公元1730年），“怒族中的头人”相率到康普界，“贡黄蜡八十斤，麻布十五丈，山驴皮十，麂皮二十，求纳为民，永为岁例”。

（2）作为中央王朝的回赠品

古代西域在《史记》时代是没有蚕丝的，如《史记》卷一二三《大宛列传》云：“自大宛以西，至安息，国虽颇异言，然大同俗相知言……其地皆无丝漆，不知铸钱器。”唐代的《法苑珠林》卷四中亦云：“胡人见锦，不信有虫食树吐丝所成。”

东晋《高僧法显传》云：“（鄯善国）俗人衣服粗与汉地同，但以毡褐为异。”

北魏《魏书》卷百零二《西域传》云，“其王索发，冠七宝金花，衣绫罗锦绣白叠”；北魏《洛阳伽蓝记》卷五也云，“至于阗国，王头著金冠似鸡，帻头后垂二尺生绢广五寸以为饰”以及“（嚈哒国）王著锦衣……王妃亦着锦衣，垂地三尺，使人擎之”。

玄奘在《大唐西域记》中把他在西域各地见到的衣服用料都做了记载，普通百姓服饰以毡褐最为常见，如“毛褐毡裘”，而君长的衣服则是“绫罗锦绣”和“棉布（白叠）”。唐代《慧超往五天竺国传》也载：“（胡密）百姓贫多，衣着皮裘毡衫，王着绫绢叠布。”

在《穆天子传》中，周穆王游西域时，曾向各族酋长赠送丝帛，其中单是赐给西王母的锦就多达一百五十丈，而丝绫则有四百五十丈。隋炀帝把信仪公主嫁给高昌娑那可汗时，就赐送彩锦上万匹。张骞第二次出使西域各国，也带

① 方铁. 元代云南行省的农业与农业赋税［J］. 云南师范大学学报，2004（4）：57-64.

去了价值巨万的金币锦帛以结好各国。《大慈恩寺三藏法师传》卷一载，高昌王赠给玄奘“绫及绢五百匹，充法师往还二十年所用之资”，其中的绫与绢应该也是来自中央王朝的馈赠之物。

清代中央王朝也大多会选择锦、纻、丝、纱、罗、钞绢和靴袜等物，以官职大小和性别之分作为对云南各土官纳贡后的回赠物，如“车里，给赐宣慰使锦二段，纻丝纱罗各四匹；妻，纻丝罗各三匹；差来头目，每人纻丝纱罗各四匹，折钞绢二匹，布一匹；通事，每人彩段一表里，折钞绢一匹，俱与罗衣一套；象奴、从人每人折钞锦布一匹，绢衣一套，俱与靴袜各一双”①。

2. 赋税科差中的麻丝布帛

春秋时期推行的井田制是将国家掌握的土地分配给百姓，百姓缴纳一定数量的租赋，服徭役和兵役，从而将百姓份地上产出的粮食和丝麻类纳入国家的租赋体制中。而秦朝伊始的“六合之内，皇帝之土，人迹所至，无不臣者”（《史记·秦始皇本纪》），体现的就是作为国家象征的皇帝拥有对国家地籍册上的每一亩土地的最后处分权和户籍册上的每一个人口的直接课税权，即通过田亩和丁口征收的赋税和徭役来保障国家的正常运转。

从西汉初年开始，西部地区民众以丝、绢、绵和布等来纳赋，成为粮食之外科差的明确记录，如中央政府对武陵郡内的苗族和瑶族实行“岁令大人输布一匹，小口二丈，是谓賨布”（范晔《后汉书·南蛮传》）。永昌郡太守郑纯与哀牢相约：“邑豪岁输布贯头衣二领，盐一斛，以为常赋”②。《晋书·食货志》亦云，“晋代丁男之户，岁输绢三匹，绵三斤，诸边郡或三分之二，远者三分之一，夷人输賨布，户输一匹，远者或一丈”等。

自隋唐以来以国家名义推行的均田制，实行租庸调制度，向政府缴纳一定的粟或谷叫租，缴纳一定的绢或布叫调，替政府服一定天数的劳役叫庸。隋代和唐代前期都推迟过百姓的服役年龄，而且还可以“输绢代”。韩愈的《潮州祭神文》之二云：“农夫桑妇将无以应赋税继衣食也。”也就是说，赋税是以土产、劳役和其他实物形式实行征收的，其中麻丝布帛就是其中最重要的赋品。如唐李吉甫撰写的《元和郡县志》载，当时全国十道中除河北道和黔中道外，其余八道的很多州府均向首都长安上交“枲麻”“弓弦麻”和“麻布”③，其中也包括半成

① 陈征平．明清时期云南纺织业发展的形式及特点［J］．西南边疆民族研究，2003（2）：66-75.

② 方铁．西南通史［M］．郑州：中州古籍出版社，2003：104.

③ 杨希义．大麻、芝麻与亚麻栽培历史［J］．农业考古，1991（3）：267-274.

品的丝，如唐彦谦的《采桑》云："愁听门外催里胥，官家二月收新丝。"

元代以后以麻丝布帛纳赋的记录也有很多。如至元二十六年（公元1289年），元朝置湖广等五处木棉提举司，"责民岁输木棉十万匹，以都提举司总其事"；元贞二年（公元1296年），元始定征江南夏税之制，于是秋税止命输租，夏税则输以木棉布绢丝绵等物，其"所输之数视粮以为差"。《元典章·户部七》所载的大德四年（公元1300年）湖广行省在给中书省的呈文中，就提到每年有不少的"木棉土布"押运大都。

至少在明代初期，全国还存在除粮食之外以布帛等物来缴纳赋税的方式，如杨基在《桂林即兴二者》中云："时有苗人与瑶女，负薪输布事科征。"或者以绵（棉）布和绵（棉）花折算成米麦纳税的，如万历《兖州府志》卷四的《风土志》载，"绵苧布一匹，折米六斗，麦七斗"或者"棉布一匹折一石……棉花一斤折米二斗"。明代景泰《云南图经志书》卷五亦云："（云龙州）峨昌……州无税赋，惟岁办差发小白布而已。"

清代沿用明代的一条鞭法，实行摊丁入亩赋役合并折银征收，其中就包括麻布的折银。如"广西土田州拨归土富州额外差发折色米二升零。（原额）实征商税、杂税、麻布、门摊麻布、酒课麻布、富州商税麻布、富州酒课麻布，共银五十八两六钱三分六厘，归公税余银四百四十八两八分六厘五毫；附征剥隘商税原无定额，遇有商贾经过，照货抽收，按季汇解司库"①。清代艾必达在《黔南识略》卷二十三亦云："又雍正九年，各苗自首田八千八百六十三亩有奇，额征正银二百一十三两有奇，改征米二百六十六石有奇，又苗疆折正银五百零三两有奇，历听诸苗分携棉花、苎麻、布匹、鸡子诸物赶官折纳，官为变价。"

（二）从纺织原料看妇女的生产劳动

女织的原材料在各个时期各个地区不一而足。《诗经》时代的麻。周代官府根据布幅内经纱的多少来作为判断麻布精粗的标准，并且制定了相应的服饰等级，如"把布幅内的经纱数目每达到80根称为一升布，奴隶只能穿7~8升布，而达官贵族的帽子叫作'麻冕'，必须用30升大麻布来制作"②。汉代以后最普遍的衣用原料是丝和麻。如广西贵县罗泊湾汉墓出土了丝绸、麻布、织锦和纱帽等织物的残片，同墓出土的木牍上还开列了缯、苎、布、绌、线、絮和丝等

① 陈征平．明清时期云南纺织业发展的形式及特点［J］．西南边疆民族研究，2003（2）：66-75.

② 王裕中．古代的大麻种植技术［J］．农业考古，1983（2）：258-261.

麻和丝织品的名称。元代毛织物盛行，再加上棉花种植面积扩大也使棉织物大量出现。至于明清，已形成麻、丝、毛和棉的多样化格局，特别是丝与棉开始取得主导性地位。也可以说，西部地区不同族群的妇女通过采集、种植和养殖等生产劳动，分别获得了女织生产所需的不同类型的原材料。

1. 采集木本与草本植物

与最早植桑养蚕获取衣用纤维的黄河流域不同的是，西南地区妇女通过采集多种野生植物来进行女织生产（该传统一直沿袭到了20世纪50年代），生产出树皮褥、火草布、桐华布（梭罗布、童华布、桐花布、娑罗笼）等多种衣用材料。

其中最为常见的采集植物就是木本植物木棉（娑罗树）。在《后汉书·西南夷列传》中载："（哀牢地区）有梧桐桦，绩以为布，幅广五尺，絜白不受垢污。"《集解》引惠栋亦云："梧桐木，其花柔如丝，民绩以为布，幅广五尺，洁白不受污，俗名曰桐华布。"在樊绰的《蛮书》卷四中称这种桐花（华）布为"娑罗皮"，"寻传蛮，阁罗凤所讨定也。俗无丝绵布帛，披娑罗皮"。《蛮书》卷七云："自银生城、柘南城、寻传、祁鲜以西，蕃蛮种并不养蚕，唯收婆罗树子，破其壳，中白如柳絮，组织为方幅，裁之笼头，男子妇女通服之。"北宋李昉《太平御览》卷八二零引《南州异物志》说："五色斑布，以丝布谷贝木所作。此木熟时，状如鹅毛，中有核如珠玉，细过丝绵。人将用之，则出其核，但纺不绩，任意小抽相牵引，无有断绝。欲为斑布，则染之五色，以为布。"以上所引的衣用材料其实指的就是本草纲目所称的"斑枝花"（攀枝花或木棉），虽然其性极温且易得，但不宜作为纺织材料，"蛮衣斑斓布，是谓其耶？然幅窄而短，不堪作衣耳！"①

此外，构树、竹子和棕等植物也曾经充当过西南族群制衣的纤维来源。"贵州山区的仡佬族的传统制衣原料取自当地的一种叫水麻柳的灌木，把这种灌木的皮刮下来，泡在水里，一直到把树皮外层的黑皮泡烂，再捞出，经不断捶揉，洗涤最后得到的纤维洁白柔软，把这些木质纤维捻成线，在织布机上就可以织成布了。"②

不同族群的妇女在长期的采集实践中也采集其他的草本植物纤维作为制衣

① 陈征平．明清时期云南纺织业发展的形式及特点［J］．西南边疆民族研究，2003（2）：66-75.

② 江帆．生态民俗学［M］．哈尔滨：黑龙江人民出版社，2003：148.

材料，如葛和麻等物。南宋王象之的《舆地纪胜》中云：“横州服用唯蕉葛。”明朝末年曾游历广西五姓土司辖地的邝露，所著的《赤雅》中亦有“南方草木可衣者曰卉服，绩其皮者有勾芒布、红蕉布，弱锡衣苎麻所为”的记载。《元一统志》载：“宣化县（广西南宁）民户多种植苎麻，春末和夏末可收两季，两缉妇巧习工织，疏而可衣。”（嘉靖）《南宁府志》卷三则说南宁土产有“棉布、苎麻布、蒹丝布、葛布和络布”。明代谢肇淛撰《滇略》卷九称“阿昌……采野葛成衣”。此外，直至近代，云南纳西族、普米族和傈僳等族群妇女在织麻布时都有加入火草的习惯，这样织出来的麻布质地才较为软和，且制衣后穿着舒适经久耐用。

2. 种植麻科植物

麻织品具有透气性能好和穿着不粘身等特点，自《诗经》时代伊始，麻成为西部地区最为普遍的一种衣用材料。如在战国时代和汉代，广西墓葬中随葬陶纺轮的现象就已十分普遍，且有麻织物残片出土。“云南省江川县李家山出土的一件铜柄铁剑剑柄上有布条缠绕，后经检测为苎麻纤维织品。”① 从西域于阗、且末、皮山等地古墓葬中普遍发现的麻织物来看，西域地区种植大麻，用麻纤维纺织的历史也可以追溯到春秋时期甚至更早。

西部地区妇女不仅采集野生麻，而且还人工种植麻。麻类作物包括黄麻（络麻）、红麻（洋麻）、大麻（火麻）、苎麻、亚麻和剑麻等，其中大麻和苎麻原产于我国。大麻主要产于新疆、宁夏和内蒙古等地；苎麻原产于中国西南地区，广西和海南是苎麻的主要产地，织成的布适宜缝制夏季的衣服和蚊帐。南宋周去非在《岭外代答》卷六云：“广西触处富有苎麻，触处善织布，柳布、象布，商人贸迁而闻于四方者也。”《元一统志》亦载：“宣化县（广西南宁）民户多种植苎麻，春末和夏末可收两季，两缉妇巧习工织，疏而可衣。”新石器时代长江中下游地区就开始种植苎麻，现在长江流域是中国的主要产麻区，其栽培面积及产量占全国总栽培面积和总产量的 90% 以上。黄麻、红麻和大麻喜温喜湿，特别适合在山高多雾，多漫射光的条件下种植，主要分布在广西、贵州和云南等山区，其中尤以贵州的产量最多。

其实整个西部地区都是麻的主产地。早在周代，官府就设置过专门管理大

① 樊海涛．古滇人的衣食住行略考［J］．南方文物，2014（4）：74-79.

麻种植事务的官职——“典枲”，[①] 并且在“典枲”之下设置了下士、府、史、徒等管理大麻种植的大小官员。宋代广西麻织业的发达与地方官员的大力提倡有重要关系。陈尧叟在任广西转运使时，在奏书中写道：“臣所部诸州，土风本异，田多山石，地少桑蚕。……今其民除耕水田外，地利之博者惟麻苎尔。麻苎所种与桑拓不殊，既成宿根，旋擢新干，俟枝叶裁茂则刈获之，周岁之间三收其苎。复一固其本，十年不衰，始离田畴，即可纺绩。然布之出，每端止售百钱，盖织者众，市者少，故也有遗利，民艰资金。臣以国家军须所急，布帛为先，因劝谕部民广植麻苎，以钱盐折变收市之，未及二年，已得三十七万余匹。自朝廷克平交、广，布帛之供，岁止及万，较今所得，何止十倍。欲望自今许以所种麻苎顷亩，折桑枣之数，诸县令佐依例书历为课，以民布赴官卖者，免其算税。如此则布帛上供，泉货下流，公私交济，其利甚博。”[②] 这一举措使得广西麻织业获得了巨大的发展，如“今树苎之民，相率竞劝，杼柚之功，日以滋广。”一直到明代以后，由于棉花的引进和大面积种植，麻的种植面积才有所缩小，但因为西部地区地域辽阔，自然条件差异大，大麻种植在局部地区一直方兴未艾，如云南各族妇女从中积累了大量关于大麻种植的生产经验。麻布制成的衣、衫、裙和裤曾经是云南彝族、傈僳族、怒族、独龙族、苗族、瑶族等山地族群的主要衣着，如《东川府志》卷一：“倮罗，麻布麻裙，刀耕火种，其类最苦。”《开化府志》卷九云：“仆喇……山耕火种，迁徙靡常，衣麻被羊皮，弓矢随身。”现在在云南南部的苗族村落中，在小孩出生、新娘进门、老人死亡的时候，都要使用大麻茎皮纤维织制的麻布和麻绳等麻制品，苗族“赋予麻及麻布制品多种文化内涵，形成了苗族独有的麻文化传统”[③]。

3. 植桑养蚕

从《尚书·禹贡》来看，“桑土既蚕，是降丘宅土……厥贡漆丝，厥篚织文”，黄河流域是西部地区最早植桑养蚕的地方，随后这一织帛技术传到了西南一带。也有一说认为，四川古名“蜀”，在甲骨文里就是蚕的象形字，扬雄《蜀王本纪》云：“蜀王之先名蚕丛。”到汉朝末叶，四川的丝业已经很发达。左思《蜀都赋》云：“贝锦斐成，濯色江波”。蜀锦向来以美丽著称，南朝山谦之在

---

① 大麻雌雄异株，雄曰枲，雌曰苴，就大麻的韧皮纤维而言，枲胜于苴，可织出优质麻布。栽培大麻取其纤维，或纺纱织布，或拧成绳。

② 朱金中．宋代马政制度第一人［N］．大河报，2011-11-10（A30）．

③ 古文凤．论苗族的麻文化传统及其形成［M］//云南省苗学会．苗族的迁徙与文化．昆明：云南民族出版社，2006.

《丹阳记》中云，“江东历代尚未有锦，而成都独称妙，故三国时魏则布（市）于蜀，而吴亦资西道。”晋常璩的《华阳国志》在卷一《巴志》谈及此地时称其有“桑、蚕、麻、苎”之属，卷三《蜀志》也说该地有“锦绣、桑、漆、麻、苎”等。

《新唐书》卷三二的《地理志》在说到成都的贡品时，就提及其中的“锦”和“单丝罗”等物。到了宋代，这一情况仍然没有改变。《通志》卷一九七《四夷传》第四南蛮上《松外诸蛮》中云：“自夜郎滇池以西，皆庄峤之裔，有稻，麦，粟、豆、丝、麻、薤、桃、李。以十二月为岁首。布幅广七寸。正月蚕生，二月熟。”宋代黄休复在《茅亭客话》中提及：“蜀有蚕市，每年正月至三月，州城及属县循环一十五处。”赵朴的《成都古今记》里则说：“正月灯市，二月花市，三月锦市，四月蚕市。”

樊绰在《蛮书》中记载了唐时云南民众的服装样式与质地。其中卷一云，“乌蛮妇人以黑缯为衣，其长曳地”；卷四云，“男以缯布为缦裆裤”，“（粟栗两姓蛮）丈夫妇人以缯为衣，其长曳地”，又“东有白蛮，丈夫妇人以白缯为衣，下不过膝”；卷八云，“南诏以红绫，其余向下皆以皂绫绢……贵绯紫两色。得紫后，有大功，则得锦……妇人一切不施粉黛，贵者以绫锦为裙襦，其上仍披锦方幅为饰”。《新唐书》卷二二二上的《南蛮列传》对于云南一地养蚕制丝法也描写得十分详细，曰：“蛮地无桑，悉养柘绕树，蚕村邑人家柘林多者数顷，耸干数丈。三月初，蚕已生。三月中，茧出，抽丝法稍异中土。精者为纺丝绫，亦织为锦及绢，其纺丝入朱紫以为上服，锦文颇有密致奇采，蛮及家口悉不许为衣服。其绢极粗，原细入色，制如衾被，庶贱男女，许以披之。亦有刺绣，蛮王并清平官礼衣，悉服锦绣，皆上缀波罗皮。俗不解织绫罗，自太和三年蛮贼西川，掳掠巧儿女及女工非少，如今悉解织绫罗也。”景泰的《云南图经志书》云，“澄江之‘蚕衣耕食，民安于富’”或者“土锦出元江”。

古代西藏和西域的蚕丝与织造技术都是由黄河流域向西传播而来的。在《旧唐书》卷一九六上《吐蕃传》上，高宗嗣位后“因请蚕种及造酒、碾、硙、纸、墨之匠，并许焉”，高宗嗣位于公元650年，蚕种就于这一时期传入西藏。在《史记》时代，西域地区还没有植桑养蚕的记载。而近年尼雅遗址汉晋墓葬中出土“五星出东方利中国”和“延年益寿大宜子孙”等毛织品和丝织物残片，则大多是“中央王朝对精绝王国的赠赐”[①]。到了公元4世纪，和田“治茧为丝”就以丝织闻名于世，最早提到西域养蚕记载是《魏书》卷一零二《西域传》云，“（焉耆国）养蚕不以为丝，唯充绵纩”；《隋书》卷八三《西域》亦云，“（高昌国）宜蚕”。在《大唐西域记》中提到瞿萨旦那（和田）时称当地已有桑虫之种，“蚕蛾飞尽，乃得治茧”。到了公元961年以后，和田王已派人带着当地的“胡锦”和“西锦”来到内地；元朝在和田设有染织局，生产“拈金番缎”；到了清代，和田每年丝绸产量为“一万六千匹”；民国时期到过南疆的谢彬在《新疆游记》中说：“自莎车至和田，桑株几遍原野。机声时闻比户，蚕业发达，称极盛焉。”

4. 种植棉花

草本棉花原产于印度，又称亚洲棉（中棉），在中国大面积种植的历史不会超过八百年时间，“亚洲棉约在两千年前由印度经缅甸、泰国等地传入我国南部和西南部地区，至13世纪后种植于长江流域”[②]。

两汉时期，西南地区的桐华布（梭罗布、童华布、桐花布）的原料是木本植物攀枝花，即树棉；而南北朝以后，亚洲棉经东南亚传入华南和西南地区，时间要早于中原地区，如赵汝适的《诸蕃志》云：“木棉吉贝木所生，占城、阇婆者国皆有之，今已为中国珍货。”《滇略》也称：“布则以永昌所织为佳：有千扣者，其次有桐花布、竹布、井口布、火麻布、莎罗布、象眼布……阑干细布，文如绫锦。”元代西南各省普遍织造的已经是亚洲棉布，当黄道婆把海南岛黎族人织造棉布的技术带回东南沿海地区，对当时内地棉布织造技术的改进起到了很大的推动作用。当明清草本棉花（铃大、籽少、易去籽、纤维细长、捻曲度好、产量高）大量种植后，这种新型衣用植物与织造技术结合的优势就显现出来了，从而也刺激了全国棉花种植面积的进一步扩大。

在孟子时代儒家的理想是“五亩之宅，树之以桑，五十者可以衣帛矣”；唐代政府也大力推广桑蚕种植，如孟郊的《织妇辞》云“官家榜树路，更索栽桑树”；在明代之前西部地区居民主要的衣用织物是麻、帛和布。《明太祖实录》卷十七提到明初政府曾下令，“凡农民田五亩至十亩者，栽桑、麻、木棉各半亩，十亩以上者倍之，其田多者，率以是为差。有司亲临督勤情，不如令者有

---

① 卫斯．尼雅遗址农业考古揭秘：精绝国农业考古资料搜括记述（一~四）［EB/OL］．中国考古网，2007-05-25.

② 中国农业科学院棉花研究所．中国的亚洲棉［M］．北京：农业出版社，1989：1.

罚”。也就是说，只要有田地就一律种植棉花，由专人来监督棉花，从明清棉花市场的供给来看，这项棉花种植和推广的举措是十分成功的，棉织业逐步取代麻织业成为陕西和广西等西部地区主要的纺织业。

1949 年之前，广西巴马等地的壮族妇女有“朝拿”开荒种棉的习俗。“朝拿”为壮语发音，意为姐妹辈。当地“不落夫家”的妇女在头一年，必须请“朝拿”帮挖地种棉。挖地要择吉日，否则认为棉花长不好。生活在娘家的媳妇得到婆家的择日通知后，便召集伙伴帮忙挖地，人数多时有一百多人，少时也有二三十人。开荒时，由婆家派一年长妇女排工，请“朝拿”从坡脚挖到坡顶。主家以饭食招待“朝拿”。待棉花种下后，一直到护理期，都要请“朝拿”帮忙除草培土。到了七八月份的收获季节，“朝拿”还要来帮助摘取棉花。作为同属广西的仫佬族也有种植棉花的习俗，然而十里不同俗。如清代《庆远府志》载：“（仫佬族）善耕种，尤好种棉。相人荒山而租之。孟春，男女负刀芟其杂秽，锄而播，种时一往视，收成后即去。”

5. 采毛制线

牧区或者是农牧混合区的居民都有鞣制皮革和手工取毛制线的经验，特别是用牛、羊毛混纺或专门用羊毛织出的毛料可制作衣服、坐垫和毡子以及鞍垫等日常生活所需物品。

（1）衣用毡服

《高僧法显传》云：“（鄯善国）衣服粗与汉地同，但以毡褐为异。”《大唐西域记》中玄奘把西域九国的衣服资料都记下来，除了服饰毡褐外就是毛褐毡裘，如阿耆尼（焉耆）“服饰毡褐”，屈支（库车）“服饰锦褐”，跋禄迦（阿克苏）“细毡、细褐”，瞿萨旦那（和田）“细毡，工纺绩绝绸，少服毛褐，多衣绝白氎”，朅盘陀（塔什库尔干）“衣服毡褐”，乌铩（英吉沙）“衣服皮褐”，佉沙（喀什）“出细毡褐，工纤细毡”以及斫句迦（叶城）“人衣毡褐”。

唐代云南东川、昭通、丽江和中甸等牧区羊毛类织品种类多且加工水平也很高。如南诏王族无论男女都身披羊毛毡，“其蛮，丈夫一切披毡”；“妇人……常披毡及以缯帛韬其髻”。到元明清时期，云南毡的品种更多了，出现了毡、氆氇、毡服、毯、白氎布和摆夷布等各式各样的称呼。范成大的《桂海虞衡志》云：“蛮毡出西南诸蕃，以大理为最，蛮人昼披夜卧，无贵贱，人有一番。”元代李京的《云南志略》亦云，“（乌蛮）男女无贵贱，皆披毡”；白蛮“男子披毡……妇人衣绣方幅，以半身细毡为上服”；居住在丽江地区的末些蛮，“妇人披毡，以毛绳为裙”；曲靖、武定、澄江，鹤庆等府也是“男子披毡佩刀”等。

由此可见，毡服已成为元代云南农牧区的常服，即“俗皆披毡，富者至二三领，暑热不去”。

（2）生活用品中的毡及毯

用羊毛作为原料的毡，寒时御风雨保暖，热时脱下可垫坐，夜间还可代被御寒，使用极为方便，“虽贵，床无褥，松毛铺地，唯一毡一席而已”。毡毯在云南诸族中使用极为普遍，其制造工艺亦十分高超，如南诏大理就以毡（也称罽等）工艺久负盛名。

西域的羊毛纤维长，强力大，弹性好，手感柔软丰满而有挺力，所以当地的毛纺织品十分精良，如“尼雅遗址出土的毛纺织品中不仅有普通的毛毡、毛布、毛毯，而且有平纹毛织物、罗纹毛织物、回纹细毛布、拉绒织物、彩色地毯、人兽葡萄纹彩罽、菱格纹套四瓣花彩罽等”①。清代新疆“岁制绒毯三千余张，每张价值平均合银七两左右，其余小方毯、坐褥鞍毡之类不可胜也。不少人终生以织毯为业”②，其中的和田地毯以棉纱作经、纬，用羊毛栽绒，包括铺毯、挂毯、坐垫毯、褥毯等，每家每户都以传统工艺手工编织地毯为生。

（三）女织的生产工序

乾隆《贵州通志》载：“（东苗和西苗）男衣短衣，色尚浅蓝，首以织花布条束发，妇着花裳，无袖，惟遮覆前后而已，裙亦浅蓝色细摺，仅蔽其膝。”而制成男女装要涉及纺织、染采、刺绣、镶缀、裁剪和缝纫等若干工序，而要掌握这些工序并不是一朝一夕的事情，从纺线、织布、裁剪乃至成衣，至少需要6~7年的时间才能完全掌握。当然，汉乐府民歌《孔雀东南飞》中的刘兰芝“十三能织素，十四学裁衣”和南朝乐府民歌《河中之水歌》中的莫愁女“河中之水向东游，洛阳女儿名莫愁。莫愁十三能织绮，十四采桑南陌头”等巧女能手故事虽来源于生活但纯属艺术虚构。

傣族的《求亲歌》以通俗的语言夸赞一位手巧的姑娘，这样唱道：

可爱姑娘

……

十一岁会织棉纺线

---

① 卫斯．尼雅遗址农业考古揭秘：精绝国农业考古资料搜括记述（一~四）［EB/OL］．中国考古网，2022-05-25.

② 成一，赵昌春，李现国，等．丝绸之路漫记［M］．北京：新华出版社，1983：214.

十二岁会摇动纺车
十三岁会做针线活计
十四岁会缝衣
十五岁会织布。①
求亲歌（二）唱道：
十八九岁能织布
手脚灵巧人聪明
棉花变纱线
棉纱绕机床
左能纺，右能织
一匹匹布从她手上飞出
一件件衣服从她手上缝成。②

1. 理线纺线织布

麻在中国种植时间最长，在亚洲棉传入之前是西部地区最主要的纺织原料，然而以麻织布的工序却是十分复杂的，远不止以上所提到的几个生产工艺。具体而言，从采集（种植）、割麻、剔麻、绩麻、纺线、理线、浆洗（煮）再到纺线织布，大大小小要经过十几道工序。苗族男子可以帮助妇女播种和收割大麻，个别男子还会与妇女一起剥制麻皮，但是其他与麻有关的工作就需要妇女独立完成了。“麻剥好以后要舂。种植一升麻种收割回来的麻，要剥 2~3 个星期。舂要花半天时间。煮要重复 3~4 道，花一晚上，洗一次要花半个小时。绩麻一天，能织出 2~3 尺布。一升麻种要花 7 天时间才能理完线。理一天的线可以织出一个布。煮一锅可以织 2~3 个布，剥一晚上的麻，可以织几寸的布。织一个布要花 3~4 天，一升麻种可以织出来 4 个布（‘个布’，当地计量麻布长度的一种单位，大约折合十丈）。”③ 总之，除了下地劳作外，苗族妇女还要花费大量时间来纺线才能最终织成麻布。

绩线是织麻过程中最基础的工序。汉墓中出土的陶制或石制的纺轮，就是

① 云南省少数民族古籍整理出版规划办公室．傣族风俗歌［M］．昆明：云南民族出版社，1988：72-73.
② 云南省少数民族古籍整理出版规划办公室．傣族风俗歌［M］．昆明：云南民族出版社，1988：72-73.
③ 杜薇．火麻在苗族文化中的意义［D］．昆明：云南大学，2005.

使麻纤维旋转加拈的简单工具。妇女们平时赶集、下山背水、出门参加活动等都要边走路边不停地绩麻。清刘慰三在《滇南志略》载：“（他郎厅夷人）白窝泥，性情朴野，男勤耕稼，女事纺绩，虽出山入市，跬步之间，口衔烟袋，背负竹笼，或盛货盛柴；左手以圆木小槌，安于铁锥，怀内竹筒装裹绵条，右手掀裙，将铁锥于右腿肉上檫撵，左手高伸，使绵于铁锥上团团旋转，堆垛成纱，谓之撵线。”到20世纪50年代，云南的傈僳族妇女也是有空就绩线，即使是身上背负着四五十公斤重的东西走路时，只要两手空着就在绩线，一人一天不停地绩，最多可得到四两麻线，等到了秋冬之季，再将其绩成之麻线，理制成束，经碱水煮漂晒干后，复纺成线，之后把捻好的线用植物或矿物染料染色和晾干，准备织成麻布。周去非在《岭外代答》中提到的“广西诸族制丝之法，是以灰水煮丝，引以成缕，以之织绸，其色虽暗，而特宜于衣”，也是纺织成布前的染麻（丝）得线的必要工序。

理线上架是织成布前的最后一道工序。西部地区的织机一般都很简单，清代檀萃在《滇海虞衡志》云：“蛮织。随处立植木，挂所经于木端。女盘坐于地而织之，如息则取植及所经藏于室中，不似汉织之大占地也。”20世纪50年代前，云南民族普遍使用一种简单的水平织机，“以云南宁蒗彝族的织机为例，该织机构造简单，没有机台，经纱拴在木桩上，桩高30厘米，另一端系在卷布轴上，并用布袋将其捆在腹前，可称原始腰机……（织机）多织毛织物，也织麻布，一天可织80厘米”①。布朗族妇女也使用类似的织机，“一天能织布二市尺左右”②。由于织麻布很慢，而且要在农业生产之余的空闲时间才能做，所以，傈僳族妇女“一人一年所织成的只够夫妇二人各缝一套衣服，最清苦的，也只能供一两个小孩子缝一身而已”③。

当然，西部地区不同族群的纺织工艺差别很大。在《大唐西域记》中提到瞿萨旦那（和田）时称当地“工纺绩絁绸”，“少服毛褐毡裘，多衣絁白氎”。魏晋南北朝时期，岭南诸族以葛藤纤维为原料制成的葛布已享有盛誉，三国时魏文帝“遣使于吴，求细葛”，《太平御览》卷八一九引《江表传》说，孙策送

① 陈征平．明清时期云南纺织业发展的形式及特点［J］．西南边疆民族研究，2003（2）：66-75.

② 宋兆麟．云南西双版纳傣族的纺织技术：兼谈古代纺织的几个问题［J］．文物，1965（4）：6-13.

③ 中央访问团二分团．中央访问团第二分团云南民族情况汇集［R］．昆明：云南民族出版社，1986：34.

华歆回洛阳，也以“越布香葛相赠”。在“力耕作，勤纺织”的苗族，贵州惠水一带苗族妇女所织的“谷蔺布”十分有名。除种麻织布外，苗族妇女也善于丝织。清檀萃的《说蛮》曾云：“阳洞罗汉苗，妇能丝蚕织。”清陆次云的《峒溪纤志》中亦云：“苗锦大似苎布，巾帨尤佳，其妇女衣缘领袖，皆缀杂组，藻形云霞，谓之‘花练’，土俗珍之。”清乾隆《腾越州志》描绘了一种织锦的精美图形，称“摆夷妇女有手巧者，能为花卉鸟兽之形，织成锦缎，有极致者也”。

进入21世纪，云南双江邦丙村40岁左右的布朗族家庭主妇还在用传统方法从事棉布生产，[①] 主要工序包括将采摘后经过晾晒的籽棉通过压花机去籽后压成片状；用弹花机将片状棉花弹松；将弹好的棉花搓为细条；将棉花条通过纺线机纺成线并绕于绕线棍上；再把线通过绕线器绕好，形成线套；将线套放进加入干苞谷粒（磨成碎粒）和小红米的铁锅内煮，以增加线的韧性；高温煮过的线套，要经过人工漂洗并晾晒至干；晒干的线套，要上机再纺，并重新绕在绕线棍上；经过整经理顺后，再用篦板与钩针进行穿篦，使篦板与经线连成一体；梳线结束后，在穿篦后经线空间插入几根一尺余长的木棍或竹片，以篦板和插入的木棍或竹片为轴，将经线卷好后装置在织机的直立框架上，另一端则以木棍或竹片为轴，置于操作者面前，由腰带与木棍或竹片两端相连，即可开始织布。

2. 染采

在汉朝设置郡县以前，西南夷已经学会把木棉和麻线原料染色后进行纺织，如《华阳国志·南中志》云：“猩猩兽能言，其血可以染朱罽。”《后汉书·西南夷传》亦称哀牢地区“土地沃美，宜五谷蚕桑，知染彩文绣……”《隋书》卷三十一《地理志》云：“诸蛮本其所出，承盘瓠之后，故服章多以斑布为饰。”《蛮书》卷四云，“（茫蛮）皆衣青布袴，藤篾缠腰，红缯布缠髻……妇人披五色娑罗笼”；“金齿诸部，以青布为通身袴，又斜披青布条”；“或衣以绯布，以青色为饰”。可见在唐时染采方法已很普遍。明曹学佺在《蜀中广记》卷三十八边防第八上川东说：“苗族人织斑布以为衣。”所谓斑布就是苗族为纪念其始祖盘瓠“织绩木皮，染以草实”而制作的五色彩衣。

西部地区少数民族传统的染采原料多为草实、树实、植物茎叶汁和矿物颜

① 张晓琼．棉花种植与布朗族的纺织文化：以云南双江布朗族传统纺织工艺为例［M］//尹绍亭，秋道弥智．生态与历史：人类学的视角．昆明：云南大学出版社，2007.

料，如用靛蓼染蓝色，用核桃树皮煮汁染褐色，用冬瓜树皮和麻栗树皮染淡黄色，用茜草和紫胶染红色，用姜黄和黄连根染黄色，以及用刺莓果汁染紫色等。

具体而言，染采种类可以分为靛染、蜡染和扎染（以新疆和田著名的艾德莱丝绸为例），其中以前两种染采方法最具代表性。

（1）靛染

靛染的主要原料是棉（麻、丝）和靛蓝（板蓝根、廖蓝），不同民族的染采方法有所不同。如《广西通志》载："宜山姆姥即僚人，服色尚青。"仫佬族将布放进装有蓝靛水的缸中浸泡，着色均匀后再捞出，用米汤、薯莨和牛皮胶糊面后晾干，用石碾滚压或者棒槌敲打，这样就能制作出闪闪发光的布料。"老年人的防老衣和姑娘们的送嫁衣都是用这种布料做成的；仫佬族妇女用这种布料缝制的围裙，姑娘们走坡时作为定情礼物送给情人的同年鞋，一定要用这种布料做成"①。

苗族妇女将苎布织好后，若要染成深色，就要用蓝靛来染色。每年入秋后，妇女们要将收割的蓝草放入染缸里浸泡一星期左右，待其腐烂后，再将蓝草捞出榨取草汁，然后掺入石灰拌匀放置一两天，再将沉淀在缸底的蓝靛取出晒干，蓝靛染料便制成了。染布时，先将蓝靛过滤后放入水中，并加少许白酒，待其发酵后便可入染。入染的布事先要用水浸湿，等水滴干后再慢慢放入染缸内，翻动、浸染一小时后再取出晾干，如此反复多次，直到布料颜色达到预期的效果为止。此外，一些地区的苗族妇女还把染好的布放入牛血或者猪血等动物鲜血中浸泡，然后再取出晒干，使蓝靛布更加结实耐用，且穿着后不易褪色。

（2）蜡染

若将白麻布染成有各种图案的花布，则工艺更为复杂。最常见的方法就是蜡染。唐宋之际，苗、瑶等族的蜡染水平已经十分精湛。《岭外代答》云，"染斑之法，莫瑶人若也"，以靛青染布为蓝斑，"能受成极细斑花，炳然可观"，这是关于瑶族蜡染的最早记载。贵州平坝下坝棺材洞宋代崖洞葬考古发现提供了相应佐证："1987 年在洞中获得一批宋代苗族鹭鸟纹彩色蜡染衣裙，质地为棉、麻间缀，工艺集挑花、刺绣、蜡染于一体，以彩色蜡染为主，纹饰多模取于早期铜鼓纹样。"② 宋代朱辅的《溪蛮丛笑》亦载："溪峒爱铜鼓，甚如金玉。模取鼓纹，以蜡刻板印布入靛渍染，名点蜡幔。"

① 罗日泽，过竹，过伟．仫佬族风俗志［M］．北京：中央民族学院出版社，1993：14.

② 马自树．中国边疆民族地区文物集萃［M］．上海：上海辞书出版社，1999：403.

清代艾必达在《黔南识略》卷一中指出，明清时期的蜡染，“先用蜡绘花于布而染之，既染，去蜡而花现。衣褒领缘皆用五色绒线刺棉为饰”。以苗族的蜡染为例。妇女们先将白布平铺于案上，置蜡于小锅中，加热熔解为汁，用蜡刀蘸蜡液在白布上画出花纹图案，再把布浸入染料缸里，捞出晒干，再浸，再晒干，如此三四次后，再取出用水煮，进行脱蜡和漂洗，白色花纹图案即可显现出来。妇女们点蜡不用图样，狗爪花、虎脚花、水虫花、浮萍花、田螺花和水车花，完全信手作画，自然天成。除苗族和瑶族外，布依族和壮族等族群也擅长蜡染。如明代王士性在《桂海志续》亦云：“（壮族）男女服色尚青，蜡点花斑，式颇华，但领袖用五色绒线，绣花于上。”

与蜡染异曲同工的还有水族的“模版染”和白族的“疙瘩染”，白族的疙瘩染分为手工缝扎、浸染、出缸、拆线和漂洗等工序。在浸染前先在白布上印花纹图案，然后用针线将“花”的部分重叠或撮绉缝紧，呈“疙瘩”状，浸入由南板蓝根、大青叶和石灰等配合的液体中，经反复浸染，拆开漂洗后，色泽未渍的“疙瘩”即成各种花形，蓝底白花，十分清新素雅。

3. 裁剪缝纫

裁剪缝纫是女织的最后一道程序。当然，我们知道服装样式也是有简有繁，不一而定的。如“裸形蛮……无衣服，惟取木皮以敝形”，所谓的树叶衣和树皮衣无非是强调其原材料的易得性和加工过程的简洁性。

除了明代钱古训在《百夷传》中提到“哈杜……无衣服……冷则抱巨石，山坡间往复奔走，以汗出为度”外，着衣的民族都需要对织好和染好的布匹加工缝制。其中最简单的有以下类型：套衣（《百夷传》云，“哈剌，男子以花布为套衣”）、直撒衣（天启《滇志》卷三十云，“力些男酋跣足，衣麻布直撒衣”）、披衣（“妇人类阿昌……以婆罗布披身上为衣”；“披以毡衫”；“男女悉披牛羊皮”；“背披黑羊皮”；“妇人披毡”；现在的纳西族农村妇女一年四季还披着用“披星戴月”装饰的羊皮披肩）以及裹衣（“妇人裹白麻布衣”或“妇人以白布裹之”等）。

由于当时织机的规模限制了麻、棉或者丝的幅宽（40~60 厘米），所以，明清时期云南族群大多是采用上衣下裙的着装。如在《百夷传》中，哈剌妇人“横系于腰为裙，仍环黑藤数百围于腰上，行缠用青花布”；“男子皆衣长衫宽襦而无裙……妇人……以白布裹之……身穿窄袖白布衫，皂布桶裙……贵者以锦绣为桶裙”。天启《滇志》卷三十云，“力些……以毛为带束其腰”；明代云南澄江、临安、永昌、大理和姚安等府“妇人……披衣如袈裟，以草带系腰”；而曲靖、武定、澄江和鹤庆等府的黑罗罗，“男子……披毡佩刀……妇人短衣上披袈裟，桶裙结绣”；至于土官土目则多数衣饰华丽，其妇女“服两截杂色锦绮，以青缎为套头，衣曳地尺许，背披黑羊皮”。

六、妇女参与集市贸易

西部农村个体小家庭把自己生产的谷米、草烟、土布、水酒、家畜、家禽、瓜果蔬菜“纷纷然与百工相交易”的市场行为，既具有再生产性（又称为买而卖，用来购买生产工具，自己及家庭成员所需的食盐等生活用品），也具有生产性（特别是唐代两税法和明清的一条鞭法以现银缴纳赋税使然，通过集市交易获得货币再向官府缴税，如聂夷中的《伤田家》云“二月卖新丝，五月粜新谷”）。当然，明清以后出现的以市场为导向的生产更是把个体小家庭的生产行为与市场交换行为密切地结合起来了。

从传说中神农氏发明“日中为市”开始，西部地区出现了名称各异的集市，如两汉时丝绸之路上的“巴扎”，唐时的岭南僚市，两宋时的榷场和成都的蚕市。妇女与集市贸易的关系是相当紧密的，从两汉时对失偶妇女的免税令，再到以妇女为主体的妇市，更主要的是，妇女的劳动产品能通过集市交易而实现其交换价值，如在唐代绢帛等可以作为货币使用，如白居易《卖炭翁》云：“一车炭重千余斤，宫使驱特惜不得。半匹红纱一丈绫，系向牛头充炭直。”“纱”和“绫”与炭等值，至少说明了妇女生产劳动的经济价值。

（一）西部地区的集市与集期

《周易·系辞下·二章》认为市的起源与神农氏传说有关，即“日中为市，致天下之民，聚天下之货，交易而退，各得其所”。《陈风·东门之枌》云：“不绩其麻，市也婆娑。”这里的“市”就是四方人物会聚于此进行交易做买卖的地方，也是男女青年社交的场所。《卫风·氓》亦云：“氓之蚩蚩，抱布贸丝。”表明“布”与“丝”之间的交易行为已经产生了，至于“布”是指作为货币的“布”（货币的“布”是葛和麻等织物的统称，周代称为“里布”），还是作为实物形式的“布”，从字面看，“氓”不可能抱着这么多的“里布”去买丝，当指抱着布匹去进行以物换物的交易。

1. 西部地区的集市

当然，目前还缺乏更多的佐证来说明周代交易行为是经常性的，如是否有固定场所，都有什么人参与交易，交易什么物件等。因此，相当多的学者认为中国集市或市场始于有文字记载的东晋南朝时期的“草市”，唐宋以后集市才大规模出现。然而，《汉书》和汉简等出土文物则把集市上溯至两汉时代，如云南永昌地区一带的集市早在公元前 1~200 年就因其售卖久负盛名的“帛氎、兰干细布”等纺织品而载入《后汉书》。

当然，在唐宋以后集市才大规模出现，贸易日渐活跃确为事实，一者是因为国家的赋税由实物缴纳向货币缴纳转变，如《新唐书·食货志》云：“以钱谷定税，折供杂物，岁月颇殊，所供非所业，所业非所供，增价以市所无，减价以贸所有。”二者是因为生产力提高，一些专门用来交易某一类季节性出产物的茶市、橘市、蚕市、药市发展成了经常性集市，到了两宋时代官府已开始向集市征收商税。西部地区的集市大致可以分为巴扎、僚市和榷场（宋元之际的官方贸易场所），现以前两者为例：

（1）丝绸之路上的巴扎（维吾尔语集市）

公元前 2 世纪，张骞两次出使西域，建立起中国与亚欧大陆之间的贸易通道，通过这条通道源源不断将当时由黄河流域、南方地区以及此后西域（如和田）生产的丝绸等物，输往中亚、西亚、南亚和欧洲地中海沿岸各国。在公元 380 年左右希腊人关于中国的记载说：“外国人渡边境大河，往买丝及他货者，皆仅以目相视，议定价值，不交谈也。”①

伴随着丝绸之路的全线贯通，西域出现了大批与内地进行茶马交易和绢马交易的巴扎，用当地出产的“细毡氍毹”来交换其他的生产和生活物资。此后，巴扎进一步成为西域连通中亚、西亚、南亚等地与我国内地的纽带，特别是《后汉书·西域传》中提到“伊吾地五谷、桑麻、葡萄等是膏腴之地”。而从公元 3 世纪开始，高昌、焉耆、龟兹、疏勒、于阗（和田）等地也开始普遍种植棉花（非洲棉）、水稻并开始植桑养蚕（属于利用“蛾口茧”，与内地缫丝有所不同）。

（2）岭南的僚市

《新唐书·西原蛮传》云，“西原蛮居广容之南，邕桂之西……西接南诏”，当时在两广地区已经形成了小范围的区域性集市，“土官胥吏黎民商贾夷川而居”。唐刘恂在《岭表录异》卷上亦载：“夷人通商于邕州石溪口，至今谓之獠市。”又称其为圩或墟，如柳宗元在《柳州峒氓》中有诗曰：“青箬裹盐归峒客，绿荷包饭趁虚人。”（“虚”通“墟”）再者如清师范编纂的《滇系·杂载》

① 成一，赵昌春，李现国，等. 丝绸之路漫记［M］. 北京：新华出版社，1983：6.

云："市肆，岭南谓之墟，齐赵谓之集，蜀谓之亥，滇谓之街子。"明末清初屈大均在《广东新语》亦载："粤谓野市曰虚，市之所在，有人则满，无人则虚。满时少，虚时多，故曰虚也。虚即廛也。周礼注云：廛市中空地也，即虚也。地之虚处为廛，天之虚处为辰。"

从以上记载可知，岭南邕州的圩市，在唐代时就已得到普遍发展。《旧唐书·食货志》载："岭南诸州则税米，若夷僚之户，皆从半输。"这一时期，夷僚人圩市交易的既有杂香、细葛、玑珠、大贝、翡翠、玳瑁和犀象之类的珍稀之物，又有包括土布、山货、水产品等在内的日用之物，专门用来与食盐和农具等生活与生产用品进行交换，如《凤山竹枝词》所云："品袋一双豆几升，五更包饭赶乔音。便行便算盐和米，又买茶油一两斤。"①

2. 西部集市的集期

《太平御览》卷四九零引《风俗通义》云："俗说市买者当清旦而行，日中交易所有，夕时便罢，无人也。"当时集市交易无论买者或卖者，都要"清旦而行"，如"五更包饭赶乔音"，以便"日中（完成）交易所有"。此外，墟（集）也不是每天开市，只在一定日期才开市，即"集期"是固定的，如宋黄休复在《茅亭客话》云："蜀有蚕市，每年正月至三月，州城及属县循环一十五处。"

明清以后云南的集市也迅速发展起来。《明史·土司传》载："蛮莫等处乃水陆会通之地，蛮方器用咸自此出，江西、云南、大理逋逃之民多赴之。"李侍尧的《巡阅边境情形摺》亦记章凤街，云："因官兵驻答（刂）巡守……遂于该处设立街期，听任群众交易。"明代朱孟震的《西南夷风土记》载："鱼盐之利，贸易之便，莫如车里。"景泰的《云南图经志书》卷六腾冲司亦载："境内多蛾昌蛮，即寻传蛮也……善孳畜佃种，又善商贾。"徐霞客在《滇游日记八》记载的大理的三月街，"至期则天下商贾皆来贸易，十三省物无不至，滇中诸蛮物亦无不至……吴罗蜀锦纷成来，红者珊瑚白者玉……喧嚣如展上河图"②。

清代云南农村有街子、场、摆、市、镇、集、街市和街镇等定期集市交易的习惯，现在大多数地区还习惯将赶集称为街子。云南集市可分为集会市、定期市和常市几种类型。如清吴大勋《滇南闻见录》里所说，"（丽江城西关外）有集场一所，宽五六亩，四面皆店铺，每日巳刻，男妇贸易者云集，薄暮始

---

① 西平桥．邕州僚市，西南大集［N］．南宁晚报，2012-07-08（14）．

② 方慧，徐中起．清代前期西南地区商品经济的发展［J］．民族研究，1997（2）：97-102.

散”，以及临安府的“男女贸易朝暨于暮”[①] 均属于常市；而《云南志略》中载，“（金齿）交易五日一市……以亶布茶盐互相贸易”，“五日逢一集市” 和北胜州“三日为市，咸集城中”则属于定期市。

从清代到民国期间，西南地区的乡村集市已很普遍，如三日一圩，五日一圩或者十日一圩。如广西仫佬族的圩市也大都三天一圩，它不仅是仫佬族做买卖的场所，也是一个重要的社交场合，青年男女在赶圩时相互认识并中意后，就可以揭开“走坡”（恋爱）[②] 的序曲。

（二）行商妇女参与集市贸易

《周礼·司市》记载了都市一日三市的制度，云：“大市日昃而市，百族为主；朝市朝时而市，商贾为主；夕市夕时而市，贩夫贩妇为主。”这是一条证明妇女参与集市贸易的最早资料。为什么贩夫贩妇要“夕时而市”呢？东汉郑玄说这是因为他（她）们“朝资夕卖”，贩夫贩妇一早赶到各地农村集市去收购货物，晚上赶回城里的“夕市”出售。

汉简中的“王杖诏令册”云，“年六十以上毋子为鳏，女子年六十以上毋子为寡，贾市毋租，比山东复”和“夫妻俱无子男曰孤独，田毋租，市无赋，与归义同，沽酒醪列肆。”这并不只是一条尊老信息，而主要在陈述对那些缺乏青壮劳动力不能种地或种地收入不足要靠做小买卖为生的鳏寡老人做小生意时是可以免税的，这间接说明当时有妇女在从事贩卖活动，且是要向官府缴纳税赋的。

杜甫写于四川奉节县的《负薪行》提及当地的风俗是“土风坐男使女立，男当门户女出入。十犹八九负薪归，卖薪得钱应供给……筋力登危集市门，死生射利并盐井”，说的就是夔州妇女要砍柴、背柴到集市上出卖，应付一家人的日常生活费用和缴纳各种捐税，此外，有的妇女也去盐井背运食盐来应付每日的生活花费。在唐代岭南僚市中赶圩者，男女老少均有，其中尤以妇女为最多，明清时期把这种妇女入市参与交易的集市称为“妇市（老婆圩）”[③]。

其实各地物资交换或者说集市贸易都不能没有农村妇女的参与，如马可波罗所说的：“鞑靼人一切买进卖出的商业都由妇女经营，丈夫和家中所需的每样

① 方铁，方慧．中国西南边疆开发史［M］．昆明：云南人民出版社，1997：373-374.

② 仫佬族青年男女要在节日前后的集日聚集，互唱情歌寻偶。如果双方有意，便会约定下次走坡的时间，并互赠礼物，如河池一带就流传“八月中秋哥送饼，九月重阳妹送鞋”的习俗。

③ 西平桥．邕州僚市，西南大集［N］．南宁晚报，2012-07-08（14）．

东西也都由她们准备。”① 李京的《云南志略·诸夷风俗》记载在金齿百夷地区，“旦则妇人为市，日中男子为市”。滇南重镇临安亦繁华富庶，“男女贸易，期暨于暮”，且有“妇女旧戴皂笠，坐市交易”的习俗。② 清余庆远在《维西见闻记》中载，在维西地区，“交易皆与妇人议”，在交易中藏族妇女“辨物高下不爽，持数珠会计极捷，西关、泰人为商于其地，皆租妇执贸力”，于是出现在维西地区经商的外地商人，大多雇用藏族妇女代办或协办商贸的情况。而云南泸沽湖畔的摩梭男子也由衷地赞扬妇女们，“劳动干得起，生意做得开，人前敢说话，屋里能当家”③。

贵州的集市上大多是以苗族妇女携物赶场为主，苗族妇女往往三五为伴，以自己的林木土特产和纺织等手工艺品，同其他族群交换一些山区不能生产的生活用品和生产工具，如盐巴、针线、炊具、砍刀、锄头、铲、镰和火枪等。如清陈鼎在其《黔游记》中写道：“刺梨，野生，夏花秋实，干与果多芒刺，味甘酸，食之消闷，煎汁为膏，色同楂黎，四封皆产……每冬月，苗女子采入市货人，得浙江楚豫客买之，苗女喜曰利市，谓得佳客交易也。本省人买，则倍其价。”道光《普洱府志·人种志》载：“男多烧炭，女多织草为排负卖于市。”云南白族妇女也有背驮柴火到街上卖，用卖柴所得换取油盐等生活必需品的做法，如清师荔扉的《月街词》所云：“乌绫帕子凤头鞋，结队相携赶月街，观音石畔烧香去，元祖碑前买货来。”④ 这里所说的月街就是每年农历三月十五日至二十一日大理地区为期七天的“三月街”，《徐霞客游记》称：“俱结棚为市，环错纷纭。其北为马场，千骑交集。男女杂沓，交臂不辨……十三省物无不至，滇中诸蛮物亦无不至。”

（三）妇女交易自己的劳动成果

妇女与集市的关系，不仅体现在妇女充当向导或者“中介”等角色，还体现在在集市上交易的也有来自妇女自己的采集所得、种植之物以及纺织物品等。

1. 妇女的采集物进入集市交易

20 世纪 50 年代前，西部地区妇女采集所得的花、果、茎叶、竹笋和菌类，除了供家庭成员充饥食用弥补粮食的不足之外（如杜荀鹤的《山中寡妇》诗云

① 波罗．马可波罗游记［M］．梁生智，译．北京：中国文史出版社，1998：82.

② 方铁．西南通史［M］．郑州：中州古籍出版社，2003：620.

③ 石高峰．暮合晨离话走婚［J］．寻根，2003（3）：27-32.

④ 惠西成，石子．中国民俗大观［M］．广州：广东旅游出版社，1988：296.

“时挑野菜和根煮，旋斫生柴带叶烧”），也可以把香菇、木耳、山笋、菌类、梅子和桃李等拿到集市上去交易（如“云南景颇族的采集收入仍占全年收入的26%，采集的植物多达94种”①）。此外，无论是妇女“卖薪得钱应门入户”还是“负薪入市换粮食”，妇女在集市无论是“得钱”还是“换粮”，首先交易的都是自己所砍的柴火，这是广义上的采集所得物。

1978年以后，采集并未完全退出西部地区不同族群的社会生活，许多妇女还在从事采集并到集市上出卖自己的采集物。如满族妇女采集“蕨菜、蘑菇、榛子、山核桃、山梨及各类野果”拿到集市上卖；达斡尔族妇女成群结队外出采集的如“柳蒿芽、山里浑、野韭菜、蘑菇、木耳、猴头菌”等野菜和“稠李子、山丁子、杏、榛子和野玫瑰果”等野果都是当地市场上的抢手货。羌族妇女经常采集的野菜有“刺龙苞、蕨菜、古杆菜、灰灰菜、飘带葱、水芹菜、空心菜、驴耳菜”以及“老鹰菌、羊肚菌、鸡冠菌等”。珞巴族妇女的采集物既是一家人餐桌上的主要食物来源，也是当地市场上最受欢迎的山货。（广西）“京族挖沙虫者多为女性，在旺季，一个快手一天可挖4~5公斤，而一般熟练的人也都可以挖3~4公斤。沙虫大条的，成色好的可以卖到每公斤15~20元，而差一点的也能卖到13~14元，因此村民挖一天沙虫就可以赚到全家一个月的吃米钱。”②

西部地区的蒙医、藏医、彝医、傣医和羌医中都有不少以植物入药的偏方，因此农村妇女的采集物中还有一类是药材，如四川阿坝州的羌族以及大渡河畔的藏族与彝族，都有食疗一体的饮食习惯，以期能够养生保健。除了家庭自用外，采集的药材也是当地集市交易中的抢手货，可以增加家庭的经济收入。白居易的《采地黄者》诗云：“岁晏无口食，田中采地黄。采之将何用？持之易糇粮。”其说的就是农夫采地黄给达官贵人的马匹食用，让其膘肥体壮，借以换取一家人的口粮来糊口过活。道光年间鄂尔泰在《云南通志·人种志》亦云：“（倮黑妇女）常负竹笼入山采药。”普米族妇女除了采挖野生药材外，也在园圃中种植部分药材出售。对于生活在四川、甘肃和青海一带的羌族妇女来说，采集柴胡、苁蓉、红花、大黄、枸杞、贝母、虫草、细辛和天麻等除自用外，还能入贡朝廷以及成为（西）夏（南）宋贸易时的大宗商品之一。由于羌医加

① 汪宁生．文化人类学调查：正确认识社会的方法［M］．北京：文物出版社，1996：61-63.

② 张跃，何明．中国少数民族农村30年变迁［M］．北京：民族出版社，2009：711.

工药材和用药习惯的特点，当地妇女会在每年的一定时节专门上山采收特定药材，如立夏挖冬虫夏草，端午挖贝母，立秋挖羌活、大黄、独活和黄芪等，形成一套有关药材的采集和加工的地方性知识。

2. 妇女的纺织物进入流通环节

战国时期的范蠡和白圭等人都是做"谷丝漆茧"生意的行家，如"白圭乐观时变，故人弃我取，人取我与。夫岁孰取谷，予之丝漆；茧出取帛絮，予之食"。其实除了谷与漆之外，丝、茧、帛和絮等都是与女织劳动相关的物品，也就是说妇女劳动成果也是当时市场化程度较高的商品之一。

特别在唐代，绫绢锦等丝织品都是最为常见的可以等同货币的交换物。《大慈恩寺三藏法师传》卷一载，高昌王赠给玄奘"绫及绢五百匹，充法师往还二十年所用之资"。也就是说，绢绫可以与黄金银钱并举，充当一般等价物。杜甫的《自京赴奉先县咏怀五百字》诗云"彤庭所分帛，本自寒女出"，指的就是天宝后期，杨国忠建议把各地库存的物品一律换成绢帛运到长安供玄宗挥霍。公元780年，唐德宗采用杨炎建议，把开元以前租（交粟或谷）庸（服徭役）和调（纳布帛）的征税法合并起来，一律以实物折价。这些做法进一步推动了与女织有关的物品进入市场的流通环节，如戴叔伦的《女耕田行》云："截绢买刀都市中。"《宋史》在提到古代龟兹市井时说："国城有市井而无钱货，以花蕊布博易。"古称疏勒的喀什也是"街衢交互，厘市纠纷"，各地商人除了使用钱币交易外，还把绢和布作为主要的流通介质。

元稹的《估客乐》诗云："炎州布火浣，蜀地锦织成"。四川一带本身就是以纺织品著称，因而其也是当地集市主要的流通物资之一。而"午前聚集，抵暮而罢"的白蛮地区本身也是"地多桑柘，四时皆蚕"的地区。乾隆《贵州通志》卷七《苗蛮》载："谷蔺苗，在定番州……妇人以青布蒙髻，工纺织，其布最精密，每遇场期出市，人争购之，有谷蔺布之名。"也就是说，贵州一带的苗族妇女更多是以纺织品作为商品进入集市交易的，如《松桃厅志》曾云："（苗）女亦娴纺织，所织斑布精致古雅，坚韧耐用，城市贸易，苗妇居多。"再者如《兴义府志·风俗志》所载："语言清软是黎峨，苗锦成时上市多，排草碗糖携篚卖，红楼儿女唤么哥。"

除了粮食以外，在明清集市上丝、棉、麻和苎等原材料或者成品都是市场上的大宗交易物资。当时，蚕桑的栽种已几遍天下，其中尤以江浙和四川两地最为著名，至于柘叶类，贵州和四川均有种植。当然，普及棉花种植更是明清时代的一桩大事，如宋应星在《天工开物》载："有木棉、草棉两者，花有白紫二色，种者白居十九，紫居十一。”随着棉花种植面积的不断扩大，蓝（青）靛等染料作物的种植也开始兴盛起来，成为当地族群赖以生存的一项重要收入，至于那些在山区垦荒种植菁和靛等染料的族群则被当地人称为菁民（客）、蓝徒或者靛客。

从天启《滇志·地理志·物产》的记载来看，明代云南集市交易的物品种类已经十分丰富。如“云南府有火麻、纻麻、棉布、绵绸、乌帕、草席、蜂蜜、蜡和饧糖；大理府则有纸、笔、墨、扇、席、感通之茗、邓川之毡、洱海之红布、胭脂、铅粉、雕漆器物、麂皮袜和点苍石；临安府有苏木、瓦器、黄白蜡、靛纸、纹布、莎罗布、乌帕、紫石、土朱、青碌、胆矾、炉甘石与攀枝花；永昌府有靛、纸、胶、蜡、桐花布、竹布、紫梗、料模、料丝灯、伯夷纱、象柄、书刀、牙章、竹和红藤”[①]。其中，既有火麻、纻麻和攀枝花等纺织原料，也有作为染料的“靛和靛纸”，还有制作蜡染布的原料“黄白蜡”和“蜡”等，其中最大宗的还是各类纺织品，如云南府的“棉布、绵绸和乌帕”，大理府的“邓川之毡、洱海之红布”，临安府的“纹布、莎罗布和乌帕”以及永昌府的“桐花布、竹布和伯夷纱”。

在清代，云南苗族妇女所织的麻布不仅供自家成员衣用，而且还可以作为大宗交易品，远销外地。据《镇宁县志》记载：“织布此亦妇女专业。织机全部用木，为本地制造。可织宽寸许、长三丈七八之白布。除供本地人作衣料外，多数远销邻近各县，年约数十万匹，为本县出口大宗……乡间各地苗、彝妇女所织之粗麻布，可供制口袋、蚊帐之用，亦可远销出口。”[②] 苗族地区种植大麻之所以普遍，是因为单位麻布制品的市场价格一直高于单位粮食的价格，一个苗族家庭拥有多少适宜种植大麻的土地就成为衡量其家庭财富的一项硬指标，特别是在谈婚论嫁时，男性会提到自己家有多少麻塘地，以此来增加求婚成功的胜算，因为未婚女在自己的出生之家无法分到麻塘地，只有出嫁后成为夫家的成员才能拥有自己名下的麻塘地。

即使是在20世纪50年代初期，云南苗族的麻布也有很好的市场行情。“我们读书的时候，如果家里有小孩上学，都是拿麻布、鸡、猪和柴到集市上卖了换钱，我记得上学那时候一捆柴可以卖两三块钱，足够一个星期的生活费了，

---

① 方铁．西南通史［M］．郑州：中州古籍出版社，2003：621.

② 中国人民政治协商会议镇宁布依族苗族自治县文史资料委员会．夜郎故地上的苗族［Z］．镇宁：政协镇宁自治县第七届文史资料委员会，1995.

而一卷麻布就可以卖十多块钱，当时一串鸡蛋才五毛钱呢。”① 织好的麻布除了能做成衣服供家庭成员穿戴外，有的苗族人家还把加工好的麻布和麻布裙子拿到市场上出售，“一般情况下，织出来的麻布一年能卖100多块钱，最好的那一年卖了200多块。当时卖麻布的钱基本上都用来换苞谷吃，那时候，苞谷的价钱是一斤三四角钱。我打算盖新房时，除了卖很多麻布攒钱之外，还卖掉了几条麻布裙子，其中一条裙子卖了40块钱，用10块钱买了小猪崽回家来养，猪长大以后卖掉，又买了牛回来养，这才盖了这间新房”②。

进入20世纪90年代以后，由于政府明令禁止种植大麻，所以当地的麻布价格也一路上涨。也就是说，即使在废除用麻布缴纳赋税制度很久以后，麻布仍然是云南苗族进行集市交易的主要品种之一，妇女可以通过卖麻布来换取生活用品和提高家庭成员的生活质量，因为对于苗族而言，麻布在其日常生活中具有特殊的礼俗价值。

第三节　西部地区农村妇女从事锄犁耕作农业

从新石器时代考古发现可知，西部地区进入锄犁耕作农业的时间前后不一，例如在云南到元代，阿昌族先民仍以采集渔猎为生，而到了明清仍有“野蛮……不事农亩，入山林采草木及动物而食”（《云南志略·诸夷风俗》）；特别是对于云南的刀耕火种族群而言，还经历了一个漫长的“地跟山转，人跟地走”的刀耕火种（轮歇游耕）农业期，如佤族1950年以后才开始使用犁，而有的最晚至20世纪70年代末才结束刀耕火种农业，进入锄犁耕作农业。也就是说，随着政治变迁、技术革命和物种迁移等，西部地区的土地经营权、种植品种、生产技术和劳动力等方面也发生了巨大变迁。之所以以1978年作为一个时间点，主要是因为其标志着土地经营权属方面的巨大转变，从而引发了劳动力配置方面的显著变化。本节以劳动力方面的变化为例，关注锄犁耕作农业中女性劳动力的角色变化，当然也包括女性自己在内的两性如何评价男女在体力与技术方面的贡献。此外，外出“打工潮”兴起后，农业劳动力过剩现象中的农业劳动力的女性化问题也是本节的探讨内容。

---

① 杜薇．火麻在苗族文化中的意义［D］．昆明：云南大学，2005.

② 杜薇．火麻在苗族文化中的意义［D］．昆明：云南大学，2005.

一、妇女承担更多的农业生产任务

在黄梅戏《天仙配》中，这样唱道：

树上的鸟儿成双对，
绿水青山带笑颜。
从今再不受那奴役苦，
夫妻双双把家还。
你耕田来我织布，
我挑水来你浇园。
寒窑虽破能避风雨，
夫妻恩爱苦也甜，
你我好比鸳鸯鸟，
比翼双飞在人间。

在这首我国民众都耳熟能详的黄梅戏唱段中，“你耕田来我织布”最通俗地阐述了《管子·五辅》所云的“一夫不耕，或受之饥，一女不织，或受之寒”，即锄犁耕作农业主要以体力和畜力为主，男性是主角，如黄晋明的《贞丰竹枝词》云：“蓬头赤足短襟衣，黄叶包粮上翠微，一日锄开山一面，月明犹自荷锄归。”长期以来，人们认为妇女织布、做家务、照顾家人是再轻巧不过的活计，即使是在“我挑水来你浇园”中，也是说女性不过是锄犁耕作农业中的配角和助手而已，而实际情况并非如此。如《百夷传》云：“（金齿百夷妇女）耕织徭役担负之类，虽老妇亦不得少休。”《云南志略·诸夷风俗》亦云：“（其）尽力农事，勤苦不辍，及产，方得少暇。”清人张泓在《滇南新语·夜市》一文谈到剑川妇女时也说：“剑土硗瘠，食众生寡，民俱世业木工……近则仲夏孟冬，栽获两归，远则以收获为期必一返，获毕仍往……既远游，女当门户，催粮甲，亦多妇代夫役，皆能练事无误。”

在完全依靠焚烧树木来增加土壤肥力，不用锄犁的刀耕火种农业中，妇女都不可能完全置身事外，她们一样需要从事烧地、点种、围猎、收割和脱粒等工作，也就是说，妇女需要参与刀耕火种农业的整个过程。更何况在多种植物轮作、农牧林渔商多种经营以及田间管理精细化的锄犁耕作农业中，一年四季的农业劳动中都不可能只让妇女袖手旁观或者只是做点辅助性活计，因此，发掘锄犁耕作农业中的妇女角色意义十分深远。特别是在1949年前，妇女除了采集野菜、野果、山笋、菌子等采集劳动外，还有自己专属的女织活计，如“一天要织三机布，一夜要踏布三机，织到鸡叫放下刳，打个哈欠去做饭”。此外，对于已婚妇女来说，做饭、育儿、洒扫以及照料护理等再生产劳动任务也是一样都不可少的。

（一）妇女在锄犁耕作农业中的时间投入

砍伐、焚烧、播种、收割的刀耕火种农业具有省力和对自然生态环境破坏小的特点，但是由于人口增加，村落规模增大，可耕种的山林减少，刀耕火种农业已经难以为继，只有向着锄头铲草挖地或者使用牛犁后播种、除草和收割的锄犁耕作农业转化，而后者虽具有节约耕地的优点，但是投入的劳动时间比起前者来说要多出一倍。我们知道人类的生产经验是累加的，没有采集时代的物候观察知识，就不会有刀耕火种农业对烧荒时机的把握，而锄犁耕作农业对同一块田地上作物的轮作，其实也是源于刀耕火种农业积累下来的对不同植物习性的把握与总结。

由于土壤生态和病虫害防治等，同一块土地不可能只种植单一作物，旱地作物多以苞谷、旱谷、瓜豆、荞子、小麦、花生、白薯、棉花和茶叶为主，不同地区不同族群形成了自己的轮作实践经验。如拉祜西的轮作方式主要分为两种。[①] 第一种，禾本科作物的轮作，即第一年种陆稻，第二年改种苞谷；第二种是禾本科作物与棉葵科作物的轮作，即第一年种陆稻，第二年改种棉花，因为棉花为喜热性作物，具有耐瘠、耐旱和抗病虫害能力强的特点，能深化熟土，保持水土，抑制杂草生长并适宜粗放栽培的优点，特别是其落叶量大，能大大提高土壤的有机质含量。云南沙河村以水稻、烤烟、小麦、油菜、苞谷、洋芋和荞子等进行多农作物轮作，而村民们一年四季的农事活动则根据不同作物的生长期进行安排。具体如表1.3所示。

表1.3　云南沙河村农事活动简表

农历	活动
一月	过年，走亲戚。整理苗床，播种烟苗

① 王正华．澜沧拉祜西山地农业与生态环境变迁［M］//尹绍亭，秋道弥智．人类学生态环境史研究．北京：中国社会科学出版社，2006.

续表

农历	活动
二月	育秧苗。种洋芋。给烟苗床浇水。间苗。除厩粪
三月	烟苗装营养袋，准备移栽大田。犁田耙地，准备栽秧。收小麦和油菜
四月	栽种水稻、烤烟、苞谷。收洋芋
五月	薅秧除草，打虫施肥。收洋芋
六月	管理水稻田。烤烟、苞谷的田间管理。收洋芋
七月	摘烟叶、编烟叶、烤烟叶。耙田种秋洋芋、荞子。收黄豆
八月	继续烤烟叶。收稻谷和苞谷
九月	种小麦、大麦和油菜
十月	收秋洋芋。麦子除草施肥
十一月	收割荞子
十二月	种洋芋。育烟苗。建盖新房，举办婚礼。杀年猪，腌制腊肉、咸菜。置办年货，准备过年

资料来源：赵群，孙大江，张洁，等．社会性别与技术生存环境［M］．昆明：云南民族出版社，2000：141.

以沙河村一年四季栽种的作物为例，我们可以看出深耕和复种指数高的轮作使得锄犁耕作农业成为一项体力消耗大，时间投入多的精细化生产。也就是说，如果全年一个劳动力参加劳动生产的时间为200~250天，每日的劳动时间一般为5~6小时，那么每个家庭凡是能参加体力劳动的成员都必须承担一部分或者全部的田间管理工作。

表1.4是云南车鲁人（彝族支系）的农业生产历及其劳动力使用情况，包括在同一块土地上轮种不同品种时所需要的工时，其中就包括了妇女劳动力的大量投入。也就是说，如果没有妇女的参与，一个家庭要完成这些生产任务是根本不可能的。

表 1.4 云南车鲁人的农业生产历与劳力使用简表

农历	小麦（6）①	大麦（6）	豌豆（5）	烤烟（80）	苞谷（31）	洋芋（35）	花豆（与苞谷套种）（3）	葵花（与花豆同种）（3）	白萝卜（34）	黄萝卜（34）
一月				积农家肥、犁田、碎土、撒苗、泼苗	集农家肥、犁田、碎土	犁田、碎土				
二月	拔草	拔草	拔草			挖塘、播种（根据气候，有时是三月）				
三月		收割、捆运、脱粒	收割、捆运、脱粒	装营养袋、移栽、田间管理						
四月	收割、捆运、脱粒			移栽、犁田、垒沟、施肥、打塘、栽、盖薄膜		垒土	种：每两行苞谷种1行花豆，挖塘，丢种盖塘土			

① 对每100丈土地上所种植物花费的劳动进行统计，可以得出每个农产品每百丈每年所必须花费的工时，1个工按8小时计算。

续表

农历	小麦（6）①	大麦（6）	豌豆（5）	烤烟（80）	苞谷（31）	洋芋（35）	花豆（与苞谷套种）（3）	葵花（与花豆同种）（3）	白萝卜（34）	黄萝卜（34）
五月				锄草、打药					种、犁、撒、耙	种、犁、撒、耙
六月				封顶、打杈、掀烟叶、编烟叶、烤烟、分级、扎把和出售	除草、施肥		与苞谷同期管理			
七月					施肥、垒土	收洋芋			间草较费劳力	间草较费劳力
八月							收割、拔、捆运、人工脱粒	收割、搬运、人工脱粒		
九月	撒种、撒化肥	撒种、撒化肥	撒种、翻犁、耙平		收、运					

续表

农历	小麦（6）①	大麦（6）	豌豆（5）	烤烟（80）	苞谷（31）	洋芋（35）	花豆（与苞谷套种）（3）	葵花（与花豆同种）（3）	白萝卜（34）	黄萝卜（34）
十月				铲草筏、积肥	人工脱粒	铲草筏、积肥			开始拔，一直持续到二月	挖可持续到二月
十一月				同上	同上	同上				
十二月				同上	同上	同上				

资料来源：赵群，孙大江，张洁，等．社会性别与技术生存环境［M］．昆明：云南民族出版社，2000：54.

由于车鲁人种植的主要是旱地作物，如果将每 100 丈植物所需的劳动力相加（237 个）并乘以 8 小时的话，可以得出需要 1896 个小时，相当于 237 个劳动日（以每天 8 小时计）。同时再把这些工时细化到每个月，就可以知道阿鲁人每一季农业劳动的时间利用情况。1~2 月是小春的田间管理和为准备大春的积肥和田间地头的整理，平均 100 丈的田地（以下同）大约需要花费 47 个工；3 月是小春收割和烤烟的育苗管理，共需要 13 个工；4~5 月是大春的栽种和小春的收割，大约要花费 28 个工；6 月是烤烟和苞谷的田间管理和洋芋的收获季，大约需要 26 个工；7 月继续收洋芋并对黄白萝卜进行田间管理，需要 23 个工；8 月是葵花、花豆和苞谷的收获季节，需要 9 个工；9 月栽种小春和收获苞谷，共需要 7 个工；10 月铲草筏准备肥料和收白萝卜，大约需要 37 个工；11 月和 12 月的工作与 10 月相同，各需要 37 个工。通过以上每月所需工时计算，可知平均耕种每 100 丈田地，当地共需要 264 个工，也就是说，相当于需要 264 个劳动日的投入。

（二）妇女从事农牧渔林畜副业等生产劳动

1976 年在贵州兴义万屯汉墓出土了一个陶水塘稻田模型，盆状，内底水塘、稻田各占一半，二者有闸门相通，塘中有立体的鱼、螺、莲、荷，闸上一立鸟，田中阴刻稻禾，盆内周壁阴刻高大树木，“在这个直径不足50厘米的模型内，展示了农、林、鱼、水利多种经营的生态模式，成为贵州山间盆地农业的缩影”①。而在大理大展屯东汉墓中也出土了一件类似的陶质水田模型，呈圆盘状，其半部为水田，半部为蓄水塘坝……其实出土的类似模型既说明汉代西南地区的稻作生产情况，包括已有保证水田生产的水利设施等，又表明单一的粮食产量已难以满足人口增长的需求，需要因地制宜地采用其他多种经营方式。如姚舍在《庄居野行》诗中云：“古来一人耕，三人食犹饥。”从新石器时代农业考古遗址来看，几乎所有发现有稻谷遗存的地方，都同时发现有其他作物的遗存以及饲养家畜的遗迹。

1. 农业生产中的性别分工

在春栽或者秋收季节，妇女要参与田间的抢收工作，如刘禹锡的《插田歌》诗云：“农妇白纻裙，农父绿蓑衣。”因为农忙时节，季节节令不等人，它关乎全家一年的收成，如农谚里说：“八月耕地一篓油，九月耕地半篓油，十月耕地没啦油。”或者至少要做好再生产劳动间接服务于生产劳动。如《周颂·载芟》反映了在农忙时节，农夫全家不分男女老少“侯主侯伯，侯亚侯旅，侯强侯以”都要一齐出动，抢收抢种，紧张得顾不上休息，连饭也是妇女送到田边来吃，就是为了不耽误农时。

即使是在现代社会中，西部地区的农村妇女一年四季都要参加田间的生产劳动，以云南新平县南碱乡的傣族村落为例，不同年龄段的妇女一年之中都需要从事如表1.5所示的生产劳动。

表1.5　云南南碱村农事活动和分年龄段妇女劳动简表

农历	一月	二月	三月	四月	五月	六月	七月	八月	九月	十月	十一月	十二月
青年妇女组												
农活	锄田	插秧	收青枣	薅秧	种甘蔗	收谷子	施肥	施秧肥	薅甘蔗	收谷子	铲埂	收青枣
	收青枣	卖苦瓜	收苦瓜	锄草	种玉米	收苞谷	栽秧	锄草	收苞谷	犁田		收苦瓜
	砍甘蔗	卖青枣	种甘蔗	种甘蔗	施肥	撒秧		割草				
		砍甘蔗										
		锄草										

① 马自树．中国边疆民族地区文物集萃［M］．上海：上海辞书出版社，1999：401.

续表

中年妇女组												
月份	一月	二月	三月	四月	五月	六月	七月	八月	九月	十月	十一月	十二月
农事	插秧	砍甘蔗	薅秧	收谷子	插秧	施肥	割草	收苞谷	收晚稻	铲埂	撒秧	扶埂
				收苞谷		薅秧	薅甘蔗			犁田		收青枣

资料来源：章立明．民族文化生态村建设中花腰傣妇女的角色参与：以云南省新平县南碱为例［J］．西南学刊，2017（1）．

表1.5中所显示的南碱傣族的稻谷、甘蔗、苞谷等水田轮作情况和外来品种青枣与苦瓜种植的基本状况，大抵反映了一年两熟地区的水稻生产和甘蔗生产，以及犁锄耕作农业中蔬菜与瓜果生产都要根据市场需求进行调整。其中妇女主要承担了从田间生产到采摘阶段的大部分生产任务，有些妇女还要承担集市的销售工作。

2. 非农生产中的妇女劳动

从战国时代起，我国西部地区就逐渐形成了以单家独户为基本单位的小型综合农业，发展出以水稻为主，蚕桑为辅，水稻、蚕桑和鱼畜有机结合，综合经营的生产模式。如商周时代，洱海周边的白族善于种植水稻和驯养家畜，并从事采集渔猎生产等，而其他的山地民族“山头地角，栽种杂粮”，也是为了适应“生齿日繁”的需要。① 贵州侗族以生产粳稻为主，糯稻次之，善于在稻田中养鱼，也在山地兼营杉木和油茶。对于坝区的瑶族来说，以苞谷、稻谷和薯类为主，而山区的瑶族则以种植松、杉、樟、柏、楠、八角和茶叶等林木为主，其中牧草可以养猪、牛和羊等家畜，还可以在林间采集香草、香菇、木耳和蜂蜜等林产品。

从明清时期开始，景泰的《云南图经志书》卷五载云龙州云，“以孳畜佃种为生”；（雍正）《云龙州志》亦云，“以畜牧耕种为业”。也就是说，该地是以农牧混合生产为主的地区。而生活在青藏高原的藏族、门巴族和珞巴族虽以养殖绵羊、山羊、牦牛和犏牛等畜牧业为主，但也兼营农作物栽培，以种植生长期短和耐寒抗旱的青稞为主，在低海拔地区也种植小麦等农作物，此外，也需要剪羊毛、捻毛线、纺羊毛线、织毡子和鞣制皮革等畜产品的生产与加工。此外，不同族群妇女还要做好维持整个牧民家庭日常运转的再生产劳动，如挤奶、

① 布依族简史编写组．布依族简史［M］．贵阳：贵州人民出版社，1984：41.

打茶、炒磨青稞、制作酥油和奶渣等。藏族、门巴族和珞巴族妇女的季节性劳动还包括点种庄稼、割麦、运麦回家、准备禾束堆、大麦上粮架和推磨等；而种树护林、收集柴火、找松茸和割牧草等也是妇女分内的工作，此外，已婚妇女每天还要从事背水做饭、照料家人和看护婴幼儿等各种再生产劳动。

在云南的不同族群中，养鱼也是妇女从事的主要生产劳动。平坝地区的民族妇女多在水坝、水塘、水沟和稻田中养鱼，而生活于山地的哈尼族、彝族、苗族和瑶族，除了利用高山水塘养鱼以外，最独特的方式就是在梯田中养鱼，利用稻鱼共生体系来实现种植与养殖的双丰收。就以红河哈尼族的梯田养鱼为例，[①] 哈尼族妇女从小就学习养鱼技术并从事相关工作，从清理鱼塘、修缮鱼塘、捞塘泥和割塘草，到捞种鱼和放种鱼到秧田中，再到梯田中的鱼类长成后的捕捞工作。正如《哈尼古歌》中所唱的："生得小囡的媳妇，头上罩着捞鱼的鱼撮，腰上挂着装鱼的鱼篓，早早地走到水尾的田坝。这碗满满的鱼虾呀，是我能干的女人在田坝里捞回来的。"[②]

再以西部地区农村最为常见的养猪为例，大多数族群村民都认为养猪不仅能得到经济收入，还能为农户提供可供一年食用的肉食和油脂，并为农田提供不可缺少的农家肥，故而"养猪不赚钱，肥了一亩田"的说法十分普遍。其实猪的饲养周期偏长（一头双月猪，养 10 个月只能长到 80 公斤，1.5~2 年才能长到 150 公斤出栏），[③] 养猪需要大量的劳动力投入，每天要有专人去找猪菜，找回来后还要花时间切碎和煮猪菜，每天至少要花费 1 个小时。由于摘菜、运菜、洗菜、切菜、拌菜、煮猪食和喂猪等工作主要是由已婚妇女承担，并没有计算每天的时间成本，同时也没有把自家田里种的苞谷和红苕叶以及花时间去找猪草的投入进行相应的经济折算，而这些都是养猪成本核算中的必不可少的隐性成本。

二、妇女生产劳动的经济价值

虽然在西部地区的水稻种植区内，"男不栽秧，女不犁田"的说法很普遍，但是在锄犁耕作农业中男女两性都要共同承担生产任务，并按体力和技术进行

---

① 王清华．哀牢山哈尼族妇女梯田养鱼调查［J］．民族研究，2005（4）：38-43.

② 西双版纳傣族自治州民族事务委员会．哈尼族古歌［M］．昆明：云南民族出版社，1990：320-323.

③ 赵群，孙大江，张洁．社会性别与技术生存环境［M］．昆明：云南民族出版社，2000：103.

性别分工，男性大多从事需要体力强度大和技术含量高的农活，妇女大多从事体力强度不大和技术含量低的农活，因此，男性甚至妇女自己才会形成性别劳动最直观的印象，即男性的经济贡献是大于妇女的。

（一）体力消耗大的男耕比耗时多的女锄更有价值

在锄犁耕作农业生产中男女有明显分工，男性主要从事垒埂、挖田、犁田、耙田、浸种、撒秧、管秧、送秧、铲埂、打谷和搬运等重体力劳作，而妇女的劳动则比男子烦琐，栽秧、播种、施肥、锄禾、收割、纺织、饲养禽畜以及从事市场售卖等。也就是说，妇女除了不犁田外，农业生产中的其他工序基本上都是与男性共同承担的，包括锄草、栽秧、间苗和脱粒加工等在内。

1. 牛犁需要更多体力

牛犁始于何时？商代在祭祀时把大量的牛杀掉作为祭品，而在周代祭祀活动中只宰杀一头牛，另宰一两头猪或者羊，有时也敬献黄米和高粱等物。《小雅·大田》云，“以其骍黑，与其黍稷，以享以祀”；《豳风·七月》亦云，“献羔祭韭”，指的就是祭祀只用羊而不用牛，间接表明从周代开始黄河流域已采用牛来耕地；《小雅·黍苗》在赞美周穆公经营谢邑、治理原野和土地时就提及作为畜力使用的牛，“我任我辇，我车我牛”。

虽然水田使用犁和耙，用牛拽引，但锄耕方式仍然普遍存在，因为有的田土面积较小，无法使用牛耕，只好使用锄耕和锹翻。汉代中原地区铁农具的使用已很普遍，种类也较齐全，除犁、锄、镰、斧和砍刀等工具外，还有中耕所用的耨锄、旱地犁（部分地区）以及脱粒所需的木制谷床等。魏晋十六国时期河西走廊的汉墓壁画耕地图就是“耕牛拉一犁，耕地人右手持缰绳，左手持鞭，作趋牛耕地状”①。到了唐代，耕牛已是农家必备的工具，最迟到东汉，滇僰已掌握了农耕技术，唐代的“二牛三夫”“二牛抬杆”等牛耕技术在《蛮书》中已有记载。柳宗元的《田家》云：“蓐食徇所务，驱牛向东阡……札札耒耜声。”颜仁郁的《农家》亦云：“夜半呼儿趁晓耕，羸牛无力渐艰行。”水田一般两犁两耙或一犁一耙，在栽种之前，必须“浪田，行距，捷耕山田以铁齿，水田以木齿”②，耙田是为了耙碎田中的泥块，耙平水田，使稻谷有疏松的生长土壤，且能均匀受水。水族农民用“船耙”和“石耙”耙田。“船耙”是长 1 米左右的木制船形耙，“船底”是平的，底部外面朝下装有木齿或竹齿。若用人

① 马自树．中国边疆民族地区文物集萃［M］．上海：上海辞书出版社，1999：238.

② 布依族简史编写组．布依族简史［M］．贵阳：贵州人民出版社，1984：41.

拉耙，“船”内装土或石块来镇压；若牛拉耙，人则站在“船”内驾驭。石耙就是一块长方形石条，条石两头钻孔穿绳牵引，条石底面有粗的刻纹。当然，石耙的主要作用不是耙田，而是磨平田土，以备栽秧之用。

正因为牛犁牛耙都需要足够的体力，犁田深度一般四至五寸，旱地三至四寸，所以，犁田被看作是一项男性活计，如每年春播之际，天子都要亲执犁锄，劝事农桑，即行“籍田”或“亲耕”礼。对于没有男性而妇女不得不从事犁田等男性活计的则被视为无奈之举。戴叔伦在《女耕田行》云：“乳燕入巢笋成竹，谁家二女种新谷。无人无牛不及犁，持刀斫地翻作泥……去年灾疫牛囤空，截绢买刀都市中头巾掩面畏人识，以刀代牛谁与同……疏通畦陇防乱苗，整顿沟塍待时雨。”因此，诗人认为两女“以刀代牛”实属可怜。水族则明确规定“女不犁田，男不插秧”，谁若违反，就会在当地遭到非议。1949 年以前，广西等地没有男劳动力的家庭，只有妇女女扮男装在夜里去犁田、耕地和整修田埂。而在广西河池一带的仫佬族家庭，若男性外出做买卖或去煤矿做砂丁①的话，那么妇女就会利用家中的马匹来耕田犁地，等到收获之后再把谷物用马驮运回家储存。

一般而言，包括妇女在内的两性村民都认为男性在农业生产中较为辛苦，例如男性在背、扛等重体力劳动中比妇女背得重、拿得多（如男的承重 70~100kg，女的最多 50kg），在这样的认知背后隐含着男性的劳动力投入更大且经济贡献更大的认知，并由此形成男性对农业生产贡献更大而且男性劳动更有价值的价值判断。

2. 妇女从事体力消耗小而工作时间长的田间管理与积肥工作

在西部地区的水稻种植区，犁耙好地后就可以进行插秧了，其间需要经过栽插薅锄等多个环节，其中中耕锄草至少要安排两次，如等稻谷长到约 20 厘米高度时要除草一次，在稻谷将要抽穗的时候也需要除草 2~3 次。所谓的精耕就意味着生产工序更加精细化，在各种农作物上投入的时间也就更多，而这些工作主要是由妇女来承担的。再以上文提及的云南沙河村为例，把农作物和劳动力使用情况进行细分，从中可以看出妇女在进行不同农作物的田间管理时所需的时间成本。具体见表 1.6。

---

① 广西仫佬族居住的九龙、白马、塘底山至太平、银村、桥头、四把、小长安、龙岸一带，盛产煤、铁、硫磺、铜、铝和锌等矿藏，其中以煤矿储量最为丰富，有“百里煤乡”之称。早在清代，仫佬族山区就设有官办煤矿，大批仫佬族男性以挖煤作为谋生手段，俗称砂丁。

表 1.6　云南沙河村农历、作物及劳力使用简表

农历	水稻	烤烟	苞谷	洋芋	油菜	小麦	大麦
一月		整理苗床、育烟苗（劳力60个①）		耙田（劳力2个）	田间管理（除草、打虫、施肥）（劳力1个）	田间管理（劳力1个）	田间管理（劳力1个）
二月	育秧、整理秧田（劳力10个）	床地管理（浇水、间苗）（劳力60个）		播种六月洋芋（劳力3个）、四月洋芋田间管理（劳力2个）	田间管理（除草、打虫、施肥）（劳力1个）	田间管理（劳力1个）	田间管理（劳力1个）
三月	秧苗浇水、施肥（劳力3个）	移苗、装营养袋（劳力2个）		田间管理（劳力2个）	采收（劳力4个）	收割（劳力5个）	收割（劳力5个）
四月	除草、追肥、打虫（劳力3个）、大田移栽（劳力8个）	大田移栽（劳力10个）	整理大田，播种（劳力6个）	收四月洋芋（劳力3个）			

① 以1个成年劳动力工作8小时算1个劳力计，可以估算出生产不同作物每亩所需的用工量。

续表

农历	水稻	烤烟	苞谷	洋芋	油菜	小麦	大麦
五月	大田管理（劳力1个）	除草、施肥（劳力2个）	田间管理（劳力4个）				
六月	大田管理（劳力2个）	田间管理（劳力3个）	田间管理（劳力1个）	收六月洋芋（劳力4个）			
七月	大田管理（劳力2个）	摘烟叶、编烟叶、烤烟叶（劳力22个）	田间管理（劳力3个）	耙田，种秋洋芋（劳力5个）			
八月	收割（劳力7个）	卖烤烟（劳力8个）	采收（劳力5个）				
九月				田间管理（劳力2个）	耙田、播种（劳力6个）	耙田、播种（劳力4个）	耙田、播种（劳力4个）
十月				收秋洋芋（劳力4个）	田间管理（劳力5个）	田间管理（劳力1个）	田间管理（劳力1个）
十一月					田间管理（劳力1个）	田间管理（劳力1个）	田间管理（劳力1个）

续表

农历	水稻	烤烟	苞谷	洋芋	油菜	小麦	大麦
十二月	犁田、耙田（劳力3个）			种四月洋芋（劳力8个）	田间管理（劳力4个）	田间管理（劳力2个）	田间管理（劳力2个）

资料来源：赵群，孙大江，张洁，等．社会性别与技术生存环境［M］．昆明：云南民族出版社，2000：176.

从表1.6中，我们可以计算出沙河村种植以下品种所需的用工量（每亩计）：水稻（39个）、烤烟（165个）、苞谷（19个）、洋芋（35个）、油菜（21个）、小麦（15个）和大麦（15个），以上共计需要309个工。除了男性专属的犁田耙田外，从其他由两性共同分担的任务来看，其实划为妇女专属的农活并不轻松。

除了这些类别明确的挖土整地、栽秧、薅秧、收割打谷和贮存外，妇女们还有一项专属的劳动就是备耕积肥。如京族妇女舂碎海螺，用海水浸泡后作为肥料；有的烧蚝蜊灰作为肥料；或者割青草堆沤压田制肥等；纳西族妇女也通过收集松毛和黄栗树叶垫畜厩来积山肥。“以每亩地要用50~60篮厩肥计算，人均耕地2亩，1户4口之家就有8亩地，1年2季，则应为8＊2＊50（60）＝800（960）篮，以每背松毛产肥5篮计，则800（960）÷5＝160（192）背，1个4口之家的土地所用的厩肥，1个妇女1年要背160~192背松毛才能满足需求。”[①]至于妇女要花多长时间才能找得够一背松毛，每背一背松毛要走多少里山路，则没有进行统计，而这还都是在农闲时节做下的活计，耗时多但价值低，因为它不直接产生经济效益，但又是能够产生经济效益的前提之一，这些“出力不讨好”的活计就由妇女来承担，并且成为农村妇女们专属的劳动类别。

（二）男性的技术活与女性的体力活

是否男性一直从事的就是体力活，而妇女从事的都是耗时多价值低的轻松活呢？这一部分展现的是，男性一直垄断着农业生产中的技术活，也就是说从事的是生产过程中具有较高技术含量的生产环节，比如说烤烟生产中的烤烟环

① 和钟华．少数民族妇女与森林［M］//何丕坤，於德江，李维长．森林、树木与少数民族．昆明：云南民族出版社，2000：91.

节。除了传统上女蚕由妇女专门负责，男性从事辅助性工作外（具体内容如下文所示），云南农村也需要由妇女来承担推擦萝卜丝等强体力活，目的在于保护家庭中的男性劳动力免受腰病等疾病的困扰。

1. 烟叶生产中的技术环节

在20世纪90年代，西南地区的烟叶种植是农村脱贫致富的主要经济作物，以云南摆集村农户的主要经济收入为例，烤烟收入占其全部经济收入的60%，养猪占20%，出售萝卜丝占15%，其他杂项收入为5%。

从上文提及的沙河村的烟叶种植来看，每亩地需要165个工，一月播种烟苗；二月给烟苗床浇水；三月烟苗装营养袋，准备移栽大田；四月移栽大田；五月打虫施肥；六月管理烟地；七月摘烟叶、编烟叶、烤烟叶；八月卖烤烟结束，整个时间跨度约为9个月。男性在烟地的工作包括挖地，赶牛车运肥和拉水，栽苗，打农药，编烟叶，烤烟和卖烟；女性的工作包括撒松毛，理沟，挖坑，拔烟苗，装营养袋，挑烟苗到田地，盖膜，浇水，薅地，掀烟叶和分级捆扎等。烤烟环节是其中技术要求较高的工序，专门由男性来负责；而栽烟、理烟和编烟等较为烦琐的工序则由妇女来负责；其他如修枝和育苗等烟田技术活也由男性来完成，尽管大多数妇女也可以胜任这些技术活，但是男性总是不放心，而妇女自己也没有信心能够做好，于是双方都觉得还是由男性来承担这部分活计效果会更好。

在烤烟的季节，男子要不断察看烤房的火候，每天只能睡4~5个小时，妇女由于忙着编烟叶（因烟叶掀下来以后不能晒，所以要尽早编完，抹平烟叶及分级捆扎，以便烘烤），故每天的休息时间也只有4~5个小时。也就是说，在烤烟季中，男女的劳动时间和休息时间基本重合，只是不同性别的劳动量和技术含量不同而已。

2. 桑蚕生产中的体力活与技术活

从《诗经》时代开始，桑蚕的生产就一直是女性的专属劳动，《衣铭》云："桑蚕苦，女工难。"同治《湖州府志》转引《西吴蚕略》亦云："自头蚕始生至二蚕成丝，首尾六十余日，妇女劳苦特甚……故自始至终，妇功十居其九。"

以一年要出四次茧来算，4月养春蚕、6月养夏蚕、7月养正秋蚕、8月养晚秋蚕、12月对桑树进行田间管理，桑蚕生产贯穿了全年的工作时间。在桑蚕生产中，男性的工作是下桑条，卖桑条，理桑树沟，给桑树条搭架，采蚕叶（半个月大蚕）和卖蚕茧；女性所做的工作是施肥、清理消毒养蚕用具、采桑叶，切细后喂蚕（3次/天+1次/夜间）。其实，妇女养蚕的劳力投入还远不止以上这些，就以养3张蚕籽的夏蚕为例，养蚕的后期人手不够还需要专门雇用其他的女性来做帮手才行。

具体说来，养蚕主要分为三个步骤。

第一步，清洗蚕房、蚕箕、蚕网。对饲养工具进行全面的消毒。

第二步，养蚕（耗时29天，生产一至五龄蚕）。

第1~3天：采叶、切丝、喂蚕（4次/天，时间分别为7点，12点，15点和20点），因蚕小，每次采叶时间为30分钟，眠1天，俗称“一龄蚕”。

第5~7天：采叶、切丝、喂蚕（4次/天，时间分别是7点，12点，15点和20点），蚕长大一些，每次采叶时间为45分钟，眠2天，俗称“二龄蚕”。

第9~11天：采叶、切丝、喂蚕（4次/天，时间分别是7点，12点，15点和20点），每次采叶时间为60分钟，眠1天，俗称“三龄蚕”。

第13~16天：采叶、喂蚕（3次/天，每次1.5小时），每次需要20kg的桑叶，眠2天，俗称“四龄蚕”。

第19~29天：采叶、喂蚕，每次要喂4袋，每天要3个劳力采叶，平均每人每天要投入12个小时。一张蚕籽发育到五龄蚕，就会产出40簸箕分量的蚕虫。

在四龄蚕之前采叶量不大，到了最后10天的五龄蚕期就相当繁忙了，必须要加派人手采叶才能跟上蚕虫每日生长所需的叶量。

第三步，上蔟（移蚕）。①

第30~31天：需要4个人一起上蔟，每天工作7~8小时，1周后才能摘茧，每喂养一批就要防虫和消毒各一次。

也就是说，如果以每出一次茧需要40天的时间计，每年出四次茧就需要160天的时间，再加上之前必需的消毒，之后的移蚕和摘茧等工作，以妇女在桑蚕生产上投入的时间和精力计，这绝对既是一项技术含量高的活计，又是一项需要强体力的工作。

3. 妇女承担体力活是为了保护男性的劳动力

表1.4提到车鲁人种白萝卜要花费34个工，在萝卜生产中，男性所做的工作是挖坑，点种，薅地，拔萝卜，挑水到地里洗萝卜，从地里拉回萝卜叶晾晒，萝卜叶拌在畜粪沤肥后运输到田里去积肥；女性也要负责挖坑、点种、薅地、推萝卜丝、晾晒萝卜丝、收萝卜丝和制成萝卜饼售卖等活计，其中把白萝卜加

① 蚕虫发育成熟就不再进食，需要人工将每一条蚕虫移至草束吐丝结茧，又名“上山”。

工成丝是制作云南地方风味食品（鲊）或者腌制咸菜（韭菜花）的主要原料，能够极大地提高萝卜生产的附加值，增加家庭经济收入。

在云南的摆集村，一般出售萝卜丝的收入能占到农户全年总收入的15%，这对于当地来说可是一笔不小的数目。那么谁在做这个活计呢？摆集村推擦萝卜丝工作全部是由已婚妇女来承担的。当问及男性为何不推擦萝卜丝时，男女都会问答说："推擦萝卜丝时要蹲在地上或坐在较矮的小板凳上，肩部和腰部长时间受力，男子的腰硬，干不了多久就会痛；女子的腰软，不太容易患腰痛病。如果男子落下了腰痛病，以后家里的许多重体力活，如犁田、耙地就没有人承担了。"① 那么，妇女长期推擦萝卜丝就不会患腰痛病吗？其实该村90%的妇女都患有不同程度的肩周炎和腰痛病，很大程度上影响了妇女的身体健康，这是由于年复一年地推擦萝卜丝而得的"职业病"。在每年的萝卜收获季节中，由于推擦萝卜丝有严格的时间限制，从地里收获的萝卜必须在较短的时间内推擦成丝以便晾晒，放置时间长了（超过3天），萝卜就会出现空心现象，这样推擦出来的萝卜丝的等级就会受到影响，从而直接影响家庭当年的经济收入。为了能得到最好的销售价格，每个家庭中的成年妇女总是争分夺秒地尽自己的最大体力去推擦萝卜丝，一般来说每天都要推擦萝卜500~600kg，这种在短时间内的超负荷劳动，使得该村大多数已婚妇女体质下降，长期饱受关节痛等身体疲劳性疾病的折磨，极大地影响了她们的生活质量，而这一健康问题并未在当地引起广泛的关注。

三、打工潮影响下的农业劳动力女性化与性别收入差距

1978年以来，云南禄村妇女不仅在田地中劳作，也有了从事非农工作的机会，于是"禄村妇女可以当老师、店主、售货员、医生与工厂员工等职业，甚至有在昆明闯荡的，新职业的现金收入提高了禄村妇女的家庭地位"②。进入20世纪80年代以后，全国范围内实施的家庭联产承包责任制是我国农村经济体制发生重大变革的标志之一，也使得我国农村劳动力过剩的问题凸显出来，而大量剩余农村劳动力为了摆脱隐形失业的困扰，开始向非农行业转移，形成人口

① 赵群，孙大江，张洁，等．社会性别与技术生存环境［M］．昆明：云南民族出版社，2000：88.

② 宝森．中国妇女与农村发展：云南禄村六十年的变迁［M］．胡玉坤，译．南京：江苏人民出版社，2005：42-46.

跨地区、跨省和省内流动现象。虽然西部地区少数民族人口流动进程滞后于全国水平，但从2005年起开始出现不断扩大的趋势。少数民族由农业向非农行业流动的打工潮，对西部地区农业劳动力的配比等产生了显著影响，出现了男工女耕模式下的农业劳动力的女性化和性别劳动收入差距显著化等问题。近年来，由于国家推行精准扶贫以及电商下沉，已婚农村女性可就近就业，离土不离乡，逐步走上致富路。

（一）西部地区农村人口的流动现象①

第七次人口普查数据显示，2020年流动人口规模达3.76亿，流动人口占总人口的比例高达26.64%，而根据国家卫生健康委员会对西部12省（市、区）数据分析表明，② 自2010年以来，西部地区流动人口流动方向呈现出以乡—城流动为主，③ 流动人口的性别结构趋于合理，且年龄结构趋于稳定，农村人口流动意向出现不断增强等特点。

1. 西部地区以乡—城为主并向非农行业流动

在2010—2016年的西部地区流动人口中，农业户籍人口占据了其中的绝大多数，大致保持在80%以上，也就是说，西部地区的人口流动主要是以乡—城流动方向为主，是由农业向非农业部门的流动，具体而言就是由农业的第一产业向非农的第二和第三产业的流动。西部地区流动人口中，青壮年年龄段占据主流，30~39岁年龄段的占比最高，其次是20~29岁年龄段，最后是40~49岁年龄段，即20~49岁这三个年龄段累计占据流动人口的80%以上。

2010—2016年，西部地区农村人口中少数民族流动人口占比约为15%，占比较多民族从大到小依次是回族（4.93%）、壮族（2.18%）、藏族（2.35%）和维吾尔族（1.69%），而哈萨克族、蒙古族、苗族、彝族、土家族、布依族、侗族和瑶族等其他少数民族的占比也有不同程度的增长。2010—2016年，西部

---

① 根据国家卫生健康委流动人口动态监测数据显示，在流入地居住一个月及以上，非本区（县、市）户口的15周岁至69周岁的人口称为流动人口。

② 赵玉峰，孔伟艳．近年来西部地区人口流动的主要变化及特点［J］．中国发展观察，2019（14）：40-42.

③ 除了跨省流动外，中西部地区省内流动人口占全部流动人口的比重从2010年的61.15%提高到2020年的66.78%。也就是说，跨乡镇街道和跨区县的近距离流动成为省内流动的主要形式。2019年西部省内就业农民工占比比2018年提高了1.2个百分点，当年跨省流动2691万人，省内流动2864万人。受新冠疫情持续的影响，2020年西部省内就业农民工跨省流动2557万人，省内流动2933万人。国家统计局．2020年农民工监测调查报告［R/OL］．国家统计局，2021-04-30.

地区出现跨省（向东部、中部等流动的意愿下降）流动占比从 41. 11%下降到 39. 85%，而省内流动人口占比从 36. 15%增加到 39. 74%。也就是说，西部地区少数民族向省内较发达地区集聚的意向增强，即优先省会城市，其次是地级城市，再次是县级城市。2020 年西部十二省区的人口普查数据也说明了这一趋势。

2. 西部地区流动人口性别结构渐趋优化

就全国流动人口的性别变化来看，男女两性流动人口的性别比从 2014 年的 2. 03%下降到 2019 年的 1. 85%，具体数据如表 1. 7 所示。

表 1. 7　全国流动人口的性别变化表（2014—2020）（单位：%）

年份	2014	2015	2016	2017	2018	2019	2020
男	67	66. 4	65. 5	65. 6	65. 2	64. 9	65. 2
女	33	33. 6	34. 5	34. 4	34. 8	35. 1	34. 8
性别比	2. 03	1. 98	1. 90	1. 91	1. 87	1. 85	1. 87

资料来源：根据 2014 年、2015 年、2016 年、2017 年、2018 年、2019 年、2020 年农民工监测调查报告整理而成。

再以具体的西部地区为例，2010—2016 年，西部流动人口中男性占比在 55%左右，女性占比在 45%左右，男性占比总体高于女性占比，而从总体上看，西部地区流动人口性别结构渐趋优化。具体而言，2010—2016 年，男性流动人口占比从 54. 49%减少到 52. 92%，女性占比从 45. 51%增加到 47. 08%，男女性别比从 2010 年的 1. 20 减少到 2016 年的 1. 12。当然，2014 年也飙升到最高的 1. 55，此后的两年都出现大幅回落，特别是 2016 年达到 7 年来的最低点。具体如表 1. 8 所示。

表 1. 8　西部地区流动人口的性别变化表（2010—2016）（单位：%）

年份	2010	2011	2012	2013	2014	2015	2016
男	54. 49	55. 47	54. 86	55. 29	60. 73	53. 75	52. 92
女	45. 51	44. 53	45. 14	44. 71	39. 27	46. 25	47. 08

续表

年份	2010	2011	2012	2013	2014	2015	2016
性别比	1.20	1.25	1.22	1.24	1.55	1.16	1.12

资料来源：国家卫生健康委流动人口动态监测（2010—2016）数据，国家卫生健康委流动人口服务中心主办流动人口数据平台。

这一现象说明西部地区更多的已婚农村女性开始进入城市，流动人口呈现出家庭化流动的趋势，从而促使性别比趋于均衡。2020 年全国流动人口监测数据也显示，已婚妇女在流动人口中有 68.1%是与配偶和子女一同流动的，有配偶的占比比 2019 年下降了 0.7 个百分点，也就是说，这部分流动人口有定居城市并且融入城市的动机与可能，而流动人口的家庭化迁移已成为我国西部地区人口流动的主要趋势。

（二）农业劳动力的女性化与性别收入差距

1938 年 11 月，费孝通在云南楚雄禄丰县大北厂村进行了 38 天的田野调查，并在随后出版的《禄村农田》一书中写道："女子是农田劳动的中坚，这并不是偶然。"[①] 宝森（Laurel Bossen）对禄村进行调查后发现，"妇女在农业劳动、从事搬运等方面的工作揭示妇女对家庭经济的贡献"[②]。此后，经过 20 世纪 50 年代后期至 20 世纪 80 年代初期的人民公社集体劳动，西部地区农村妇女承担农业劳动已经成为常规现象，而在家庭联产承包责任制下妇女开始承担更多的农业生产任务，打工潮下的男工女耕模式加剧了农业劳动力的女性化，特别是拉大了两性间的收入差距。

1. 男工女耕模式加剧了农业劳动力的女性化

正如本节所示，1980 年以后的家庭联产承包责任制使得妇女需要承担更多的农业生产劳动；男性人口向非农行业的流动形成的男工女耕模式，就意味着妇女更多地滞留在农业劳动当中。农业劳动力的女性化已成为不容置疑的现象。到了 20 世纪 90 年代后期特别是 2010 年以后，农业劳动力中女性所占比重不断提升（49.21%），这也证明越来越多的妇女在从事农业生产劳动。如表 1.9 所示。

---

① 费孝通，张之毅．云南三村［M］．天津：天津人民出版社，1990：87-88.

② 宝森．中国妇女与农村发展：云南禄村六十年的变迁［M］．胡玉坤，译．南京：江苏人民出版社，2005：67-74.

表 1.9　“三普”至“六普”农村女性的就业变化表（1982—2010）（单位:%）

名称	第一产业	其中种植业
“三普”（1982 年）	46.24	46.35
“四普”（1990 年）	47.48	47.67
“五普”（2000 年）	48.57	48.27
“六普”（2010 年）	49.22	49.21

资料来源：中国国家统计局官方网站资料整理，http：//www.stats.gov.cn。

在 1982 年的第三次人口普查（三普）中第一产业就业人口中的女性占比为 46.24%，其中从事种植业的女性占比 46.35%；在 2010 年第六次人口普查（六普）中第一产业就业人口中女性占比为 49.22%，其中在种植业中就业的女性占比 49.21%。在 28 年间，第一产业就业人口中女性占比上升了 2.98 个百分点，种植业中的女性占比上升了 2.86 个百分点，即在第一产业中女性的占比和种植业中的女性占比出现了双双上升，也就是说，我国农村的农业劳动力的女性化现象业已出现，如果继续保持这一上升趋势的话，那么到下一次人口普查时，第一产业中女性劳动力或者种植业中的女性占比将以绝对数量超过男性。

具体到西部地区的农村来说，农忙时节到来时，一年四季庄稼都需要种植和收获，这无疑增加了妇女的劳动负担，如果男性还没有从打工地点返回帮忙的话，妇女就得雇人来田里干这些农活，有时妇女还得自己去铲田埂和犁地。就以云南红河哈尼族的全福庄为例，20 世纪 80 年代以后，全福庄的男人除了农忙时在家务农外，其余时间大多在外打工，如修公路、盖房子、架电线杆或者到县城去从事搬运工作，于是梯田养鱼和渔业管理的任务就落到了在家务农的妇女身上。在传统性别分工中，哈尼族妇女要承担起家庭中全部的再生产劳动，一半以上的农业劳动和接近一半的渔业劳动；而外出打工造成了男性在农业生产和渔业生产中的实际缺席，使得妇女不得不承担起原来属于男人的那一半渔业生产劳动，甚至在外出的男性不能返回时，妇女还得承担原来属于男性的另一半农活。就以渔业生产为例，本来养鱼是全家人的事情，现在留守家庭的妇女得独自承担起养鱼的重任。“天一下雨，我就害怕，担心鱼塘和梯田水满，鱼会跑掉，就得出去看，去放水。鱼长大后，又怕被人偷掉，要常常去照看，有时就住在田棚里。养鱼这个事情很累人，差不多等于在田里干农活的劳动。”① 也就是说，传统上像放水、住田棚、清鱼塘这样的重体力活，一般是由家庭中的男性来承担的，而现在都要由家庭中的成年妇女独自来扛。

2. 两性劳动的性别收入差距

虽然农业劳动力女性化使得妇女在农业产值中的贡献增大，但随着农业产值在全社会经济总量中比重的下降，以农业为主要工作的农村妇女的劳动收入在家庭收入和社会总产值中比重也随之下降。现在西部地区农村家庭收入增长部分主要源于非农业收入的工资收入，也就是说，外出务工的男性的收入成为农村家庭收入的主体，而妇女的田间劳动很难变成现金收入，她们创造的价值被维持家庭日常生活所需而掩盖和埋没，特别是家庭中有低于12岁的未成年人需要照料或者高于65岁的老年人需要护理，导致女性无法外出打工，而在外挣钱的男性收入就成为农村家庭的主要收入来源。

西部农村地区是我国主要的贫困地区。在2014年底，贫困发生率超过10%的就有西藏、甘肃、新疆、贵州和云南五省区，而贫困人口数量超过500万的主要分布在贵州、云南、广西和四川省区。根据国家统计局全国农村贫困监测调查，到2019年年末，西部地区农村贫困人口已比上年大幅减少，但是其中的323万贫困人口仍占全国农村贫困人口（551万）的58.6%；虽然2019年全国平均贫困发生率为0.6%，② 然而贫困发生率在1%~2.2%的省份还有7个，全部为西部地区的广西、贵州、云南、西藏、甘肃、青海和新疆。

众所周知，农村地区贫困人口下降的主要原因是工资性和转移性收入成为农村人口增收的主要来源，如从2019年的增收贡献来看，“工资性收入对贫困地区农村居民增收的贡献率为38.0%，经营净收入的贡献率为23.0%，财产净收入的贡献率为1.9%，转移净收入的贡献率为37.1%”③。然而西部地区农村居民主要从事农业，收入来源单一和缺乏工资性收入成为该地区贫困人口长期难以脱贫的主要原因。从1982—2010年历次人口普查数据来看，从事第一产业的女性劳动力比例比总就业人口中的女性比例分别高出2.55个百分点（1982年）、2.51个百分点（1990年）、3.22个百分点（2000年）以及4.56个百分点（2010年）。再以四川凉山彝族妇女为例，④ 她们绝大多数生活在村落，其中从

① 王清华．哀牢山哈尼族妇女梯田养鱼调查［J］．民族研究，2005（4）：38-43.

② 方晓丹．2019年全国农村贫困人口减少1109万人［EB/OL］．国家统计局网站，2020-04-16.

③ 2019年贫困地区农村居民收入情况［EB/OL］．国家统计局官方网站，2020-01-23.

④ 毛平，张禧，山国艳．西部民族地区农村妇女发展特点及路径探析：以四川凉山彝族地区农村妇女发展为例［J］．贵州民族研究，2016（6）：57-60.

事种植农作物的占 95.6%，从事饲养家禽的占 93.7%，产出主要供自家消费；只有 22.4%的妇女有异地流动或者在其他非农行业就业的经历，如在本乡镇打工的占 16.5%，外出打工者占 4.4%以及从事个体加工的占 1.5%。

2020 年 5 月 28 日，李克强总理在出席记者会时提到我国有六亿人每月收入低于 1000 元，其中绝大部分是生活在西部地区的农村少数民族人口。只有落实产业振兴政策并适当增加农村妇女在当地就业的机会，才能最终解决全国六亿人的收入增加问题。2021 年 5 月 8 日，华中师范大学农村研究院农村妇女研究中心联合蚂蚁集团研究院、中国妇女报和中国妇女网等发布的《2021 中国农村女性就业调研报告》① 指出，互联网下沉带来数字就业下沉，在中西部地区诞生了越来越多的女性新职业，其中支付宝的人工智能训练师中 62.3%为女性，云客服中 72%是女性，村淘电商主播中 53%是女性。这些新职业的收入普遍高于当地平均水平，如贵州和陕西等地的人工智能训练师平均月收入为 3100 元，且享有社保和医保等国家保障。

中南财经政法大学数字经济研究院联合阿里巴巴发布的《西部电商发展报告 2021》显示，2020 年，西部地区上淘宝开店的新创业者人数增幅首次超越其他地区，领跑全国。2020 年，新加入淘宝的创业者同比增幅排名前十中，西部省（区、市）占据 9 席，且增速全部超过 200%。此外，电商的集群效应正加速向西部扩散，2020 年西部淘宝村、镇增势尤为迅猛。其中，淘宝村从 19 个增长至 71 个，增幅达到 274%；淘宝镇从 34 个增加至 83 个，同比增长 144%。

内蒙古、西藏、甘肃、重庆四地实现了淘宝村镇“零突破”。甘肃迎来了首个淘宝村，内蒙古淘宝镇数量从 0 到 8，实现飞跃式增长。四川、陕西已经诞生亿元淘宝村，重庆、四川、云南、广西涌现“亿元镇”。

2020 年，直播电商全面爆发，吸引了越来越多的年轻人从城市回到西部家乡，做起了“新农人”。淘榜单数据显示，2020 年，淘宝主播人数增幅前十省份中，西部占据 8 席，甘肃、贵州、内蒙古、宁夏、陕西均位列全国前五。淘宝直播上的“新农人”主播超过 10 万名，云南、四川、陕西位列全国“新农人”主播数量前十行列。也就是说，以电商推动的核心产业发展，有望弥合西部与中部、东部地区的差距，或许会成为当下乡村振兴的新动能。

① 2021 中国妇女就业创业报告：越来越多农村女性在家门口就业，超 7 成受访者表示家庭地位提高［EB/OL］. 中国妇女网，2021-05-08.

第二章

西部地区农村妇女的再生产角色

在地球的绝大部分地区和已知族群当中，不论技术水平和经济发展状况如何，婚姻家庭制度都是一种普遍性存在，它作为一种规范男女两性与经济关系的社会设置，由夫妻与亲子关系衍生出血亲与姻亲的社会关系。此外，结合了生殖功能与照料功能的婚姻家庭也是一个对劳动力再生产（reproduction）、低幼婴儿照料及其社会化的最小社会单位，作为妻子与母亲的妇女肩负着生殖者与照料者的双重角色，需要围绕生育孩子和抚育孩子从事诸如做饭、洗衣、打扫卫生、挑水等家务劳动，而这类劳动很少被当作真正意义上的工作，但是再生产劳动对于维持一个家庭的正常运转又是必不可少的。对于西部地区的农村妇女来说，她们的再生产劳动与生产劳动往往交织缠绕在一起，虽然她们从事的一些独特再生产劳动也具有交换价值，但是再生产劳动的女性化和无偿化仍是一种普遍现象。

第一节　婚姻家庭是劳动力再生产的基本单元

婚姻是一种由法律或社会习俗认可的两性结合规范，其中包括男女两性的权利和义务，特别是婚生子女的社会身份以及社会化；而作为一种涉及两性以及子女的生活单元，家庭除了抚养婴幼儿外，还具有满足其家庭成员在经济、情感、性和社会化需求等方面的功能。也就是说，作为一种人口繁衍与照料的社会机构，婚姻家庭本身也是劳动力再生产的基本单元。

一、婚姻给予婚生子女以社会认可的身份

人类自身的繁衍（劳动力再生产）本身就是一个不断更新和不断重复的生产过程，目的在于维持人类社会的存在和发展，而婚姻是“一个男人（男人们）与一个女人（女人们）之间持久的联结，赋予配偶互相专有的性权利和经济权

利，赋予由婚姻而生的孩子以社会身份"① 的社会设置，因此它也是人类劳动力再生产的主要单元。

（一）男娶女嫁的异性恋婚姻

作为人类实践和社会关系的组织安排之一，涉及婚姻的四个普遍要素包括性交的权利和义务、经济的责任、得到法律或习俗的认可以及婚生孩子的社会身份。如果说婚姻只是单纯的性与经济的结合体，那么，婚姻中的其他两个要素就不会因其主体由异性变为同性而有所改变；特别是随着生殖技术的发展，女性的性行为属性和生殖属性得以分离，那么使婚姻成立的要件就剩下法律或习俗的认可了，即以"结婚双方负有一定的为社会所承认的权利和义务为前提"②，而这正体现了婚姻作为一项社会制度的普世性与稳定性。

异性恋婚姻最通俗的表达就是男娶女嫁。娶，上部分意为拿或得到，下部分是个女字；嫁，左为女右为家，意为妇女结婚必须离开自己的出生之家（娘家）前往男性的出生之家（婆家）。也就是说，男性的出生之家得到了妇女的生殖能力和劳动力，妇女失去了她从小到大赖以生存的出生之家的关系资源，而成为男性出生之家中的家庭成员，其生殖力成为维系夫方父系血统传承的重要保障，而异性恋婚姻就成为男性能够控制妇女生殖力和劳动力的制度保障，其中的订婚与结婚仪式完整地体现了这种嫁娶婚特点。

1. 订婚仪式是嫁娶婚成立的先决条件

作为男性从性方面获得接触妇女身体并拥有其使用权的机制，异性恋婚姻成为"既是配偶短缺的原因又是解决它的方法"③。当然，异性恋婚姻的基本原则是禁止乱伦或者族内通婚，即一个男性必须从自己所属的社会群体（家庭）之外寻找妻子，"唯有在外族通婚法的基础上，每一个个体获得这个群体里的女人……所有男人平等地争夺女人的自由才能成为风俗"④。

由于西部地区民族众多，举行的订婚仪式也因不同地域或者不同族群而千差万别。在传统中，西北地区的回族姑娘不能主动选择婚配对象，而由男性主动选择自己的意中人，再由自家的长辈出面，带上礼物到媒人家中请求其代为

---

① 墨菲．文化与社会人类学引论［M］．王卓君，吕迺基，译．北京：商务印书馆，1991：80.

② 谢苗诺夫．婚姻和家庭的起源［M］．谢俊生，译．北京：社会科学出版社，1986：18.

③ 墨菲．文化与社会人类学引论［M］．王卓君，吕迺基，译．北京：商务印书馆，1991：82.

④ 帕特曼．性契约［M］．李朝晖，译．北京：社会科学文献出版社，2004：117.

说媒，因为“没有媒人从中说和的婚姻（在当地）是不合规矩的”[①]。充当媒人身份的既可以是男方家的亲戚，也可以是男女双方都熟悉的当地老年人，媒人在接受男方家长的请托后就会带上糖、茶等礼物来到姑娘家中，介绍男方的品行和家中情况，向姑娘的父母正式提亲。一般情况下，姑娘的父母也会热情款待媒人，如果对男方家庭和男方个人条件还算满意的话，就会让媒人过几天再来听回音；如果觉得不合适的话，就会当场委婉谢绝。在这个过程中，女方的父母会向女儿说明此事，并征求女儿的意见与看法，如果姑娘本人首肯以及其父母也觉得婚事合适的话，在媒人第二次上门听候回话时，便会当场答应，于是男女双方家庭就会通过媒人来选择订婚的日子。在订婚当天，女方会收到男方家人与媒人一起送来的茶叶、桂圆、糖和干果等礼物，还有专门为姑娘准备的衣料、首饰和化妆品等物。而女方家人则会准备茶饭招待来客，在宴席即将结束后，双方当着亲属的面互致以问候，并在送别客人时适当回赠一些礼物给男方家庭，于是这门婚事就算确定下来了。回族姑娘在定亲之后，便要等待男方家前来“送大礼”，其中包括“麦海尔”（聘金）、四季衣裳、化妆品、首饰、日常生活用品以及肉、米和面等物，这是婚礼前必不可少的重要步骤。此外，姑娘家还会开列出一张自家亲友的名单，让男方家按照名单上的人数一一送上冰糖和茶叶等礼物。男方会在媒人和自家叔父、舅舅等男性长辈的陪同下，手提聘礼亲自来到姑娘家，完成“送大礼”仪式。对于姑娘及女方家庭来说，“送大礼”几乎与在男方家举办婚礼一样重要和隆重，因为从收到“大礼”之日起，姑娘就已正式成为男子的未婚妻，没有特殊原因就不能悔婚和退婚了。从订婚到结婚前的这段时间，每到“斋月”或其他节日，男方家庭都会给姑娘家送去金额不等的各色礼物，来维持两个家庭之间的友好往来关系，直到正式举行婚礼为止。

传统上西南地区的苗族、布依族、瑶族和侗族等男女青年到了情窦初开的年龄就会以唱情歌等方式来选择恋人，不同族群把这种恋爱方式称为“游方”“浪哨”“玩月”“坐表”和“跳硐”等。如布依族的七月歌会是“及期，至场上觅所欢，或属新知，或为旧雨，相偕至场外坡上，林木丛中，互诉倾慕，然后互唱情歌……至夕阳西下，始相将归……路远不能归者，则留宿戚家。寨中

① 严汝娴．中国少数民族婚姻家庭［M］．北京：中国妇女出版社，1986：82.

青年，夜间麇集客宿处，请唱歌，比晓方散”[①]。而贵州安顺苗族称其为“跳花”，侗族称之为“玩山”或者“踩歌堂”等。当然，男女双方一旦决定结婚就必须要征得双方父母的应允才行，如清代诸匡鼎的《瑶僮传》云：“女及笄，于春时三五为伴于山淑水歌唱为乐，少男群歌和之竟日，视女歌意所答……约为夫妇，各告其父母，乃遣媒以槟榔定之。”云南拉祜族青年男女一旦确定要结婚时，“男方要告知父母，由父母出面托媒人前往女方家庭求亲”[②]，一般来说，由男方父母请媒人前往女方家求亲较为常见，也有姑娘的父母请媒人去男方家提亲。按照拉祜族的习俗，媒人需要登门三次，委婉地向女方/男方父母表达对方求亲的诚意，到第三次登门时，媒人会带一壶酒去，女方/男方的父母如果同意这门婚事，便会当场把酒喝掉；如果不同意，则会把酒打翻在地。有的媒人会将手镯或者耳环一类首饰挂在酒壶上，若女方家同意婚事，不需要直接用语言表达，只需将首饰取下即可。求婚成功后，男方便会请“摩巴”（巫师）占卜测算吉日举行订婚仪式。一般订婚仪式多在男方家举行，也可在女方家举行。如在女方家举行时，就要由媒人陪同男方及其父母带上米酒、鸡、肉、盐和茶叶等提前到达女方家，准备好酒水菜肴宴请女方父母与亲戚，然后双方边吃边商量聘礼和婚期事宜。订婚后，女方会到男方家中帮助做一些织布和缝衣的活计，男方父母借机考察姑娘的劳动技能和人品性格等，如果女方所做的活计不尽如人意的话，男方父母也可以据此做出解除婚约的决定，而女方父母不得提出任何异议。

2. 婚礼仪式是嫁娶婚成立的关键环节

在一般情况下，男性在父系继嗣的婚姻制度中对妻子和婚生子女拥有绝对的控制权，而为了保证父系继嗣得以延续，主要要建立妻子儿女对丈夫和父亲的人身依附关系，在这种情况下，父系继嗣就会要求女性婚后采取从夫居做法，这样一来，举行完婚礼的妻子就要离开自己的出生之家加入男方的出生之家中。也就是说，已婚妇女将不可避免地生活在一个陌生的家庭与群体当中，而举行婚礼就意味着女性实现了由娘家的女儿向婆家儿媳的身份转换，即先为人妻后为人母。

虽然西部地区各族群的婚礼形态各异，但共同点都在于强化女性进入男方

① 兰东兴. 文化传播视野下的贵州少数民族村落婚姻习俗变迁［J］. 地方文化研究，2016（2）：1-13.

② 雷波，刘劲荣. 拉祜文化大观［M］. 昆明：云南民族出版社，1999：84.

家庭成为一名新成员的角色转换。如回族的婚礼通常选择在“主麻日”“开斋节”和“古尔邦节”前后举行，在结婚的前一两天，要由男方送一只羊、一百斤大米和油香（也叫油饼，是回族的传统食品）若干到女方家，意为请女方父母放心，保证姑娘过门后，能过上好日子。婚礼当天新郎及其亲朋好友组成迎亲队伍来到女方家迎亲。姑娘家会在院子里摆上几条长凳子，请阿訇端坐上席，再让新娘新郎坐在一起，由阿訇念证婚词，然后分别问新娘和新郎是否愿意结为夫妇，得到肯定回答后，阿訇就宣布他们的婚姻成立。迎亲仪式结束后，新郎和家人先回自己家中等待新娘的到来。中午时分，新娘便在送亲队伍的护送下，来到新郎家中。此时，新郎家也会举行隆重的宴席招待前来祝贺的亲朋好友。在一些地区，阿訇念“尼卡哈”的仪式也会在新郎家举行。新娘到来后，新郎的家人和亲朋会将早已准备好的红枣、花生、核桃和糖果等撒向新娘新郎，表示感谢真主赐予良缘，祝福新婚夫妇早生贵子。有些地区的回族婚礼上还有“摆针线”的做法，就是将新娘在娘家做的衣服、鞋袜和枕套等拿出来让众人欣赏，同时，请一位能说会道的妇女夸赞新媳妇心灵手巧，不但针线活做得精巧美丽，人品相貌也是非凡出众，有时“还会请歌喉优美的妇女唱‘针线歌’，为婚礼增添欢乐喜庆的气氛”①。

从前青海的藏族姑娘在出嫁之日，要由新娘的舅舅和兄弟以及娘家的其他男性成员组成送亲队伍护送她到达夫家，若姑娘骑着怀孕母马出嫁最吉利，象征着新娘今后将会多子多孙。当新娘到达夫家后，便由婆婆搀扶下马接受“哈达”和敬酒，男方家会在新娘到来之前在家门口布置好神垒以及“新娘魂树”，待新娘到达后围绕神垒和神树绕三圈后，才能进家门。婚礼仪式开始，会由一位德高望重的高僧诵“吉祥祝酒经”，然后开始隆重的宴会，新娘轮番向客人敬酒，并接受大家的祝福。藏族举行婚礼的时间长短视新郎家庭的经济条件和社会地位而定，“最短的一天，长的可以达到七八天之多”②。

在西部地区的不同族群的婚礼当中，对于缔结婚约后处于婚姻关系中的女性，有一系列的行为规范，就是为了保证她们能够扮演好社会期待的妻子角色，另外，也以此来压制非社会期待角色的偏差行为，如未婚女性一旦改变发式往往意味着社会身份的改变，如由辫发改为盘发等。新疆的柯尔克孜族姑娘在结婚后，就要将原来满头梳的小辫子改扎成两条辫子，辫梢上系银链子和其他一

① 严汝娴．中国少数民族婚姻家庭［M］．北京：中国妇女出版社，1986：88.

② 严汝娴．中国少数民族婚姻家庭［M］．北京：中国妇女出版社，1986：195.

些装饰品，表明她已由女孩跨入已婚妇女的行列。而俄罗斯族姑娘在婚前梳辫子时，长长的辫子自然垂下，头发可以露在外面，而婚后则要把辫子盘在脑后梳成发髻或者发顶，再用头巾或者帽子罩上，并在腰间系上绣花小围裙，标志着作为妇女的婚姻生活正式开始。

（二）嫁娶婚主要是以生殖作为目的取向的

绝大多数哺乳动物包括灵长类在内都存在发情期，人类发情期的消失相对提高了女性受孕的机会，从而使得人类的繁衍能力和繁殖数量都远远超过其他动物，但是人类的繁衍又绝非只由生物性所决定。性的可及性和性本身的享乐性，为男女两性缔结某种程度的稳定关系提供了生物支持，外婚制的确立促成婚姻中伴侣关系的产生，而生育活动就是其中的结果。当然，以生殖目的为取向的异性恋婚姻是排斥一切男女两性关系之外的同性性关系，从而使异性联姻成为一种社会认可的强制性关系，特别是嫁娶婚的功能之一就是给予婚姻中所生子女以社会认可的合法身份。

1. 纳入婚姻的生殖活动

绝大多数社会认可的性目的是生殖，即把生育性活动纳入婚姻制度当中。马林诺夫斯基在《文化论》一书中说："生殖作用在人类社会中已成为一种文化体系。种族的延续需要并不是靠单纯的生理行动及生理作用而满足的，而是一套传统的规则和一套相关的物质文化的设备活动的结果。这种生殖作用的文化体系是由各种制度组成的，如标准化的求偶活动、婚姻、亲子关系、亲属及氏族组织。"① 也可以说，人类婚姻的核心功能就是生殖活动，因为它关系到人类自身作为一个物种的生存和延续。

生育活动不仅保证了生物个体的再生产，也保证了社会作为一个整体的人口再生产，因此不论哪一个社会，都要对与生育后代有关的生物性活动，如性行为、怀孕、生产和抚育等，加以文化的规范和社会控制。法律、规范和文化观念等都规定了异性间的性行为可以在什么地方、什么时间以及什么背景下发生。当性行为导致了生育后，不同社会文化又有一整套的法律、规范、价值观念对这种情形进行规定，如"结婚""离婚""丧偶""婚生子"和"私生子"等概念所涉及的都是人类如何对待婚姻关系以及由此产生的繁衍后代行为。正

① 马林诺夫斯基．文化论［M］．费孝通，等译．北京：中国民间文艺出版社，1987：27-28.

是从这个层面上讲，婚姻制度实质就是“对生育活动的一种社会管理和文化管理”①。

正因为婚姻制度与生育行为联系在一起，是男方家庭亲子关系成立与否的关键，妇女的生育能力就成了择偶的重要指标之一，也是缔结婚姻关系的必要条件。在传统的彝族村落中，母亲要对儿子恋爱的对象先进行身体检查，如捏一捏女孩的手腕，掐一掐女孩的屁股，其实就是评估女孩的生育力和健康状况，如果女性具备良好的生育条件，从一定程度上讲也意味着后代的健康。在结婚之前，女孩的母亲或者其他女性长辈则会对其进行性教育并传授生儿育女的知识。其实，从婚礼的筹备到婚姻生活的开始，男女两性的父母和长辈都在训练与教导年轻女性如何做一个合格的妻子和未来的母亲，就是按照当地社会文化的期望，扮演一个能得到大家亲属认可的再生产角色。

在已婚女性怀孕之后，为了使新生命能够顺利降生，保证产妇和孩子的平安和健康，女方的母亲或者男方的母亲便会在妇女怀孕期间对其传授本民族传统的孕期保健知识，如在衣食住行方面应采取的各种措施，包括一系列的禁忌来确保母亲和胎儿的健康。如汉族和维吾尔族孕妇不能参加别人的婚礼；布朗族妇女怀孕后不能填坑和跨越房屋建材；怒族妇女怀孕后不能过溜索、进山洞和上山砍柴；白族妇女怀孕后不能进入新郎新娘的洞房，要系上合页双层的围腰，并将头页对折别在腰间，防止被外人误伤等，等到孕妇生产后还有关于坐月子的种种禁忌等。有些禁忌是针对孕妇丈夫的，忌狩猎、捕鱼或者征战等，认为如果不遵守禁忌的话，就会导致胎儿受到惊吓，严重的话就会面临流产的风险。

2. 男孩偏好导致性别比失衡

嫁娶婚强调已婚妇女的主要职责是生儿育女，因为生育才能产生婚姻中的父母与子女的亲子关系，它既包括由血缘相连的代际关系，又包含着种族延续和文化传承的深层内容。如亲子关系体现了一种上代与下代之间的互惠关系，父母抚育子女，并给予他们经济与感情的支持，子女赡养和照顾父母，也给予他们经济回报与情感慰藉，从而在父代与子代之间形成一种互惠关系，一种兼具道德义务和情感成分在内的特殊人际关系。

西部地区许多族群之所以会对生育男孩有性别偏好，就是因为在嫁娶婚和从夫居当中只有生育了男孩的家庭才能保证父系继嗣的延续，而生育了男孩的

---

① STONE L. Kinship and Gender [M]. Boulder: Westview Press, 2000: 2.

妇女被认为是尽到了做妻子的责任，反之则认为没有完成任务。不同的社会文化对此有相应的配套做法。如1949年前，按照凉山彝族习惯法的规定，没有儿子的家庭户叫绝户，其留下的遗产称为绝业，当地盛行一种“吃绝业”做法，即一个家庭如果没有男性子嗣的话，在父亲死后其家产要由父方亲属当中的兄弟辈或者叔伯辈的男性成员来继承，而不能由他的女性后代或者妻方的其他亲属继承，因此，为了保护自家财产不外流（入其他家支）并保障男方家支的利益，传统彝族社会强化并固化了“生男要比生女强”① 的观念与机制。

在西部地区大多数族群缔结的婚姻当中，嫁娶婚占据了主流，因此每一个已婚妇女都要离开出生之家加入夫方家庭当中，生育的孩子属于夫家所有（姓氏随父姓），传宗接代继承香火，嫁娶婚成为父系家庭的起点而保证了父系继嗣的延续。正是通过嫁娶婚和从夫居制度，父系家庭实现了对女性生育成果的占有（孩子属于父亲家庭所有），夫方家庭通过娶媳妇而让男性最大化地获得了婚姻红利（性交配权、婚生孩子以及妇女的家务劳动力，在现代社会当中，还有女性的劳动收入或者工资收入等）。正因为女孩总要离开娘家成为男方家庭的媳妇的观念长期占据主流，俗语称“嫁出去的女儿泼出去的水”，女孩不能为出生之家带来后代和实际的劳动力，反而会消耗出生之家的各类资源，所以女孩不能继承出生之家父母的财产，不赡养父母以及给予父母精神上的慰藉，因此，女孩的娘家（出生之家）出于对家庭资源的保护，对女孩的投资意愿降低，包括反对女孩上学或者资助女孩升学以谋求较高学历，从而在当地社会中形成女性价值整体低于男性的认知，在严重情况下会出现溺杀女婴或者遗弃行为。虽然女方家庭会以聘金方式向男方家庭讨要出嫁女的部分抚养成本，作为让男方家庭得到新成员的经济代价，然而这一具有买卖嫌疑的做法（彩礼或者聘礼）更强化了社会对于生女不如生男的成见。

正因为在娘家缺乏生活资源，得不到重视，女性为了获得更好的资源不得不进入婚姻而依附男性，进一步受到夫家对其生育能力和劳动力的盘剥，彻底失去掌握自己命运的机会，如果其女儿也出生于这样的男性偏好家庭中，多半也会重复母亲的命运。这种认为女孩的地位和价值比不上男孩的观念很难在短期内完全扭转。一般来说，在非人为因素的影响下，婴儿出生的性别比应该保持在103~107。以第五次人口普查数据（2000年）与第六次人口普查数据

① 马林英．彝族妇女文化［M］．成都：四川民族出版社，1995：75-77.

（2010 年）为例，[①] 我们选择人口超过 100 万的 18 个少数民族中的 7 个进行比较研究，就可以发现，其中 10 个少数民族新出生人口的性别比明显高于正常水平，且失调现象十分严重。现以第五次人口普查数据（五普）与第六次人口普查数据（六普）中的相关选项进行比例，如表 2.1 所示。

表 2.1　“五普”和“六普”人口超百万少数民族性别比变化表（2000—2010）

性别比正常值	103～107
“五普”性别比	蒙古族 109.79，布依族 110.55，彝族 111.89，回族 112.44，苗族 114.22，壮族 120.07，侗族 126.72
“六普”性别比	蒙古族 109.52，布依族 129.99，彝族 111.51，回族 115.84，苗族 121.94，壮族 124.14，侗族 124.09
平均值	“五普”：百万人口少数民族平均 111.82 “六普”：百万人口少数民族平均 114.57

资料来源：根据全国人口第五次与第六次普查数据整理，国家统计局官方网站。

从表 2.1 数据来看，2000 年蒙古族、布依族、彝族、回族、苗族、壮族和侗族 7 个少数民族人口出生性别比都明显高于正常水平，其中最高的是侗族，只有蒙古族和布依族低于平均水平；从“六普”数据来看，2010 年以上 7 个少数民族人口出生性别明显高于正常水平，其中最高的是布依族，只有蒙古族和彝族低于平均水平，而苗族、布依族、壮族和侗族都超过了 120；10 年间布依族从 110.55 上升到了 129.99，上升了 19.44 个百分点，比值偏高，接近了 130。也就是说，这一数值逐年增大和升高，数量持续增长，说明我国西部地区不同族群的人口性别失衡态势十分严重。

截至 2022 年 5 月 21 日，“七普”还未更新民族与性别比的相关数据，我们根据已公布的西部地区 12 省区的性别比情况将“七普”和“六普”数据进行对比，从而关注这一地区 10 年间人口的性别比变化情况。具体数据如表 2.2 所示。

① 2020 年第七次人口普查数据还没有具体公布不同民族的性别比状况。

表 2.2 “六普”和“七普”西部十二省（区、市）性别比变化表（2010—2020）

省（区、市）	“六普”			“七普”			上升↑ 下降↓
	男性（%）	女性（%）	性别妇（女=100）	男性（%）	女性（%）	性别比（女=100）	
内蒙古	51.94	48.06	108.05	51.04	48.96	104.25	↓
广西	51.98	48.02	108.26	51.70	48.30	107.04	↓
重庆	50.60	49.40	102.43	50.55	49.45	102.22	↓
四川	50.77	49.23	103.14	50.54	49.46	102.18	↓
贵州	51.66	48.34	106.88	51.10	48.90	104.50	↓
云南	51.89	48.11	107.84	51.73	48.27	107.17	↓
西藏	51.38	48.62	105.69	52.45	47.55	110.30	↑
陕西	51.67	48.33	106.92	51.17	48.83	104.79	↓
甘肃	51.08	48.92	104.42	50.76	49.24	103.09	↓
青海	51.78	48.22	107.40	51.21	48.79	104.96	↓
宁夏	51.24	48.76	105.09	50.94	49.06	103.83	↓
新疆	51.30	48.70	105.34	51.66	48.34	106.87	↑
全国			105.2			105.1	↓

资料来源：根据全国人口第六次和第七次普查数据整理。http://www.stats.gov.cn/.

从表 2.2 可见，全国人口性别比 2020 年比 2010 年略有下降，西部地区只有西藏与新疆性别比 2020 年与 2010 年相比呈现上升趋势，其中广西、云南、西藏和新疆的性别比高于全国平均水平，其中西藏最高，云南其次，广西随后，新疆位居第四。

二、家庭是劳动力再生产的照料与训练单位

穆道克（George P. Murdock）认为，“家庭是一种具有共同居住、经济合作及生育等特征的社会群体。它包含男女两性的成年人，其中至少有两个人维持社会所认可的性关系，及他们所生育或收养的小孩”①。虽然这个定义的前半部分“共同居住、经济合作及生育等特征的社会群体”并非是普遍现象，但是其后半部则是符合大多数社会的实际情况，具有较强的概括性。当然，作为一种社会设置，家庭除了抚养婴幼儿外，还发挥着对新增劳动力进行生产与再生产知识和能力的培训和教育功能，而父母则是儿童学习养成的第一示范者和重要他人。

（一）人类婴儿的幼态化持续

1967 年，生物学家罗伯特·麦克阿瑟（Robert H. MacArthur）和爱德华·威尔逊（Edward O. Wilsoneo）在《海岛生物地理学理论》（*The Theory of Island Biogeography*）一书中提出种群平衡理论，认为生命周期长、体形大的人类生育繁殖适用 K 策略（K-Strategy），即后代数量少，需要花费大量精力来保存抚育后代。人类婴儿需要一个漫长的抚育过程，不同社会都普遍地建立了家庭这个人口照料单位，以便执行照顾婴儿以及对儿童进行社会化的任务，这正是人类基于婴儿的幼态化持续而采取的适应性做法。

与绝大多数哺乳动物相比，作为人科动物的人类在婴儿时期是十分脆弱的，从人类要比其他灵长类动物更频繁地——并且看起来也许是浪费的——性交来看，“人类的婴儿要比其他灵长类后代更容易受伤害”②。大多数哺乳动物的幼崽一旦从母体中娩出，数小时内就能完成站立与进食，1 岁左右就能学会啃吃或者捕食技能，2~3 岁时机体出现性成熟，开始繁衍后代。而人类婴儿则没有这种与生俱来的自我生存的本能，刚生下来的孩子，非常弱小，无法站立，每个婴儿平均要 14 个月才能学会走路，到 10 岁时还是少年，即使身体发育成熟，也不会自动具备足以谋生的技能，要生存下去就必须受到成年人的悉心照顾，而且人类的性成熟时间也要比其他动物长 10 倍乃至 20 倍以上。

这样一来便决定了人类婴儿要有很长一段时间依赖于成年人，特别是要依赖母亲的哺乳才能生存，而不同族群的母乳喂养时间有长有短，取决于两胎之

---

① 穆道克．社会结构［M］．许木柱，等译．台北：洪叶文化有限公司，1996：1.

② 波斯纳．性与理性［M］．苏力，译．北京：中国政法大学出版社，2002：127.

间的间隔时间。人类学已有的资料显示，在3/4以上的社会里，妇女要从事碾米、担水、做饭、储存食物、做衣服、缝补衣服、织布、编席子、编筐、采集食物（如采摘坚果、草莓、根茎等）和制作陶器等工作，“所有这类工作都可在离家很近的地方去做，并可使孩子不离左右”①。在人类社会的采集狩猎阶段，妇女在从事采集劳动时必须选择离家近的地方，有时还需要把年幼的孩子带在身边，如果离家远且劳动时间长，而且还需要带着孩子出门的话就会有许多的不便甚至是潜在的危险。不仅如此，妇女带着孩子从事的劳动类型，还必须是那些允许她们在工作过程中时常会被打断的工作，这样一来，母亲在照料低龄幼童之余从事生产的劳动效率会明显下降，从而带来工作时间不足、活计质量不稳定且报酬不足等一系列后果。

那么，人类婴儿什么时候才能具备自食其力的能力呢？文明程度越高且谋生技能要求越高的社会当中，人类独立生活的时间就越会被无限地后延。在传统的农业社会中，儿童能够参加简单劳动的平均年龄是7~8岁，如男孩参加除草、耙田、播种、打猎和放牛等活动，女孩则学习纺线、织布、缝衣、做饭等家务劳动以及拔秧、除草、收割、采茶、摘野菜、砍柴等生产劳动；女孩到了10岁左右，便已能掌握基本的生产劳动技能，到了12~13岁，她们便能够与成年女性一起参加生产劳动和再生产劳动，特别是成为母亲照料年幼孩子最好的帮手，有时甚至要承担起大部分的再生产劳动，承担原本由母亲角色完成的家务劳动。

（二）家庭负责教育培训新劳动力

在西部地区的农村生活中，男女儿童与父母家人生活在一起，这就为他（她）们耳濡目染学习各种生产生活技能提供了机会，如女孩多跟随母亲学习采集、纺织、刺绣和做家务活等，而男孩多跟随父亲或舅舅接受生产劳动方面的教育，因此，在家庭中成长起来的男女两性接受教育的内容与方式有所区别。待女孩年岁稍大一些，除了跟随母亲学习点种栽秧、锄草积肥、收割脱粒和采集养殖等生产技术外，还要学习挑水煮饭、食物制作、砍柴、带年幼弟妹等家务劳动，为自己将来成为一个熟练的生产与再生产劳动力做好准备，才能扮演好当地社会文化所期望的相应角色。

1. 采集知识教育

西部地区许多族群都有“靠山吃山”的谚语，而承担采集任务的大多是各

① 古德. 家庭［M］. 魏章玲，译. 北京：社会科学文献出版社，1986：103-104.

个年龄段的妇女，农村妇女在一年四季的采集活动中积累了丰富的采集知识与经验，由于西部地区的气候、环境和植被情况不同，妇女们进行采集的种类、方法以及加工、烹制方法也各不相同。首先她们必须学会区分是否能食用或是否有采集价值的植物；其次是采集的最佳时间，这对采集药材和茶叶等季节性作物尤其重要，于是，年长妇女外出采集时总想着“带上小孩就是为了把自己的采集经验传授给她们”①。因此，这些通过经历数代妇女们实践而积累起来的采集经验和采集知识，需要由女性长辈一代又一代地传递给年轻一代的女性。

一般在女孩 3~4 岁时，母亲便开始教授女儿学习采集一些房前屋后容易辨认的可食用的瓜果蔬菜等。等到再年长以后，女孩便会跟随母亲或者姐姐来到田间地头和河沟边，一边玩耍一边观看母亲或姐姐劳动，通常在劳动之余，母亲或姐姐都会采集一些野菜、野花、野果和菌类，她们一边采集一边传授女孩这些植物的名称、生长环境、生长习性和口感，讲解采摘植物的最佳季节、果实的成熟时间以及各种野生植物的识别方式、是否有毒、制作和烹饪方法等。此外，她们还要掌握一整套储存、加工野菜和野果的方式，包括使采集来的野菜去除苦涩味道，依据植物的不同特性如何烹饪才能获得最佳口感的方法，有时还需要了解一些药用植物的药效并学习提取技术和加工方法等。

由于西部地区的农村妇女自幼便生长和生活在树林和山丘四周，食用着母亲采集来的各种食物长大，从某种角度上甚至可以说，是森林和大自然抚育了她们。在长期的采集实践中，她们逐渐积累了丰富的采集经验和技能，如了解可以进行采集活动的生态环境以及被采集植物的生物特性、食用口感、药用功效等各个方面，因此她们除了能够把握采集时令、采集方法和烹制、加工、储藏这些植物的工艺外，还能辨别可食植物与毒性植物，甚至误食毒性植物后的各种解毒方式等。此外，西部地区农村妇女的采集物不仅可以使家庭餐桌食物种类多样，而且也深受当地消费者的喜爱，通过在各类集市上售卖，一样可以增加家庭的经济收入，以购买生活用品或者支付家庭成员的医疗和教育支出等费用。

2. 农业生产教育

由于其所在地区气候、环境等各种条件的差异，西部地区不同族群在不断适应自然环境的过程中，形成了复杂多样的生产劳动方式。由于生产劳动方式

---

① 金少萍，等．云南少数民族女性传统文化研究［M］．北京：知识产权出版社，2013：194-195.

的不同，他（她）们要对年轻一代进行社会化的生产劳动教育，而且内容也具有纷繁多样的特点。

独龙族、傈僳族、布朗族、景颇族和普米族等族群都以农业为主要生计方式，因此如何使用适合的生产劳动方式，在维系生态整体稳定性的前提下适度开垦，如保护性地利用自然环境，选择品种优良的种子，保持土壤的肥力以及提高种植粮食的产量，都是这些族群积累多年的农业生产知识和技术，也是他们对年轻一代进行生产劳动教育的重要内容。

在生产劳动过程中，男女儿童多数是与母亲在一起，参与了绝大多数的劳动过程。幼年时，小女孩们多被带到地边，一边玩耍一边看大人劳动，到8～9岁时，孩子们便可以开始和大人一同劳动了。在有的刀耕火种的人群中，播种时，母亲会先用竹木尖戳一个洞，然后让孩子往洞中下种，母子（女）俩人相互配合，十分默契。当孩子长大到14～15岁时，便被看作是一个成熟的劳动力，父母便会将各种农业技术传授给孩子，在长辈们的耐心指导下和不断的生产实践中，孩子便能够逐渐认识、熟悉和掌握农耕生产所需的各种知识和技术。一般来说，农耕民族的劳动分工并不是十分严格，但也会有按照性别和年龄进行一定的工种划分。如基诺族男孩一般学习挖地等重活，女孩则学习播种、锄草等体力上要求不高的劳动。布朗族种植旱地时男孩一般要学习砍树、烧地、戳穴、甩谷和堆谷等工序，而女孩则学习砍藤、点种、打谷和背谷等技能，而“收割、脱粒、装仓等劳动均由男女两性共同完成”①。

3. 牧业生产教育

西北地区的塔吉克族、保安族和藏族都从事传统的牧业生产，而妇女要参与饲养牛、羊、马和骆驼等牲畜的整个过程，特别是要单独照料老、幼和病畜等，而保持圈舍内的温度和湿度，防止牲畜生病，就是一项耗时长且责任心重的精细活计。一般来说，牧区当中每天的挤奶和制作奶制品工作也要由妇女完成，女孩子从小就观看母亲喂养家畜、放牧和挤奶，一边打下手一边模仿，从而逐渐掌握有关牲畜饲养和挤奶等各种技能。如挤奶技术熟练与否是影响牲畜产奶多寡的一个重要原因，倘若每次挤奶不尽便会减少产奶量；特别是在产奶旺季，每天要挤奶三至五次，倘若每次挤奶次数不足，也会影响产奶量，因此产奶量与挤奶者的技术和辛勤程度呈正相关关系。而在男性外出放牧或者从事

① 金少萍，等．云南少数民族女性传统文化研究［M］．北京：知识产权出版社，2013：193.

其他活计时，留在家庭中的主妇或者成年女性还要当仁不让地承担起为母畜接生、照料幼畜以及看护生病牲畜等一系列日常工作。

4. 纺织技艺教育

西部地区的传统文化要求农村妇女能够纺织出结实的布料，绣出美丽的图案，再缝制成供家庭成员四季穿着的衣物和各种家居用品，并把它作为妇女心灵手巧和贤惠能干的标志，将之作为衡量一个女性是否能做一个好妻子的标准之一。如乌孜别克族谚语说，“姑娘不会织花毡就不算一个好姑娘”；布依族谚语说，“择夫看犁田，相妻看纺织”；以及布朗族谚语说，“家中缺衣少穿羞女人”等，这说明长于纺织、刺绣、染色和缝纫都是对西部地区农村妇女的技能要求，而是否熟练地掌握女红技艺，对于女孩长大后能否找到如意配偶关系重大。景颇族重视对女孩进行纺织教育和纺织技能的培养，因为景颇族认为女孩不会纺织，便不能出嫁。在景颇姑娘向男性表达爱慕之时，要送上亲手织的手帕、筒帕以及其他纺织品作为礼物，以此也向景颇小伙展示自己高超的纺织技艺和勤劳的品质。哈萨克族认为，“不会绣花的姑娘是会让人嫌弃的，出嫁到婆家也会低人一头”。举行婚礼时，姑娘还必须亲手纺织许多棉毯作为礼物送给公婆及男方家的其他长辈，以展示自己的纺织手艺，表明自己已掌握了必备的纺织技能，可以成为一个合格的妻子和媳妇了。

从前西部地区母亲在女孩小时候就开始传授简单的纺织与刺绣技法，只是不同族群开始学习的时间不一而同。如怒族女孩 4 岁以后，母亲就会教她把麻皮剖开绕成团状，10 岁以后就学习如何将麻团用纺车纺成粗线，13~14 岁时便正式学习织布，农闲时还会参加村落里的纺织技艺比赛，从而促进女孩们纺织技术的交流与提高，提高女孩在今后谈婚论嫁时的身价。景颇族女孩 7~8 岁便会跟随母亲学习纺织技术，到了婚嫁年龄，就能够熟练地掌握纺织技能，为出嫁做好准备。凉山彝族的谚语说“女不会针线母之过”，这一地区的少数民族母亲还要教会女儿亲自栽种棉和麻等纺织原料，从麻的种植、晒、泡、剥、捻等到织成麻布，女孩会在母亲的悉心指导下完成每道工序，最后就能熟练地掌握这项纺织技术。此外，织棉技术也包括从晒棉、去籽、弹花、纺纱、上浆直到纺成棉布，每一道工序也需要在母亲的指导下反复尝试，直至最后才能完全掌握。独龙族女孩在母亲的教育下，不但要学习纺织原料的种植和加工方式（如从剥麻皮、纺线到按照图案纹线拴综，以至提综、引纬、打纬等十几道工序），还要学习各种色彩的染料制作方法（如用水冬瓜树的树皮制成红色颜料，用核桃树的老根熬成黑色颜料，用“温辛”花瓣舂成桃红色颜料，用“辛那那布”

叶汁煮熬成绿色颜料等）。染料做成后，将需要染色的麻线分别放入上述颜料的染液中搅匀、焖泡、煮沸，再投进清水中漂洗、晾干，才能着手纺线织布，才能织成独龙族特有的质地结实耐用、使用方便、昼可为衣、夜可当被褥的“独龙毯”。

除了母亲亲自指导女儿外，村里的女性长辈也承担着指导年轻女性不断提高自己种植、纺织、染色和缝纫等技艺的任务。如扎染作为白族妇女的一门传统技术，工艺复杂，每一道工序都需要手工完成，尤其是扎花技术要做到娴熟运用，需要经过长期的学习和训练。白族姑娘长到12~13岁，就要在母亲的指导下学习简单的扎花技术，随着年龄稍大，再继续学习更为复杂的纹样，而为了不断提高自身的扎花技术，还需要向其他的女性长辈请教。她们在不断积累前人的技艺和经验的基础上，才能对某些传统技艺进行改进，最终在图案、纹饰和色彩搭配上不断创新。而作为纺织技能传承人的她们也愿意将这些技术精心地传授给后辈，使其成为纺织教育的受益人，不间断地推动白族扎染技术向前发展。再如贵州摩若苗族的“坐花园”习俗，就是正月里苗族女性无论老幼都会带上柴火和绣具，去“花园”里面绣花，年轻女孩可以专门向村落中的年长妇女请教学习并不断提高自己的绣花技巧。“花园”，其实也是苗族女性学习绣花技能的传习场所。当然，“坐花园”的另一功能就是为青年男女提供自由恋爱的社交空间。

第二节 农村妇女在再生产领域中的双重角色

在西部地区，农村已婚妇女从孕育小生命开始，特别是生儿育女之后，就开始在再生产领域承担起生殖者与照料者的双重角色。也就是说，妇女在再生产领域的劳动都是与生育养育孩子和服侍照料他人（主要是夫家父母或其他）有关的。从某种角度来看，妇女的社区角色其实也是其在再生产领域中照料者角色的扩大和延伸。

一、成为母亲的生殖者角色

虽然西部地区农村对生育现象的认知各不相同，生育观念也有差异，但是已婚妇女作为母亲生育后代会使整个家庭凝聚在一起的做法却有共通之处。也就是说，妇女要想获得母亲身份，在相当程度上是由其生育健康孩子的数量和性别来决定的，这一方面标志着家庭内部亲子关系的确立，“孩子的出世才完成了正常的夫妻关系，稳定和充实了他们全面合作的生活”①。另外，只有完成生育任务的妇女才算是拥有了真正成熟的人生，获得成年人的社会身份，避免被冠以“妖女”和“绝嗣女”等歧视性称号。也就是说，通过生育而获得母亲身份是西部地区农村妇女获得夫方家庭以及所在村落认可的重要条件之一。

（一）我国考古发现中的女神形象

在上古社会口耳相传的神话中，女性的生殖力被不断神化，女神象征着人口繁衍、大地丰产以及族群生命力的延续，特别是那些丰乳肥臀的女性形象大量出现在造型艺术当中。从旧石器时代晚期到青铜器时代早期，从欧非大陆以至中南美洲的古遗址和古墓葬中都发现了大量的女神雕像，其也被称为“史前维纳斯”②。20世纪80年代以来，在我国河北北部和内蒙古东南部的新石器时代早期文化遗址中，也先后发现了许多突乳、鼓腹和巨臀的裸体女神石雕（陶质）像。如在内蒙古赤峰市林西县境内出土的距今大约8000年的白音长汗兴隆洼女神像，鼓腹突乳，双臂抱腹和屈腿蹲踞，被认为是国内目前所见的最古老的史前维纳斯像；在赤峰市西水泉遗址也发掘到一件小型人像残件，为泥质褐陶，半身，头部残缺，胸部乳房突起，下部周边刻画竖条纹；在河北省滦平县后台子遗址出土的六件女性石雕，距今大约7000年，其造型特点为鼓腹突乳，两手交于腹部或两腿交于生殖器部位，“以蹲踞临产状为基本特征”③；1991年，在陕西扶风的仰韶文化遗址中，也出土了一件上身保存得较为完整的陶质裸体女性雕像；此外，在辽宁牛河梁遗址的红山女神庙中也有著名的红山女神像出土。

除了单件或组合的女性雕像外，在黄河中上游地区的仰韶文化和马家窑文化遗址中，还出土了一类把女性身体与壶、瓶等罐状器皿结合在一起的艺术形式陶瓶，其特点是在器口部位塑出人头并表现五官细部，以器部隆起来比拟孕妇丰满的腹肚。类似的还有甘肃省秦安县大地湾遗址出土的彩陶瓶④和1974年在青海柳湾的新石器时代遗址出土的彩陶壶，⑤ 它们都有着十分明显的女性特

① 费孝通．生育制度［M］．天津：天津人民出版社，1981：70.

② 章立明．维纳斯：母亲原型的表现及其人类学解释［J］．民族艺术，2000（2）：74-79.

③ 孙新周．中国原始艺术符号的文化破译［M］．北京：中央民族大学出版社，1998：6.

④ 张朋川．甘肃出土的几件仰韶文化人像陶塑［J］．文物，1979（1）：52-55.

⑤ 李仰松．柳湾出土人像彩陶壶新解［J］．考古，1978（4）：88-89.

征，因此无疑都是生殖崇拜的遗存物。

（二）通过生育而获得母亲身份

对于西部地区的农村妇女而言，结婚并不代表她能在夫家立足而得到所在村落的认可，只有在怀孕特别是生育之后才能正式成为夫家的一员，从而确立相应的社会身份。也就是说，女性为夫家生育后代后获得了母亲身份，使夫方家庭中除了夫妻关系外还加入了亲子关系，从而使得嫁娶婚的家庭结构渐趋于稳定。

在传统的维吾尔族社会中，女性只有当婚后生育了孩子，才能成为夫家真正意义上的成员而得到夫方家庭的承认。如在产妇诞下婴儿40天后，夫家要为产妇举行标志着她生育后真正得到婆家认可的“玉兹阿齐克托依”仪式。① 仪式的主要内容之一就是改变产妇的发辫，将她原来头上所梳的众多小辫合梳成为两根大辫，不再留额头的刘海，并首次可以涂擦胭脂并进行面部化妆。产妇父母要为女儿准备耳环、戒指及一套新衣服，丈夫也同样要为妻子准备一套较好的服装以示祝贺。由于维吾尔族妇女一般在娘家生产，婆家在此时会派人来接回儿媳和诞下的婴儿，特别是男方父母要给儿媳送来一套包括衣料和首饰等在内的厚礼，表明男方家庭正式承认儿媳的家庭成员身份。此外，男方家庭也要给女方的父母送来礼物，“感谢他们在这四十天内对自家媳妇的悉心照料”②。也就是说，从这一天起，生育后的维吾尔族女性才被男方家庭完全接纳，正式成为其夫方家庭中的一员。

历史上，西南地区的哈尼族有姑娘婚后“不落夫家”（婚后女方在娘家居住）的习俗。哈尼姑娘在举行婚礼后，便由娘家父母或兄弟将其接回娘家长住，到插秧时再由新娘的母亲送新娘返回夫家；每年农历六月二十四日的火把节又将新娘接回娘家，到了秋后收割谷物时，新娘带上镰刀和背箩等工具返回夫家帮忙秋收，过春节时再被接回娘家。这种新娘仅在农忙时节以及节日期间才回夫家同居，而平日长住娘家的做法，一直要延续到她诞下第一个孩子才结束，从此新娘就可以在夫家长期居住（从夫居）。也就是说，哈尼族女性通过生育促使其夫方家庭早日形成夫妻—父子（女）—母子（女）的三角稳定关系。西藏珞巴族博嘎尔部落在妇女生育第一胎后要请巫师择吉日举行“奥波”仪式，③

① 陈长平，陈胜利．中国少数民族生育文化［M］．北京：中国人口出版社，2005：109.

② 何星亮．维吾尔、柯尔克孜、哈萨克、乌孜别克、塔吉克、塔塔尔、俄罗斯、裕固、撒拉族文化志［M］．上海：上海人民出版社，1998：68.

③ 杨筑慧．中国西南民族生育文化研究［M］．北京：中央民族大学出版社，2006：183.

将酥油、米饭、熟肉和一把象征性的弓箭放在一个簸箕内，全村生育过孩子的妇女前来祝贺，产妇用弓箭向屋角射去一箭表示驱鬼，希望自己今后还能生育更多的孩子，象征夫家的大家庭人丁兴旺和繁荣富庶。

景颇族姑娘在婚后也必须住在娘家，直到怀孕或者生了孩子才能去丈夫家居住，否则便会遭人耻笑。如果妇女在婚后不能生育或者生育不出儿子，要么被认为是与恶意的鬼灵有关，要么会被人认为是没有本事，均会遭到夫家父母的歧视，包括不能参加亲友的婚礼或者帮助其他产妇分娩等。而只有那些生育了儿子或者子女双全的妇女才能得到夫家和邻里的认可，享有经常受邀出席婚礼或者给新生婴儿取名等特权。由此可见，生育对于景颇族妇女确立家庭地位、稳固夫妻关系以及得到夫方村落的认可具有不可替代的重要作用。

布依族妇女也有婚后不落夫家的习俗，如果在夫妻同居期间新娘怀孕的话，便由其夫或者兄弟姐妹前往女方家将孕妇接回。当第一个孩子出生后，女性的称谓才会有所改变，不再称唤其小名或者乳名，而改称其为“某某妈妈”。也就是说，只有女性为夫家完成了繁衍后代的任务，才能得到夫方家庭的正式认可。傣族传统习俗中，在婴儿满月的当天，会为婴儿举行拴线仪式祝福其成为家庭的新成员，并且在给婴儿拴线的同时也会给婴儿的母亲拴线，庆贺母亲顺利生育。傣族妇女在做了母亲之后，也会得到一个新的名字，这个名字有别于其出生时所取的乳名，称为亲从子名，即孩子名后加上母亲。当然，这也说明婚后的傣族妇女在诞生下子女后，因其母亲身份而在村落社会中拥有了一个全新的个人身份。

传统上在西部地区一些农村的葬礼习俗中，还会体现出对妇女生前某些行为的歧视和惩罚。例如云南勐海的哈尼族，对于能生儿育女的女性死者与不能生育或只生育女孩的女性死者在葬礼上是有所区别的。该族对前一类女性死者的葬礼颇为隆重，在整个葬礼过程中，会通过其女儿“哭丧歌”等的方式对其一生作为妻子、母亲，为丈夫及家族繁衍后代、养育子女的行为进行表彰和歌颂；而对于那些不能生育后代的女性，只是简单装殓埋葬而已，其灵魂称为“密哈”；对只生育女孩不生育男孩的妇女，同样是草草埋葬，她们的灵魂称为“密沙”。此外，最隆重的葬礼要杀猪十头以上，还要杀公母牛各一头；中等葬礼则杀猪和牛减半，而最简单的葬礼只杀猪一头。

（三）妇女通过求子仪式来实现生育愿望

在生育过程中，妇女的作用是显而易见的，而男性只能起到辅助作用，因此就造成了妇女可以很明确地确认后代的血缘，而男性则在这方面有着天然的危机感。再加上没有生育男孩的家庭往往会处于不利的境地，如在分配家族公有财产上，生育有儿子的家庭总是占有优势地位，因为长辈担忧死后没有子孙供奉，就会变成孤魂野鬼。正是在这一层面上说，生育子女特别是男孩就成为已婚夫妇特别是妇女最迫切希望的大事，而在1949年之前，西部地区就流传着某些求子仪式，通过烧香、磕头和许愿等方式来帮助婚后不孕或连续生女而无儿的女性实现其生育愿望。

一般来说，有些形似女性生殖器或者钟乳石、岩穴等象征女性生殖器之物，也被赋予了有助于女性怀孕生子的寓意。如大理白族一些无子的妇女或已怀孕的妇女会来到剑川石宝山第八窟名叫"阿央白"[①]的石雕处进行跪拜，并用香油涂抹石雕，祈求能够早日怀孕或者平安顺利产下孩子。布依族也对一些类似女性生殖器的自然物加以崇拜，把高山之巅长年积水不干的怪异石坑称为"仙井"，认为喝了"仙井"的水，就能添丁添子。如"每年农历正月至三月，那些久婚不孕或无男孩的人家，便携带香纸到'仙井'处许愿和饮水，祈求能够早日怀胎产子"[②]。大理鹤庆黄坪乡黄平村后山上有一石凹，外形形似女性生殖器，因此人们称其为"石母家什"，即"母山"。前来求子的妇女到此祭拜，表达生育意愿。而同一地区的多美乡则有一塘热水，分别从形似男性生殖器和形似女性生殖器的石缝中冒出，"民间求子的妇女也会到此洗浴，以求生育"[③]。

四川木里县的普米族、摩梭人和藏族崇拜生育女神"巴丁喇木"，如果普米族妇女婚后久无生育，往往会在巫师带领下到供奉"巴喇丁木"的山洞里求子，祭献自己的供品，在女神石像上裹缠麻线和布条，并在石凹孔内注入清油，插入灯芯，点灯、焚香和磕头，祈祷女神能赐给根种，最后还要在洞内幽泉里舀一碗泉水饮下，她们认为这样一来"就能治愈不孕症，恢复旺盛的生育能力"[④]。德昂族妇女如果在婚后5年还未生育的，则要举行德昂语称为"满果娃"（寻求生儿育女）的仪式。由求子夫妻携带少量饭食、果品、烟茶及幡旗等贡品，或到佛寺求助于佛爷，或到寨中的"神树"前祭拜寨神，或到村寨中最

① 杨国才．传统文化与白族妇女的生育健康［Z］//云南生育健康协会．传统文化与生育健康．北京：中国社会科学出版社，1997：7.

② 韦启光，石朝江，赵崇南，等．布依族文化研究［M］．贵州：贵州人民出版社，1999：124-125.

③ 吕大吉，何耀华，倪为国，等．中国各原始宗教资料集成：彝族、白族、基诺族卷［M］．北京：中国社会科学出版社，1996：716-717.

④ 中国少数民族社会历史调查资料丛刊修订编辑委员会．云南少数民族社会历史调查资料汇编：五［M］．北京：民族出版社，2009：190.

古老的茶树边祭树神，或到山箐里的水井旁及河边去祈求水神保佑能够受孕诞下后代。基诺族的原始信仰中有一位专司生育造人的女神——“丕嫫”，[①] 已婚未孕的人家，就会请巫师“白腊泡”举行“内卜勒阿不勒”（意为对着鬼神念经）仪式，请求丕嫫能够赐予孩子。彝族认为天上有天君，主管天地间的一切事情。创世之时，人种是天神找的，因此，妇女生孩子是天神送的。如果毕摩识药，还要为不孕妇女挖一种味道淡、甜、地下结两个椭圆形根块的双胎参，当地妇女相信吃下后会有助于受孕产子，从而实现其生育愿望。

二、满足其他家庭成员日常需求的照料者角色

虽然妇女通过生育关口能够在夫家立足，但是她的再生产角色并不仅仅限于完成生殖任务，照顾年幼的孩子也是其首要任务；在从夫居中处于子代媳妇的辈分的妇女需要担起照料夫家所有家庭成员的担子，成为满足其家庭成员日常需求的照料者，服侍好丈夫，照顾好男方的父母或者祖父母。

（一）母亲是婴儿生存与成长的重要他人

生育是一个包含了孕育、生产和抚养的过程，是已婚已育妇女独特的生命活动。自从婴儿诞生后，母亲就与自己的孩子建立起持续、强烈而深刻的情感联结。如母亲通过母乳来喂养孩子，特别是在刚出生的头几天中，婴儿每天需要睡 16~17 个小时，每次睡眠时间最长为 5 个小时，而在婴儿夜间醒来时，母亲很快就能做出反应，用喂奶的方式让孩子再次睡去，从而保持婴儿正常的睡眠节奏来促进其生长发育。在此后的数月之间，婴儿必须完全依赖母亲提供的乳汁才能生存下来，而母亲也会对婴儿的动静非常敏感，关注婴儿的需求，从而增加每天的喂奶次数，这样一来婴儿就会增加对母亲的依赖程度，如 6~12 个月大的婴儿往往很容易在夜间醒来，而在母亲的安抚下能够再次轻松入睡。

婴幼儿期是小孩生长发育最旺盛的时期，也是身体各方面机能尚未完善之时，合理喂养婴儿，提高母乳喂养率，减少常见病的发生是保护儿童健康成长的关键措施。作为一种天然的喂养方式，母乳喂养是婴儿从胎内完全依赖母亲摄取营养和断乳后完全独立生活的一种过渡营养方式，不同省区农村的母乳喂养率平均为 69.55%。[②] 而辅食添加是与母乳喂养相互衔接的过程，对于婴幼儿

---

① 刘怡，白忠明．基诺族文化大观［M］．昆明：云南民族出版社，1999：66.

② 关立东．呼伦贝尔市少数民族 0~3 岁婴幼儿喂养情况、体格发育及相关因素［D］．济南：山东大学，2010.

来说同母乳喂养一样重要。合理科学添加辅食，与母乳喂养相辅相成，才能全面提高婴幼儿的生长发育质量，打好生命的根基。然而，西部地区不同省区农村居民对于合理添加辅食的认知程度和科学性、合理性有较大的差别，如汉族添加的谷类食品较多，添加动植物蛋白类食物较少，而蒙古族等添加动植物蛋白类食物较多和较早，蔬果类食物则添加较少和较晚。过早、过晚或不合理添加辅食，都会影响婴幼儿的生长发育。对云南省 10 州市 22 个县 15 种特有少数民族婴幼儿喂养方式及辅食添加情况调查显示，这些地区的纯母乳喂养率、添加辅食的种类和次数及婴幼儿喂养的不合理因素往往不一而足。结果显示："0~6 个月婴儿的纯母乳累积喂养率为 58.3%，6~9 个月婴儿母乳加辅食累积喂养率为 82.5%，21~23 个月婴幼儿母乳累积喂养率为 12.4%。辅食添加最早者在 0 月龄时便添加，添加的食品有淀粉、乳品类和肉类；添加最晚者满周岁时仍未添加，其中淀粉占 3.0% 、蛋类占 35.1% 、乳品类占 56.4% 、肉类占 8.5% 、豆制品类占 61. 8%、蔬菜水果类占 12.7%。"① 母乳喂养是儿童营养的重要基础，加强和促进婴幼儿时期的合理喂养是控制和减少营养不良的关键措施，而云南省 15 种特有少数民族 0~6 个月婴儿纯母乳喂养率仍偏低，辅食添加不合理，存在过早添加、过晚添加及添加的食物种类单一等情况，因此，提高母乳喂养率以及合理增添辅食仍然有很长的路要走。西部地区农村婴幼儿的辅食喂养状况也存在民族差异，一项在西部省区开始的流行病学调查发现，汉族、维吾尔族、藏族和壮族婴幼儿的辅食喂养的时间、类别、频率及质量都存在差异，因此对西部农村地区辅食喂养情况进行调查，就是旨在为不同民族改善婴幼儿辅食喂养状况提供有效的措施。

一般来说，照顾婴儿的方式和习惯因地区和文化的不同而千差万别，但是父母对婴儿哭闹所做出的反应根植在人类神经系统之中，如将婴儿抱起、抚摸和摇晃来转移其注意力，此外，诸如喂奶、拍嗝或者换尿布等也存在共通行为模式。也就是说，除了通过母乳喂养婴儿外，母亲还会抚摸婴儿身体、对婴儿说话和与婴儿一起做游戏等来建立母婴之间全方位的互动关系，通过给予孩子视觉、听觉和身体的大量刺激，来最大限度地锻炼孩子的肢体动作、运动机能和语言功能等。此外，母亲给予婴儿的日常照料的情感刺激，也为婴儿提供了

① 刘浩，等．云南省 15 种特有少数民族和汉族农村婴幼儿喂养方式及辅食添加情况调查［M］// 云南省卫生厅 云南省妇幼保健院．云南省 15 种特有民族儿童健康素质研究．昆明：云南科技出版社，2013.

社会性的情感反应，成为其产生社会性行为和社会交往发展的重要基础。

由于母亲与养育、保暖和包容等一系列与婴幼儿相关的功能有关，母亲较之其他家庭成员更有可能成为儿童性别社会化的重要他人。心理学的研究表明，从8个月到4~5岁，是孩子情感学习的重要阶段，“孩子的情感危机集中在独立与害羞及怀疑这一矛盾情绪上，并与母亲的所作所为有关”①，亲子互动是塑造儿童性别认知的前提与条件。在家庭中，母亲发挥着照料丈夫和孩子的再生产功能，如为婴儿换尿布、做饭、打扫房间、浆洗与缝补衣服等，这些行为本身并不具有什么决定性的作用，但它们反复出现，年幼的孩子经过学习并加以模仿，就能塑造出与自身性别一致的行为反应模式，从而完成早期的社会化训练目标。

（二）满足家庭成员日常需求的照料者角色

嫁娶婚就是把没有血缘和共同生活基础的陌生人捆绑在一起，除了夫妻双方，还带来了公婆、岳父母、大小姑子和舅子、妯娌、连襟等复杂的人际关系以及由此衍生的各种家庭问题。在西部地区农村居民的日常活动中，已婚已育的妇女不仅要承担起几乎全部的生产劳动，还要亲自操持家庭生活的方方面面，特别是要接替男方母亲操持夫家的家务劳动，如烹饪酿酒、纺纱织布和缝补浆洗等，以及抚育子女，服侍丈夫以及照顾夫家的父母和祖父母等亲属。也就是说，比起单纯的妻子角色，成为母亲以后的妇女要承担更为繁重的再生产劳动，这是性别分工产生的原因，也是其结果。

1. 男性较少从事家务劳动

“性别分工范畴的使用为分析整个社会劳动活动中沿性别轴线产生的社会关系提供了方法”②，本来在人类分工与合作当中，性别分工是最基本的形式之一。维持一个家庭生存的生产劳动和再生产劳动需要由两性来承担，如男性主要从事为家庭提供足够的衣食住等生存条件的生产劳动；女性承担生育繁衍、儿童养护和家务负担等再生产劳动，“妇女居家生活以及做母亲的思想和男人负有养家糊口责任的思想在家庭内部就被有机地结合起来”③，于是外出挣钱养家

---

① 埃什尔曼．家庭导论［M］．潘允康，张文宏，马志年，等译．北京：中国社会科学出版社，1991：520.

② 李银河．妇女：最漫长的革命：当代西方女权主义理论精选［M］．北京：三联书店，1997：86.

③ 艾略特．家庭：变革还是继续［M］．何世念，等译．北京：中国人民大学出版社，1992：136.

糊口成了父亲的职责，抚养孩子日益成为母亲的责任，因此男性很少承担再生产劳动，这就是“男主外（生产）与女主内（再生产）”模式。

当然，正如我们在第一章提及的，西部农村妇女事实上也在从事生产劳动，她们的劳动收入往往也是家庭经济的主要组成部分，而男性则较少从事再生产劳动，“在家看孩子或做饭的男人被取笑为没有能力驯服自己的妻子或者是怕老婆的人。这种男人在社区里被人看不起”①。父亲或者丈夫之所以不愿更多地分担家务，就是受制于性别角色的传统观念。因为如果男性参与再生产活动，意味着降低了男性的等级地位，就会削弱他对家庭其他成员的支配权。

当然，打工潮兴起后，这种“男外女内”模式也发生了一定变化。如四川某村落“曾经外出的户数占总户数的76.1%，在16~60岁的人口中，男性曾外出务工的占49.5%，女性曾外出务工的比例为53.7%”②。随着女性外出打工后，该村的性别分工发生变化，特别是男性开始参与到家务劳动中和女性一起共同分担再生产劳动，甚至承担起全部的再生产劳动。村民们普遍接受这种女子外出打工男子在家务农的分工形式。他们认为男子留守的话，既可承担农村繁重的体力劳动，还能照料老人孩子；而女子外出打工挣钱贴补家用，可谓相得益彰。

2. 妇女是家务劳动的主要承担者

在西部地区不同的乡村社区中，妇女通常需要养殖家畜和家禽来获得肉类、奶制品和有机肥；采集野菜野果；在房前屋后种植蔬菜；然后通过售卖农副产品赚取收入，以此支付购买包括种子、农药、化肥在内的生产资料以及维持家庭生活正常运转的日用百货的费用等。此外，由于再生产工作绝大部分是劳动密集型的，如需要人力来取水和运送燃料的工作都是由妇女完成的，这些非常耗费时间但又是必需的工作，有时候也交给未成年的女孩来承担。

流传于云南西双版纳地区的《教训妇女做媳妇的礼节》一文，把传统傣族妇女在日常生活中的角色规范、责任和需要规避的行为都进行了十分细致的界定，如“做个女人你不要想可以独立自主，你必须结婚，女人上了男人家的门，大小事都要会做……男人起身，自己跟在后，等男人坐下自己才坐下，等男人先拈三筷自己才拈菜……对男人不好的女人，不会理家务，没有人爱护，只好

① 纳拉扬，皮特施．在广袤的土地上［M］．崔惠玲，等译．北京：中国人民大学出版社，2004：213.

② 陈雷．农村女性外出务工与家庭性别关系的变迁：以四川G村为例［EB/OL］．社会学人类学中国网，2005-10-26.

离婚两分开”[①]。也就是说，傣族传统文化中理想的妻子角色是，必须时时刻刻地尊重丈夫、照料丈夫和家庭，而能把丈夫照料好的妻子才是妇女拥有婚姻生活并能得到夫家认可的重要保证。

传统上的白族女孩一般从童年时代就参加生产劳动，特别是母亲从小就训练女儿在烹饪活动中做帮手，少年时代就传授她各类刺绣和扎染活计，但是婚后她们还需要承担成倍的生产劳动以及大部分的再生产劳动。特别是作为子代的媳妇，她们要清早给夫家的父母（公婆）送上烤早茶，做好饭并给全家老小都盛好，自己才能坐下吃，其辛劳程度与婚前相比增加了许多。

第三节　再生产劳动的女性化与无偿化

无论是在传统的农业劳动体系当中，还是现代打工潮下的半工半农的劳动体系中，西部地区农村妇女是再生产劳动的主要承担者的角色并无不同，成为母亲为农村妇女带来养育子女的人生体验，同时也带来了更沉重的家庭劳动负担，而且再生产劳动与生产劳动裹挟在一起，虽然因地方差异会出现不同的生产劳动类型，但是再生产劳动的女性化与无偿化则是一种普遍现象。

一、从事生产劳动与再生产劳动导致妇女角色紧张

男性角色是作为生产和职业而存在的，经济的个体化和男性角色联系在一起，因此，成为父亲的身份转化并不会妨碍男性的职业生涯。对于男性来说，父亲角色和职业、经济独立与家庭生活并不矛盾，“个体化强化了男子的角色行为”[②]，但是对于妇女来说，选择生产性角色就面临着一个难题，已婚妇女要生育孩子和抚育孩子，母亲身份使她们在劳动力市场中失去优势，“她自己不照料孩子和做家务，就无人代替她，而存活下来的孩子，他们不可能很好地成长”[③]。也就是说，如果已婚女性要承担起照料家庭和从劳动力市场上挣取薪水双重任务的话，就会导致妇女出现严重的角色紧张。

---

① 民族问题五种丛书云南省编辑委员会．傣族社会历史调查 西双版纳之三［M］．昆明：云南民族出版社，1983：41-42.

② BECK U. Risk Society：Towards a New Modernity［M］. California：Sage Publication，1992：112-113.

③ 穆勒．妇女的屈从地位［M］．汪溪，译．北京：商务印书馆，1996：300.

（一）与生产劳动相裹挟的再生产劳动

对于西部地区的农村妇女而言，她们主要从事的生产劳动就是在田间地头进行农业生产，承担包括选种、拔草、间苗、施肥、收获和加工等在内的不同活计。如果家庭中的男性还要外出从事采矿、建筑或者长途贩卖做生意时，妇女就得独自承担起农业生产过程中的全部活计。因此，农业劳动力的女性化就曾是一个十分普遍的现象。当然，生产劳动也指生产用于消费和贸易的商品及服务（受雇于他人及个体经营），两性都可能参加此类工作，但他们的具体工作及责任却并不相同。

随着妇女在种植业中的人数和承担工作的种类不断上升，有时候也很难把妇女的再生产劳动与生产劳动截然分开，但是人们习惯于将妇女的劳动即便是有市场价值的生产劳动也看作是再生产劳动的延伸。如果一个家庭的社会和经济地位越低，就越需要妇女扮演挣钱的角色，但是挣钱的压力并没有把她们从再生产劳动中解放出来。尤其是随着越来越多的妇女进入生产领域获得经济收入，她们本人作为再生产劳动主要承担者的家庭角色却并未改变。宝森在《中国妇女与农村发展：云南禄村六十年的变迁》[①] 一书中，传神地描述了一位农村妇女一个上午密集的活动安排。如妇女在给菜园子施肥和浇水的同时要顺带摘菜，在收拾家人吃的蔬菜的同时要料理和摘取猪饲料，在煮猪食之后要紧接着为家人做饭，吃饭之后就要忙碌着喂猪，等等。其实妇女的再生产劳动往往是同生产劳动糅杂在一起的，但前者的价值因隐含在后者之中而被贬低和忽视。

虽然西部地区农村居民生活的环境各不相同，但他们多以农业生产为主，无论是高山山地和半山梯田农业，还是河谷和平坝水田农业，妇女都在其中承担着大量的生产劳动任务。如"在云南佤族村寨的生产劳动中，男性包揽了开田、筑埂、驾牛和犁地这类需要出大力气的重活，而妇女也需要承担栽秧、撒种、薅铲、收割、采茶、铲埂和养猪等生产劳动，关键是妇女也需要从事舂米、背米、做饭、背水、织布、缝衣、带孩子"[②] 等这些琐碎、耗时而且日复一日重复不变的家务劳动。在已由游牧和半游牧转变为以农耕为主的普米族中，妇女除了从事绝大部分家务劳动以外，[③] 还需要承担相当一部分在地里种庄稼和收庄稼的工作，可以说，当地村民每日食用的粮食本身就离不开妇女们自己辛勤的

---

① 宝森．中国妇女与农村发展：云南禄村六十年的变迁［M］．胡玉坤，译．南京：江苏人民出版社，2005.

② 温益群．木鼓中的母性之魂［M］．昆明：云南教育出版社，1995：7.

③ 郑海，殷海涛．一个民族的脊梁［M］．昆明：云南教育出版社，1995：5.

田间劳动。

清人张泓在其《滇南新语》中提到，云南剑川的男子“近则仲夏孟冬栽获两归，远则以收获为期必一返，获毕仍往。是以剑之耘耨樵牧，尽属村妪”①。在这种“男既远游，女当门户”的现象背后，剑川农村的已婚妇女又有“当家母”之称。守家的女性要照顾土地、牲畜和孩童，而且还要代夫服役，“催粮编甲，亦多妇代夫役，皆能练事无误”②。

（二）兼具交换价值的再生产劳动

由于西部地区生态环境和文化传统不同，不同地域村民们在饮食习惯上也各有特色，特别是妇女根据当地生态和气候特点，积累了加工食物和储存食品的丰富经验，除了之前提及的粮食脱粒加工外，食物烹饪和酿酒等再生产劳动也属于妇女的劳动范畴，如傈僳族认为妻子是“早上煮饭的人和晚上泡酒的人”。其实妇女从事的这些再生产劳动不仅对于家庭成员来说具有使用价值，而且在现代商品社会当中也具有一定的交换价值。比如在各地集市、农贸市场或者各类美食节上，这些地方风味食物都会深受本地或者外地消费者的喜爱而能为摊主带来固定收入，从而改善自家的经济状况。

1. 少数民族妇女擅长烹饪各类食物

维吾尔族谚语说，“男人的手里是坎土曼（维吾尔族农具），女人的手里是饭勺”。也就是说，烹饪食物是妇女在再生产领域主要从事的家务劳动。一般来说，维吾尔族以面食为主，米饭、蔬菜、禽蛋和肉类为辅。最常见的家常饭是面食中的馕以及米饭当中的抓饭等食物。馕是各种烤饼的统称，是当地人每家必备的食品，而抓饭也是当地最富特色的食品之一，就是将米饭拌油与切碎的羊肉、鸡蛋等一起翻炒，有的还在其中加上葡萄干、杏仁等坚果。打馕和制作抓饭都是已婚妇女每天要做的家务活，一个合格的维吾尔族主妇要能通过看炭灰就能够知道馕是否烤好，还要做出让夫家成员满意的各式口味的手抓饭才行。

塔塔尔族妇女的烹调手艺也在全疆闻名，她们能制作各式各样的食品，主食有馕、包子、拉面、抓饭和“伊特白里西”（有馅面食）等，副食主要有肉制品、奶制品和果酱类，后者尤其受到当地消费者的喜欢，因为这一地区瓜果众多，妇女们常用苹果、海棠果、杏子、红枣和葡萄干等制作各式果酱，在节日时用来款待家人和宾客，多余的果酱就拿到当地的集市上售卖，深受本民族

① 剑川县志［M］. 昆明：云南人民出版社，2020：461.

② 剑川县志［M］. 昆明：云南人民出版社，2020：461.

和其他民族消费者的欢迎。

在凉山彝族的日常生活中，饮食烹饪均由妇女承担，只有家中有客人的时候，才会出现饭由妇女做，杀牲做菜由男子承担的情况。凉山彝族妇女制作的食物中最饶有风味的要数“乌色色脚”（即猪肉块块），因每一块肉的重量均在二三两，成坨状，所以又称其为“坨坨肉”。妇女将山地猪肉去毛并清洗干净，切成拳头大小的肉块，下锅煮熟后即捞出过凉，用蒜水、花椒和盐等佐料蘸食，是凉山彝族用来招待贵客的特色美食之一。

普米族妇女会将半斤左右的鱼制成当地待客的佳肴——腌酸鱼，即主妇要准备腌鱼坛和腌鱼用的糌粑、食盐、烤酒和花椒等调料，再把剖好的鱼装坛，装时一层鱼一层调料，装好后用高度白酒封好坛口，这样腌制好的鱼味道鲜美，且保存时间较长，十多天后就可以食用，风味绝佳。除了供家人食用外，普米族妇女还将这种特色鱼拿到农贸市场上进行售卖，深受当地消费者的欢迎。

云南哈尼族居住的山区，气候温和，生长着蕨菜、木耳、竹笋、芫荽和水芹菜等各种四季不断的野菜，哈尼族妇女常常依据节令采集不同的野菜，再利用豆豉、葱、姜、蒜、草果、胡椒、八角和辣椒等作配料调制鲜美可口、增进食欲的“哈尼蘸水”（佐餐调味品）。无论日常家庭佐餐还是节日待客宴饮时，哈尼族的餐桌上都少不了这样一碗风味独特的“哈尼蘸水”，一碗蘸水受欢迎的程度越高，就越能说明这个家庭主妇十分能干。

由于酥油茶是藏族生活中必不可少的特色食物，所以制作酥油茶也是每一个藏族妇女必须掌握的生活技能。首先要从牛奶中提取酥油。将牛奶稍微加温，倒入大木桶中，之后用一种名为“甲罗”（搅拌器）的工具上下抽打，直至油水分离，将上面所漂浮的一层淡黄色的脂肪质舀出灌进皮口袋中，冷却之后就成为酥油。然后将砖茶或沱茶放入铜锅中熬煮，再加上少许碱催出茶色，等到茶色呈金黄色时，倒进酥油桶，放入酥油和少许盐，用杵上下搅动，直到油脂和茶叶水融为一体，一碗香喷喷的酥油茶就制好了，可以搭配糌粑食用。

2. 少数民族妇女的特色酿酒

西部地区大多数农村居民十分喜爱酒精类饮料，如藏族的青稞酒、哈萨克族的马奶酒、彝族的小锅酒、哈尼族的焖锅酒和紫米酒、傣族的树头酒、纳西族的窖酒、摩梭人的“酥理玛”酒、怒族和傈僳族的蒸酒、拉祜族的董棕同心酒、布朗族的翡翠酒和佤族的水酒等都十分出名，因此，其家庭成员特别是妇女就需要根据当地的粮食品种、野生植物、饮食习惯和酿酒工艺来酿制风味各异的佳酿。在不同族群关于酿酒起源的创世史诗和神话传说中，酒的发现都与妇女有关。如云南怒族传说酒是神仙所赐的，但他们所膜拜的神仙却是具有女性形象的钟乳石；景颇族认为酒是人类始祖母亲的乳汁所化；在佤族的创世神话《司岗里》中，认为佤族是向蜜蜂学会酿酒技术的，而第一个学会酿酒的是佤族女首领牙董；瑶族神话中有女首领密洛陀用米饭造人，最后却变成酒的传说；在云南红河哈尼族的迁徙史诗《哈尼阿培聪坡坡》中，有一个叫遮努的妇女发明了农业生产，使哈尼族从此有了吃不完的米粮，之后，她又学会了利用“五谷酿出美酒”等方法；摩梭人的谚语形象地传达出妇女是酿酒师的身份信息，如“酒甑淌出来的，是女人的眼泪；酒碗里斟满的，是男人的太阳”①。

西部地区不同族群农村妇女掌握的酿酒技术各具特色。如水族家庭主妇掌握从制作酒曲到酿酒的全部工序，她们所酿水酒的种类繁多，有大米酒、糯米酒、杂粮酒和甜酒等，当地就流传着“男人喝酒，女人酿酒”的俗语。佤族妇女把小米、荞子、小麦和苞谷等原料按一定比例混合好放在火上蒸熟，放凉后拌上适量的酒曲，装入密闭容器当中促使其发酵，等过了10天左右再打开密封盖，倒入适量的山泉水冲泡，就可以直接饮用或者过滤米粒等沉淀物后再行饮用，这种水酒不宜长期储存，一般是即冲即饮。如果佤族妇女水酒做得好就会得到夫家和邻里的夸赞，佤族男人在戏谑那些家有笨妻的同伴时，会说他娶了一个“连水酒都不会泡的婆娘”②。在景颇山寨，酿酒也是当地农村妇女最基本的生活技能，景颇族妇女从小就要学习如何酿制水酒和烧酒的技能，而是否能酿制出美酒成为评价一个景颇妇女劳动技巧的重要指标之一。在景颇族青年男女婚礼后的次日，新娘便要将酿制的美酒，敬献给夫家亲友品尝，如果制不好酒，终生都会受到夫家的亲友们的嘲讽与打趣。

云南的怒族也是较早掌握制造优质酒曲的民族之一，怒族妇女主要用玉米面和苦草为原料配制酒曲，将磨成粉末的玉米和捣碎的苦草倒入冷水中浸泡后，用这种汁液将玉米面搅匀成半流体状，然后再搓捏成鸡蛋大小的药团，把药团分层放在铺了米糠的竹筐内，并将竹筐放在火塘附近，待其发酵后取出用火烘干，制造出可供一年四季多次酿酒的酒曲，随用随取十分方便。婆婆等女性长辈对子代媳妇进行的各类再生产技能的传授，也是这些农村妇女掌握再生产技能的主要途径。尤其是不同族群所特有的技艺，往往都是由婆婆传授给新嫁入夫家的媳妇，这就是所谓“传女不传男，传媳不传女”之俗。由于酒在怒族的

① 何明，吴明泽．中国少数民族酒文化［M］．昆明：云南人民出版社，1999：21.

② 温益群．木鼓中的母性之魂［M］．昆明：云南教育出版社，1995：9.

日常生活中占据极其重要的位置，所以，怒族女孩从小就要学习酿酒技术，但一般只有在出嫁之后，才能在婆婆的指导之下独自酿酒。这是因为怒族认为酒曲只能由经验丰富的老人来制作，酿出的酒才甘醇甜美，因此，媳妇需要经过婆婆长时间的细心教导并且在实践中不断学习，才能学会和掌握酒曲的制作方法，并最终独立酿制出芳香醉人的水酒。

二、妇女家务劳动时间长与家务劳动价值被低估

虽然西部地区农村妇女的家庭经济状况和当地的社会发展程度不一，不同村落妇女之间从事家务劳动的时间长短不一，但是与当地的男性相比，她们无疑都同样处于劳动时间长且劳动价值被严重低估的状况之中。2021 年，联合国亚太经社会和东南亚国家联盟发布的《在东盟国家解决无偿护理工作》报告中指出，妇女和女孩从事的无偿护理和家务工作就是男子和男孩的四倍以上，例如，照顾在家上学的孩子，或生病、年老的家庭成员。也就是说，无偿护理和家务工作的负担和性别差距极大地影响了妇女参与劳动力市场的能力，并延长了妇女陷入贫困状况的时间。与城市妇女相比，西部地区农村妇女面临着更多的风险和不平等，如获得护理基础设施和服务的机会不平等，工作条件不充分，低工资就业的不稳定，以及严重缺乏的社会保护等。

（一）女性从事的家务劳动时间长

自 20 世纪 80 年代以来，全球妇女在工资、教育和职业等方面都取得了长足的进步，与男性的差距也在不断缩小，然而即使两性的其他条件相同，妇女从事家务劳动的时间依旧大大超过男性，包括在男女平等程度很高的北欧四国中，男性承担家务劳动的时间也不及女性的 1/2，由此引发了学者们从“性别角色观念、时间可及、资源多寡、权力关系以及经济理性”等视角来解释这一现象。①

无论从家庭结构、城乡居住或者不同时期的数据来看，我国妇女从事家务劳动的时间也是大大长于男性的。无论是核心家庭还是几代共居的大家庭，无论是在生产劳动还是再生产劳动中，西部地区农村妇女大都日复一日、年复一年地不停劳碌着。

传统上云南基诺族妇女每天清晨起床后要生火并做好一家人早午两顿的米

---

① 杨菊华．传续与策略：1990—2010 年中国家务分工的性别差异［J］．学术研究，2014（2）：31-41.

饭，随即做完挑水、扫地和喂猪等活计；早饭以后，妇女要带足中午在外食用的饭菜，和丈夫等家人一起上山劳动；午饭后，姑娘们开始挑花、捻线和缝挂包等，年轻妇女们则要抓紧时间找柴火、找猪草或采集一些可供食用的野菜，下午再接着从事田间劳动，直到傍晚才能收工回家；回家后，除了打理房前屋后的菜地及喂养家畜和家禽外，就要抓紧时间做晚饭；吃完晚饭以后，中老年妇女可以在家看电视或者闲聊，但她们双手却没有闲着，要捡种子、簸粮食或者做些缝缝补补的零碎活计，而“年轻姑娘们有时待在家里，有时则可以带着手工活儿外出找小伙伴儿去玩了”①。

与此类似的是，西双版纳已婚的傣族妇女也是每天家中最早起床的人，她们起床后便开始生火、烧水和蒸饭，然后年轻的母亲要照顾婴儿或者哺乳；早餐过后将婴儿交由家中老人照看，妇女们便收拾餐桌和洗涮餐具，随后换上劳动的服装，在采茶季节上山摘茶；到了中午，她们便把上午所摘的新鲜茶叶拿到村里的茶叶初制所卖掉，然后回家洗澡后用午餐，同时给婴儿再次哺乳；午后，妇女们一边逗弄孩子，一边清洗全家换下的衣物，之后再去菜地干活；傍晚时分，她们又匆匆赶回家中生火、烧水、洗菜和炒菜，准备晚餐；当全家人晚餐之后，年轻母亲要负责洗涮碗筷，然后哄孩子入睡，特别是在入夜以后，还需要起床哺乳孩子 2~3 次，待到孩子睡熟以后，傣族年轻母亲才能在辛苦一天后沉沉睡去。

在西部地区的不同农村居民家庭中，男女两性在日常生活中的时间分配上存在着较大的差异性。男性的日程安排有更大的灵活性，并且多是在同一时间内只承担一种具体工作；而妇女的生产角色和再生产角色是重叠的，往往是同时发生的，可以说已婚妇女们的一天，总是忙碌而充实的，她们总是最早起床，最晚睡觉，极少有休闲和娱乐的时间，只有等到进入中老年时期才能从繁重的双重劳动角色中解放出来而有更多的空闲时间。而生产劳动与再生产劳动其实是转移到了子代的媳妇身上，由她们接替男方母亲承担起维持一个家庭运转的双重劳动。

（二）女性家务劳动价值被低估

再生产劳动在传统经济学理论中是只有使用价值而无交换价值的无酬劳动，家庭主妇的工作并未被视为经济活动，家务劳动并没有包括在有效的社会劳动体系之内，在大多数国家，家务劳动是“国民生产总值”中看不见的项目，家

① 赵捷．永不安分的女魂［M］．昆明：云南教育出版社，1995：9.

务劳动无偿化现象使得妇女对经济的贡献被低估也被忽视。由于再生产劳动是维持一个家庭必不可少的活动，家务劳动无疑是具有经济价值的，但是对它的价格计算上则存在盲点，于是它就变成了无偿或者是低价值的。作为家务劳动的出路，再生产劳动的社会化把它从无偿中解放出来，但是“家务劳动的市场化结果最终是由第三世界国家的女性来托底的”①。2015 年由联合国经济和社会事务部统计司编写的旗舰报告《2015 世界妇女：趋势和统计》发布，发展中国家的女性在家务和护理家人方面比男性平均每天多花 3 个小时，发达国家的这一时间差为 2 小时。2020 年发布的《2020 年世界妇女：趋势和数据》报告显示，全球就业适龄妇女进入劳动力市场的比例为 47%（男性为 74%），这一数字在过去 25 年里几乎没有变化，原因就在于妇女本身需要承担再生产劳动，这让她们分身乏术无法进入劳动力市场。

贝克尔（Gary Becker）在《生活中的经济学》一书中主张，在统计国内生产总值时，应该把家务劳动的贡献也算在里面，因为家务劳动是维持家庭的正常生产和生活的手段和基本方式，家庭成员特别是母亲和妻子通过劳动为家庭成员所提供的服务和物品应该成为国家整体生产的重要部分。也就是说，家庭不仅是社会中的一个消费单位，而且更重要的是一个生产单位，它可以生产出极有价值的商品及服务，如抚养儿童、烧茶煮饭、收拾住所、照顾病人和护理老人等。在家庭生产单位里，家务劳动的生产者使家庭所必需的服务和产品在家庭内部被生产出来，大大地节约了家庭的支出成本，如家庭主妇从事家务劳动后，减少了家庭必不可少的开支，如托儿费、保姆费、保洁费和洗衣费等，从而间接地增加了家庭的收入并转化为家庭的财富。妇女需要创造更多的剩余劳动才能满足家庭成员的需求，其中就包括丈夫对妻子剩余劳动的享用，因为她不只是承担了她那一份义务，她还为他们共同生存需要付出了更多体力上和精神上的努力。

传统上认为西部地区的农村社会中，妇女是不参与经济活动的，然而现代大部分西部地区农村妇女都在从事着农耕劳动、畜牧养殖劳动、采集劳动和纺织手工艺劳动。也就是说，几乎男性所参与的劳动种类她们都要参与，她们也是家务劳动的承担者，而她们所承担的家务则被认为是“没有价值”和“不创造财富”的劳动，即承担维护家庭内部关系和家庭成员间的感情联系，承担抚

① 章立明．家务劳动货币化并非解决性别差距的灵丹妙药［N］．中国妇女报，2016-08-16（B1）．

养子女和满足家庭成员各方面需要的责任。这种说法显然是没有依据的，就拿云南农村的傣族妇女而言，她们本身有经商的传统，如李京在《云南志略·诸夷风俗》中所说："交易五日一集，旦则妇人为市，日中男子为市，以毯、布、茶、盐互相贸易。"此外，她们还需要饲养家禽、纺织刺绣、编竹制陶，既为改善家庭成员的生活，又可以将多余的部分拿到离家不远的集市进行交换和销售，改善家人的伙食或者增加家庭的现金收入。此外，妇女还把田间种植的蔬菜、苞谷和甘蔗等物，除部分用来供自己家人食用外，也进行销售来增加经济收入，以用于为家庭成员添置新衣和购买家庭用品等。现代社会当中，云南农村妇女大多涉足市场交易和参与商业活动，相对于男性而言，其参与经济活动的主动性和自觉性都较高。这是因为以下几个方面：

家庭劳动社会化所带来的新就业。市场化的发展使得西部农村妇女们有了更多的机会将传统家庭生产的产品如猪、鸡、鸭、菜、茶、水果等拿到市场上出售，而且她们还可将家务劳动的产物市场化，如傣族的蒸糯米饭、竹筒饭，布朗族的烤鸡，藏族的酥油茶，新疆维吾尔族的葡萄干等传统特色食品受到了市场的欢迎，而制作与销售这些商品的农村女性，用她们勤劳的双手，将从前的家务劳动变成了家庭经济的又一收入来源，为自己创造了新的就业机会。

传统工艺市场化所带来的新就业。几乎所有西部农村妇女都有自己本民族传统的手工艺技能，如回族、维吾尔族和哈萨克族妇女做的刺绣品，乌孜别克族妇女织的花毡，苗族妇女的刺绣服饰，傣族妇女的纺织品、手工制作的挎包以及土陶工艺品，德昂族妇女的织锦等现在都已走出家庭，走出村寨，成了市场上炙手可热的特色产品，从而使得这些几近弱化即将消逝的传统文化得以恢复保存下来，并将得以发扬光大。如历史上傣族妇女很早便掌握了制陶工艺，男性在制陶过程中只承担挖取陶土、准备柴火等辅助性的工作。制陶曾经在傣族人的生产生活中占据重要的地位，如《百夷传》云："惟陶冶之器是用。"现在西双版纳还有多个制陶点，有专门的晾架晾干陶坯，烧陶时用泥封闭陶窑，主要由中老年妇女承担平底罐、砂锅和火炉等生活类器物和甑、钵、油灯、葫芦罐等祭祀类器物的制坯和烧制工作。[①] 当然，傣族的制陶业并不是作为专门的手工业生产门类而存在的，"只是一种农闲时妇女所进行的家庭副业"[②]。至今

---

① 晋岩．傣族慢轮制陶工艺的地方性知识研究［D］．重庆：四川美术学院，2019.

② 张海超，徐伟兵．人类学文化整体观中的西双版纳慢轮制陶技艺［J］．文化遗产，2011（1）：120-126.

西双版纳傣族自治州景洪市的曼斗寨、勐罕曼峦回寨、勐海县曼扎寨及勐龙寨等傣族村寨仍然保留着古老的制陶工艺。傣族土陶均由妇女制作，为了技艺不外传，现在有的地方还沿袭制陶技艺不传给儿女，只传给儿媳的习俗。凡是嫁入该寨的媳妇，都会跟随婆婆学习制陶技术，婆婆在制作每一道工序时，都会将制作技巧及制作经验传授给媳妇。媳妇在婆婆的指导下，边学边做，经过反复的实践，便能够掌握制陶的技艺，独立制作土陶制品了，如用于生活中盛水、盛饭的器皿，以及宗教活动中赕佛用的花瓶、钵和盘等物件。也就是说，傣族妇女制作的土陶制品完全可以为家庭带来一笔可观的经济收入，同时保证了傣族慢轮手工制陶工艺的传承与发展。

第三章

干预/介入西部地区农村妇女角色的生产/再生产机制

正如前所述，西部地区农村妇女的生产角色、再生产角色与社区角色之间存在着张力，一方面是角色定型所带来的性别刻板印象，如将妇女描述为“爱孩子的、亲切的、有同情心、缺乏信心、容易放弃的、柔弱的、孩子般天真的”①；另一方面是社会生活的变迁为妇女提供了扮演与生理性别不一致角色的可能性（如身为生产队社员的成年妇女需要与男性一样参加集体劳动等，再者就是数字经济电商下沉为妇女就业带来的新变化等）。本章将揭示西部地区农村妇女角色定型的生产/再生产机制，职业与就业的角色定型化也固化与强化了性别刻板印象，通过公共政策干预/介入农村妇女角色的生产/再生产机制，促进西部地区农村妇女性别角色的多样性发展，即“人类行动者以认知能力和共同知识为特点的反思性与实践的连续性间不断的过程导致了社会秩序的生产与再生产”②。也就是说，通过公共政策干预/介入农村妇女角色的生产与再生产机制，开发农村妇女政治参与的需求并促使其转化为行动，在推动男女平等基本国策落到实处的同时，提高农村妇女的社会文化地位。

第一节　妇女角色刻板印象的生产/再生产机制

社会角色是一个社会或群体中占据特殊位置的人应有的行为，性别角色就是与作为男性或作为女性相联系的社会角色。③ 性别刻板印象（gender stereotype）是指按照性别进行社会分类形成的关于特定性别群体的特征、属性和行为的一

① 伯恩，等．社会心理学：第十版［M］．杨中芳，译．上海：华东师范大学出版社，2004：242.

② GIDDENS A. The Constitution of Society：Outline of the Theory of Structuration［M］. Berkeley：University of California Press，1984：4.

③［美］戴维·波普诺．社会学［M］．李强，等译．北京：中国人民大学出版社，2006：362.

组观念或者认知表征，它的生产/再生产本身就是一种复杂的互动关系。生产本身是指在家庭、“公房”或者其他公共空间中，通过父母家人、同辈群体与其他重要他人的社会交往，社会文化为个体学习角色分工与性别期待提供模板与规范；与由外力施加作用的他律（生产）不同的是，再生产则是指个体本身认同性别角色内容，并将其内化（自律）为自我行为准则，积极且主动地在日常生活中进行实践，从而形成持久和稳定的行为模式。也就是说，所谓刻板印象的生产/再生产机制其实就是一个外力施加与自我内化结合，他者与个体相互作用的复杂关系。

一、妇女角色刻板印象的生产机制

波伏娃说：“人并不是生来就是女人，而是逐渐变成一个女人的，没有任何生理上、心理上或经济上的定命能决断女人在社会中的地位，而是人类文化之整体。”[①] 对于西部地区的农村妇女来说，她们身为女儿、妻子和母亲的角色离不开社会文化的期待与塑造，这一过程本身就是性别的社会化过程，在家庭、公房或者其他的社会空间中，社会文化界定了性别角色和性别期待等一整套的性别规范内容。

（一）性别刻板印象生产的主要场所

广义社会学认为性别角色是实施社会控制的手段之一，儿童期是性别社会化的重要时期，家庭是儿童社会化的最初场所，然后儿童在公房等公共空间中与同龄同性伙伴一起玩耍嬉戏时，通过相互切磋生产和生活技艺，就能学习当地社会文化所期望的性别角色与性别规范等内容。

1. 家庭是母亲对女童实施性别教育的最初场所

在传统的农村社会中，西部地区农村青少年的性别社会化是从婴儿时期开始的。从幼儿时期起，母亲就开始训练女孩的语言能力，给她们讲故事和唱儿歌，通过做各种游戏教会她们一些简单的生活常识，如给女孩背上一个布娃娃，让她“学习如何喂养孩子，如何与孩子玩耍等”[②]。到了7~8岁时，母亲会教会女儿做一些简单的农活和家务劳动，如煮饭、拾柴及照顾弟妹等；10岁左右便开始让女孩学习栽秧、种菜和喂养畜禽等技能；到了12~13岁时，母亲要专门指导女儿学习挑花刺绣、绩麻织布和缝补浆洗等女红活计；到了15~16岁时，

---

① 波伏娃．第二性［M］．陶铁柱，译．北京：中国书籍出版社，1988：309.

② 杨筑慧．中国西南民族生育文化研究［M］．北京：中央民族大学出版社，2006：238.

一些少女行过“穿裙子礼”等成人礼时，母亲就要传授女儿青春期知识和恋爱择偶技巧，特别是恋爱择偶过程中的注意事项；等到了谈婚论嫁之后，母亲还要传授女儿婚姻生活经验和生儿育女常识等内容。家庭中的其他女性长辈也会给予适婚女孩具体的指导和帮助。当然，只有在赛歌场、“坐花园”以及公房等公共空间当中，与年轻小伙伴进行交友游戏或者从事其他生产劳动时，这类婚恋知识才有真正的用武之地，同时也能得到同伴的指点而不断地提高恋爱技巧。

2. 公房是青春期同伴教育的重要场所

在云南彝族民间叙事长诗《阿诗玛》中，这样唱道：“床头拿麻团，墙头拿口弦，口弦阵阵响，姑娘去公房。公房四方方，中间烧火塘，火塘越烧越旺，歌声越唱越响。谁把小伙子招进公房？阿诗玛的歌声最响亮。”① 这里所提到的公房指的就是如景颇族、傈僳族和彝族等民族村落内，专门由全村人出资修建的供未婚青年男女社交的公共场所，一般建在村落内部的中央地带，外形与一般住房相似。不同族群对于进出公房有严格的限制，如同姓、近亲、不同辈分等不得进入同一所公房，如珞巴族把男性公房称为“邦哥”，姑娘们的公房叫作“雅胜”。进入青春期的青年男女直至结婚前都可以居住在同一性别的公房中，一方面方便接受村中长者对其进行的有关村落历史和民族文化方面的教育，另一方面也有利于青年男女之间自由恋爱，因为每晚青年男女都可以在公房中唱调子、吹笛子和弹三弦。

当然，公房不仅为彝族、景颇族和傈僳族等青年男女提供专门的社交和娱乐场所，更主要的是也为两性进行同伴教育提供了学习场所，包括进一步强化本族群的行为规范和学习有关婚恋知识，交流各自的择偶标准和恋爱体会。与此同时，姑娘们还可以相互学习劳动技能和生产经验。如白族女孩的扎染技艺，除了以家庭为中心，由母亲亲传亲授外，同伴之间的交流切磋，对其技艺的提高也起到了不可忽视的作用。每当农闲时节，白族妇女常常聚在一起扎花，她们一边动手扎花样，一边观摩他人的手法与力道等技巧，有时还相互比试谁扎的图案精美和手工精致，在这种一起学习交流和比试的沟通中，还会创造出意

① 云南省人民文工团圭山工作组搜集整理. 阿诗玛（撒尼人民间叙事长诗）［M］. 昆明：云南人民出版社，1960：3-78.

想不到的新图案，从而使白族的扎染技艺不断提高且通过创新形式传承下去。①

（二）性别刻板印象的具体内容

从生命历程来看，西部农村妇女都要经历青春期、择偶、结婚、生育及抚育子女等重要的生命事件，经历从儿童期的出生礼到青春期的成年礼再到结婚、生育、死亡等相关的生命仪式。通过这些生命周期中的人生礼仪，社会文化把两性的生物性差别扩大化和制度化，在性别社会化过程中给予妇女以社会认可的成员身份与角色规范。

1. 与婴幼儿有关的出生礼

为出生的婴儿举行一些具有祈愿和祝福的仪式，象征新生儿正式加入个体家庭与村落社区，成为一名新的家庭成员和社区成员。无论生育男孩还是女孩云南傣族父母都很高兴，不同地区的傣族会为新生婴儿举行特殊的庆祝仪式。傣族婴儿的性别社会化时间开始得很早。如果出生的是女婴，母亲就在婴儿出生 3~4 天后用缝衣针在火上烧过后给婴儿扎耳洞，再用一根小黑棉线穿过耳孔并打上结，以后不时拉动线圈防止耳洞封上，“等到女孩子进入青少年时期就可以佩戴耳环”②。在婴儿出生 7 天后要由家中老人（云南西双版纳傣族从夫居与从妻居并行）主持祭家神活动，其祖母或外婆会杀一只鸡，滚水断生后与盐和饭团放在一张小篾桌上。如果诞生的是女婴的话，还要把一个白棉线团、纺锤和小纺车模型放在小桌上，抬到家神柱下去祷告，祈求祖先保佑女婴平安健康，将来成为一个治家理财的好主妇，生活富足美满；如果出生的是男婴，则在小篾桌上放一个臼杵、一只“毕”（竹制的吹奏乐器）和一杆秤等物，也向家神祈祷其能平安长大，会吹“毕”会做生意。祭祀时，先由婴儿祖父（外公）代表家庭中的长辈念祝福词，念毕后就为产妇和婴儿举行拴线仪式，在婴儿手腕和脖颈上拴线。傣族认为拴线可以拴住灵魂（树欢），女婴拴左手，男婴拴右手，认为这样能够驱灾辟邪，婴儿可以健康成长。在婴儿满月时，这家人还要

① 2006 年白族扎染技艺被列入第一批国家级非物质文化遗产保护名录，2009 年，段银开被大理州人民政府命名为扎染代表性传承人，2014 年其所创办的“璞真染坊”成为国家命名的“白族扎染生产性保护示范基地”。在当地非物质文化遗产保护部门的支持下，段银开自 2015 年起每年在璞真染坊开办两期以上扎染技艺培训班，大力推进中国妇女发展基金会“妈妈制造・扎染合作社”公益项目，为周城村千余名白族妇女提供免费扎染技艺培训，带领大家共同增收致富。 杨本耀．白族妇女段银开：匠心传承扎染技艺［N］．大理日报，2020-07-16（5）．

② 章立明．结构与行动：西双版纳傣泐家庭婚姻的社会性别分析［M］．北京：人民出版社，2011：268.

再次请亲朋好友、接生婆和左邻右舍参加，再次举行拴线仪式。参加仪式的亲朋好友多带鸡、酒、小孩衣物等物前来祝贺。云南勐海地区的傣族生女孩 30 天为满月，生男孩 29 天为满月。满月这天，母亲要用樟脑叶等物煮水为婴儿洗澡，并请村寨中长者“召曼”和“布章”为婴儿拴线，拴线时间选在中午 12 点，因为这是一天当中阳气最盛的时候，从而表示孩子一生清吉平安和吉祥如意，届时亲朋好友都会欢聚一堂，祝愿新生儿健康成长，新生儿的父母以及其他家人幸福美满。

藏族认为小孩出了娘胎，会带来许多污浊和晦气，需要举行旁色仪式才能清除污秽，保佑其平安长大，同时，也祝愿产妇早日康复，健康顺遂。当男婴出生的第 3 天，女婴出生的第 4 天，亲朋好友还会携带青稞酒、酥油茶、肉、酥油、礼金及给小孩的衣物等前来祝贺。这天早上，家人会在家门口放一堆小石子，生的是男孩，便堆上白垩小石子；生的是女孩，什么石子都可以，并在石堆旁燃烧松柏香枝以示庆祝。

云南哈尼族把新生儿的命名仪式视为出生礼仪。当孩子降生后，哈尼族父母会给孩子取一个“奶名”，因为他们认为初生的孩子，如不尽快取名，便会被鬼领取，孩子就有可能会夭折，所以，当孩子出生后，家人便会尽快随意地给孩子取一个名字，表示孩子已经有了名字，鬼便不会将其领走了。在哈尼族，婴儿正式取名前要举行一个象征性仪式，如请一群 8~9 岁的孩子在院子里做一些模拟劳动的动作。如新生儿为女婴，就会请一些聪明可爱且父母健在的女孩，拿着背绳或篾箩，肩挎蓑衣背架，提上一小竹筒糯米饭作为“晌午”（外出做田间活计时的午饭），在屋外表演砍柴或者抓鱼的动作，象征女婴长大以后能够砍柴抓鱼、烹饪做饭、纺纱织布并且善于打理家务。仪式结束后，婴儿的父母会用酒肉等祭品祭祀祖先，告知祖先家中添了新成员。之后，母亲把婴儿抱出门外，交给取名字的老人为孩子取一个最适宜的名字，并给予婴儿新的祝福，祝愿其平安长大，而“前来参加命名仪式的孩子们则边吃糯米饭，边争着叫着婴儿的新名字作为祝贺”①。

2. 与青少年性成熟有关的成年礼

传统上西部地区农村社会大多会选择在青少年性成熟之际举行成年礼，如甘南藏区的女性到 12~13 岁就算成年，要进行一个“上天头”仪式，就是把头发梳成成年女性的发型与辫式。这种通过改变服饰和头饰等方法来显示女性成

① 云南民族事务委员会．哈尼族文化大观［M］．昆明：云南民族出版社，1999：259.

年的方式，在传统的蓝靛瑶族、基诺族、哈尼族以及纳西族等西部地区不同族群中都盛行过。

彝族的成年礼一般在女孩 15 岁或 17 岁时举行，由女孩的母亲或者年长且子女众多的主妇来主持，仪式不能有任何男子参加。成年礼仪式多在羊圈的羊粪堆旁举行，这是因为羊粪肥地，姑娘在羊粪堆旁举行换裙子的成年礼，象征着她将来能够多生育子女。由于成年礼是女孩从童年到成年的重大转变，所以父母都十分重视，要为女儿准备好绣花头帕、新彩裙以及色彩各异的珠子作为装饰品，并在举行仪式当天杀猪打酒，招待前来祝贺的亲戚朋友。首先是年长妇女用象征月经初潮的"扎尼"（用黑和红羊毛织成的一块有七道纹路的布料）缠绕姑娘的头部和下身，并念诵祝福词；其次是为姑娘重新梳妆改变发式，即把原先的垂于脑后的单辫改为在耳后梳双辫，再戴上黑色的绣花头帕；再次是将姑娘幼年时所戴的耳线换为耳珠或者耳坠等物；最后是将姑娘平常所穿的镶一粗一细两道黑布边的浅色二截童裙脱下，穿上由红、蓝、黑等色彩组成的颜色浓艳的百褶长裙，因此，彝族姑娘的成年礼又被称为将童年的裙装脱下换上成年彩裙的"沙拉格"（换童裙礼）。穿戴完毕的女孩要依次向长辈们行礼磕头，长辈们则会给女孩送上礼物或礼金，并说些吉祥祝福的话语，然后，亲朋好友们便会一同聚餐宴饮。举行穿裙子礼后，彝族少女就有了社交自由，可以自由地结交恋人和出入赶场等公共场所。当然，正如第二章所述，不同等级的彝族女性的婚姻权是由父母掌握的，只有征得父母和家支的同意男女双方才能缔结婚约。

3. 与死亡有关的葬礼

作为个体生命终点的最后一个仪式，西部地区农村社会的葬礼对于男性和女性遗体有不同处理方式，随葬物品以及出殡方式等也不尽相同，葬礼以后，家人和亲属便能够更为坦然和平静地接受亲人的离世。

对不同性别的死者施以不同的随葬品。西部地区不少族群认为死者的灵魂和肉体是可以分离的，灵魂永远不会消亡，离开了肉身就会回到祖先的居住之地继续生活，因此，男性死者和女性死者的随葬品也不相同。如云南澜沧县拉祜族在火葬时，男性死者一般要以大口袋一个、弓弩一张、土锅一口、碗勺各一个、舂盐工具一个与死者一起火化，以便死者能够在另一个世界中正常生活；女性死者的随葬品中则没有弓弩，而换成了一个竹篮供其采集之用。傈僳族女性去世后，家人也会将她的织布工具、头饰、耳环和其他首饰作为随葬品，有的还要杀死一头母猪给死者作为种猪，让其去世后在另一个世界仍然进行日常的纺织活动和养殖活动。云南中甸的纳西族在举行火葬时，随女性死者一同火化的陪葬品是收割庄稼用的镰刀、碗筷和梳子等，而男性死者则用烟具、斧子、砍刀、弓箭等砍柴和打猎的工具作为陪葬品。在这些不同性别的随葬品中，不难看出女性死者的随葬品多为生前所用的采集、纺织用品等生产工具以及首饰等日常生活用品，而男性死者的随葬品多为打猎用品以及其他个人生活用品。独龙族死者下葬后的第 3 天，死者亲属还要在坟地上搭一个简易的茅草棚，将死者生前用过的劳动工具挂于棚内供奉，有时还要挂上弓箭等，如果死者是女性的话，就会在棚内挂上织麻布的工具，或者一个小藤篓等物。

针对不同性别死者采取不同的出殡方式。傈僳族认为人死后，灵魂是可以转生成为动物或植物的。女性去世后，她们的灵魂可以转生 7 次，而男性去世后，他们的灵魂则能够转生 9 次，因此村民们会用九斤肉供奉死去的男性，而用七斤肉供奉死去的女性。出殡时，男性死者的担架要用九根栗树干制成，而女性死者的担架则只用七根栗树干制成。在居丧期间要为死者“做饭”时，男性死者用九斤米，而女性死者只用七斤米。怒族同样认为女人只有 7 个灵魂，而男人有 9 个灵魂，男性的九魂在人去世后会升至九重天，而女性的七魂则只能下到七层地。因而在出殡时，如果死者为女性的话，怒族则只抬着尸体绕房 7 圈，而男性尸体则要绕房 9 圈；等到了“下葬时，巫师只会为女性死者动土七锄，而会为男性死者动土九锄”①。

二、妇女角色刻板印象的再生产机制

性别刻板印象的形成其实是一个极其复杂的过程，虽然个体从一出生起就受到家庭与其生理性别相一致的性别角色的塑造，但是如果离开个体对外界期望的反应与内化作用，那么，这种在特定社会文化中人们期待的两性言行举止、责任义务乃至地位权力的规范模式就会无从生产也无法取得实际效果。从生命历程来看，西部地区农村妇女所经历的出生、青春期、结婚和生育抚育子女等一系列重要生命事件，相对应地产生女童、少女、妻子和母亲的社会角色，通过生命历程中这些关键节点举行的各种仪式而得以强化。每个农村妇女终其一生都在不断地学习属于自己的性别角色，也就是说，正是个体对性别角色的学习模仿和认同实践构成了性别刻板印象的再生产机制。

---

① 杨学政．原始宗教论［M］．昆明：云南人民出版社，1991：49-50.

（一）妇女在童年与青少年时期学习模仿性别角色

一般说来，不同族群的农村父母都会因为子女的不同性别而采取不同的性别角色塑造方式。这种不同方式贯穿于孩子的一生，影响着孩子性别角色社会化的发展。童年时期是儿童性别角色形成的关键时期，儿童在这一时期所获得的有关性别角色的信息、观念等都会对其日后的性别行为产生深刻影响。虽然儿童期对于个人的性别角色定型具有重要作用，但是随着年龄的增长，妇女在青年、中年和老年的每个年龄层次，也会在真实和复杂的社会环境中不断修正和巩固自己的性别角色。

1. 童年时期学习性别角色规范

在婴儿期的性别角色确认过程中，家庭所有成员对待婴儿的态度和方式所表现出来的性别差异，导致婴儿产生不同的反应，最终使不同性别的角色规范逐步形成和确立，儿童通过成年人所界定的标签形成适合自己性别的认知概念和行为模式。父母和家庭中的其他成员是孩子模仿性别角色的重要他人，他们给儿童提供了如何满足角色期望和扮演角色的技术性信息，“直接或无意识地塑造着孩子们的人格与认知能力”①。

在儿童成长期间，幼年时期的性别社会化主要是通过示范和模仿来完成的，在这一过程中，强化机制与性别标签是联系在一起的，孩子做了与性别刻板定型相符的行为会受到成人的鼓励，而相反则会受到惩罚，也就是说，与角色期待一致的行为会得到不断强化，并最终成为一种习惯性行为。如 6~7 岁的藏族女孩要跟随母亲学习挤奶、打酥油、做饭、烧茶等再生产劳动，成为母亲做家务劳动时的好帮手；而男孩则不被父母要求从事与再生产劳动相关的活动，如果男孩对这些活动感兴趣的话则得不到鼓励甚至会被明确批评。

2. 青少年时期模仿母亲扮演其性别角色

随着年龄的增长，女孩的学习内容也在不断地发生改变，如母亲等女性长辈会教导女孩学习纺线、织布、缝衣、做饭等再生产劳动以及拔秧、除草、收割、采茶、摘野菜、砍柴等生产劳动，到了女孩 10 岁左右，一般便已基本掌握了本民族传统的生产劳动方式，到了 12~13 岁，她们就能够与成年女性一起参加生产劳动和家务劳动，成为母亲或者姐姐操持家务的主要帮手。也就是说，这种性别角色塑造和教育的方式是在长辈的言传身教以及个体的学习模仿中获得的。云南宁蒗摩梭人的谚语说“女亲娘大”，就是指女孩从小最亲近的人是自

① 达维逊. 性别社会学［M］. 程志民，等译. 重庆：重庆出版社，1989：18.

己的母亲。姑娘会从小模仿自己的母亲进行纺织、炊事、喂养家禽、汲水和砍柴等活动，有时她们也跟着年长的姐姐们学习将来要做的农事与家务，当然，家庭中年长的女孩一早就得承担起帮助父母照看年幼弟妹或者照顾生病家人等重任，以便母亲能有足够的时间专注从事田间的生产劳动，家中男性外出打工或者无法承担生产任务时更是如此。

此外，母亲还鼓励青少年时期的女童加入以性别区分的同龄人群体或者参加分性别的集体活动，就是因为个体进入青少年期后同龄人的影响将超过家庭的影响，同伴教育能发挥更显著的效果。

（二）妇女在成年阶段认同和实践性别规范

只有个体接受性别社会化的内容，将父母、同辈或者其他人的角色期望转化为自身稳定的认知时，她才会控制自己的行为，“当一个人经历了占统治地位的文化规范给予其以深刻印象的社会化过程之后，他（她）几乎不可能发生越轨行为或违背规范”①。随着社会角色的变化，已婚已育的妇女又会把自己接受的性别刻板印象在代内和代与代之间传播，因此，个体既是性别刻板印象的生产者也是再生产者，从而才能形成性别刻板印象的稳定性和传承的连续性，这就是性别文化生成与运行的社会基础。

1. 妇女认同性别角色

具体而言，一旦个体通过学习模仿后，接受暗示得知适宜自己性别的行为方式，发展出性别身份认同以后，在与他人交往时就会按照性别角色刻板印象的要求来表现适当的性别角色内容。当然，个体可以改变一部分性别角色要素，但是她必须使自己角色表现部分符合刻板印象的要求，“如果我们恰当地表现了社会性别，我们同时维持、再生产并合法化了这种制度安排……如果我们没有恰当地表现社会性别，作为个体，而不是制度安排，我们会被要求解释（自己的个性、动机和企图）”②。

大多数妇女都会通过无意识的模仿或者明确的服从来接受一些性别角色观念，如“不知不觉地获得了束腰带或头发，走路时让身体的这个或那个部分摆动或保持静止，显示面部表情和把持目光的良好风范”③，而且在完成角色塑造过程中实现角色认同，“似乎可以在鞠躬、低头、弯腰、低垂这些事实和弯曲姿

① 达维逊．性别社会学［M］．程志民，等译．重庆：重庆出版社，1989：5.

② WEST C，ZIMMERMAN D H. Doing Gender［J］. Gender & Society，1987，1（2）：146.

③ 布尔迪厄．男性统治［M］．刘晖，译．深圳：海天出版社，2002：34.

态中找到一种自然的表现，相关的顺从被视为与女性相称，基础教育倾向于反复灌输整个身体或身体这个或那个部分的举止方式，如微笑、垂下眼睛、容许别人打断说话，展示了人们如何教妇女占据空间、走路和采取适当的身体姿态"①。

2. 妇女是性别刻板印象的实践者

性别角色再生产的最高形式就是亲自实践性别角色的规范，并视性别不平等和差异为理所当然，再利用自己在辈分与其他文化方面的优势地位来影响特别是压制其他人，特别是子代中的儿童。我们知道父系继嗣是与嫁娶婚相匹配的，它有利于父系家庭的延续，是再生产男性优越的制度设置。作为家庭社会关系的一个特征，这一机制的中心支柱是一个充当户主的地位较高的男性控制着个体家庭的经济资源和社会资源，财产的占有和继承在相邻代际的男性之间传递，而女性的财产权、人身权和人格权依附于与其关系最为密切的家庭成员（父亲、丈夫或儿子）身上。妇女通过生育男孩巩固自己在夫方家庭中的地位，因为"生育是一个女人在社会获得地位的唯一手段，她所得到的回报是儿子对她的孝顺和抚养。这是一种由父权体系所设立，由妇女自己操作的压迫制度，其目的就是通过这种婆婆的压迫和解脱婆婆的压迫来使妇女更彻底地献身自己的使命——再生产父系父权制"②。正是在这个意义上，可以说"母亲既是家庭中资源不平等分配的受害者，又是资源不平等分配的施行者"③。

西部地区的哈尼族谚语说"浮萍不是草，女人不算人"；景颇族谚语也说："女人不能讲大事，弹弓不能射大鸟"等，从而形成男性议事女性不能插话的传统。即使在家庭生活中，传统上农村妇女也对家庭事务没有决定权，形成父亲在劳力安排、财产管理、房屋修建、婚丧嫁娶以及子女教育等方面的绝对处置权。这种父亲做决定，母亲来执行的模式，一方面是农村妇女社会资源匮乏的结果，另一方面，作为妻子和母亲的她们自身也存在强烈的夫权和父权意识，认同不平等的性别关系，当然，这种认同多属无奈，但是这种基于现状的认同又导致了她们遭受歧视的连续性，家庭内部的性别剥夺感得以存在和延续，即对不公平待遇的容忍与普遍认可的父权关系格局最终在家庭内部达成妥协。

西部地区普遍认为农村妇女最重要的角色是妻子和母亲，外加从夫居的婚

① 布尔迪厄．男性统治［M］．刘晖，译．深圳：海天出版社，2002：35.

② 笑冬．站在国家与男人之间：中国农村工业化的性别推动力［J］．北京：中国物资出版社，2002：176.

③ 马元曦，等．社会性别与发展译文集［M］．北京：三联书店，2000：41.

后居住模式与重男轻女的传统，使得这些农村妇女本身是认可“女孩是别人的，男孩才是自己的”的观念的。这是因为男性在劳动力市场上具有较为有利的地位，他们被认为能够通过受教育而得到更多的经济效益、更高的社会地位以及更好的自我发展，因此，在家庭经济条件有限的前提下，男性儿童自然成了家庭资源优先倾斜的对象，而女性儿童在生存、营养健康和接受教育的机会上则会受到一定的忽视或者明显的歧视。就营养状况而言，“2010 年第三期中国妇女社会地位调查数据显示：西部农村女童蛋类、奶制品和肉/鱼类营养物质的可获得比例分别为 81.3%、64.9%、67.5%，略低于西部农村男童，并低于西部城镇女童 13.5、27.2、20.9 个百分点。西部农村少数民族女童蛋类可获得比例为 71.9%，奶制品可获得比例较低，为 55.7%。也就是说，西部地区农村女童在肉蛋类营养获取方面处于相对不利的地位”。儿童低体重率和生长迟缓率既有城乡的、地区的又有性别的差异，如由于家庭收入水平低、膳食结构单一，日常主要以米粥、米饭、自产青菜和咸菜为主要食物，肉、蛋和奶类食物消费量较低，导致西部地区农村女童蛋白质摄入不足而出现身体发育迟缓等状况，而男童在营养获取方面享有绝对的优先权，相对同龄女孩有着更低的贫血率、消瘦率和生长迟缓率等。

再来看西部地区农村家庭的两性儿童接受教育的现状。虽然现在我国的教育政策减免了义务教育阶段学生的学费，但是男女学生在校期间的伙食、校服、作业本以及相应的交通费用仍是一笔不小的支出。如果家庭距学校过远，学生家庭还需要额外支付交通费或者住校期间的住宿费等，这样一来，女童入学或者继续升学的经济成本将不断攀升。除了经济上的考量外，女童辍学回家还能满足家庭所需的照顾家人或者做家务的再生产劳动的需求，从而解决家庭再生产劳动中的人手不足问题。根据 2000 年第二期中国妇女地位调查报告显示，“农村家庭对女性教育的期望值偏低，虽然家境困难同样是父母不让子女继续上学的主要原因（男性占 69.8%，女性占 68.1%），但父母认为女孩上学没有用的达 9.1%，比男性的同一比例高 5.6 个百分点”①。许多辍学在家的女童感到家务活繁重，心理孤独，变得胆小、懦弱、依附和自卑，而她们又常常得不到来自母亲的理解与支持。“在回答‘在你成长的经历中，谁对你的教育更多些？’

① 国家统计局．第二期中国妇女社会地位抽样调查主要数据报告［R/OL］．国家统计局网站，2001-09-04.

答案为'母亲'的占了66.1%。"① 也就是说，在女童的成长过程中，母亲作为性别刻板印象的受害者，她本人也在言传身教中传递"女不如男"的观念，久而久之这也会转化成为女童自己的无意识，从而导致女童产生基于性别的自卑心理。

第二节　职业/就业领域固化与延续妇女角色的刻板印象

1978年以后出现的打工潮是全国农村剩余劳动力转移的结果，给"不同性别和婚育状况的农村劳动力带来显著影响"②。如经济不发达的西部地区已婚男性采取离土又离乡方式，前往城市寻找工作机会，已婚妇女递补成为当地农业生产劳动的主力军，部分未婚和已婚妇女成为第二产业中的打工妹或者第三产业中的家政工；而对于乡镇企业或者旅游经济较为发达的地区，男女两性劳动力实现了离土不离乡的就地转移。正如第一章第三节所述，虽然相比全国平均水平的人口流动而言，西部地区不同族群的农村人口流动开始的时间大约晚了15年，且规模和数量相对汉族人口来说要小很多，但是从人口普查数据的纵向比较和其他的小型调查数据中，我们还是可以发现西部地区不同族群农村人口的跨地区、跨省和省内流动具有差异性，即女比男多的趋势越来越明显。现代社会为农村妇女提供了从事有薪酬职位的就业机会（例如打工妹、家政工）；从在刺绣加工、经营农家乐或民俗表演等行业中就业的织工、服务员、演员，以及电商下沉带来的农村电商衍生的女主播和女电商等新职业种类来看，行业与职业岗位具有妇女角色的定型化倾向。也就是说，一旦性别刻板印象形成就具有相对的稳定性，而就业/职业领域也会固化与强化性别角色的刻板印象。

一、离乡离土的妇女在第二和第三产业中就业

2000年以来，外出打工不再只是西部地区农村男性的优选项目，不同族群的农村妇女外出务工已经成为越来越普遍的现象。根据2000年第五次全国人口普查资料，在跨省流动的4242万劳动力中，进入广东省的是1506.5万，其中女

① 宋月萍，谭琳．论我国基础教育的性别公平［J］．妇女研究论丛，2004（2）：21-27.

② 孟宪范．"男工女耕"与中国农村女性发展［J］．社会科学战线，1995（1）：248-251.

性劳动力有 770.27 万，占 51.13%。国家统计局四川调查总队抽样数据表明，“2006 年，四川农村外出劳动力女性由上一年的 35.6%上升了 0.3 个百分点”①。农村劳动力从农业部门转移到非农业部门是各国现代化进程中的共同现象，在一定程度上是农村现代化的重要标志之一。而在始于 1970 年末的农村劳动力从农业中转移出去的大潮下，西部地区不同族群农村妇女完成了从从事第一产业的农民向从事第二第三产业的非农民身份的转变，城市化进程的加快也为西部地区农村妇女提供了更多样的职业选择机会，但是受限于自身的教育水平和传统的性别角色定位，这些进入城市就业的农村妇女深受工厂工作地点以及时间制度的限制，更难以平衡生产劳动角色与再生产劳动角色两者之间的关系。

（一）未婚农村女性成为第二产业中的打工妹

20 世纪 90 年代以后，伴随着经济全球化的浪潮，大量的劳动力密集型产业从欧美等发达国家转移到了日本、我国台湾以及韩国等地，接着又逐步转移到了生产成本更低、产业资源更丰厚的我国东南沿海一带，成功地吸纳了大量来自西部地区的年轻女性劳动力就业，可以从以下的极端事件中一窥究竟。1993 年的 11 月 19 日，一场大火吞噬了深圳的一间港资玩具厂，这是一间专门为欧洲某著名玩具品牌公司进行产品加工的分包厂。有 80 多名工人在这场大火中丧生，其中只有 2 名男性，其余均为女性，另有 50 多人被严重烧伤，还有 20 多人受轻伤，而伤者也全部是女性。这一极端事件中透露出来的信息，不仅包括工厂员工的性别问题，还有封闭管理的集体住宿制度等。

正如表 1.9 西部地区流动人口的性别变化（2010—2016）所显示的在人口流动中男女两性的数量差异，如从最初的男多女少（2010 年）到最近（2016 年）的男女基本持平来看，不同就业层次上出现女多男少现象，特别是未婚女性大多在技术含量低、劳动时间长、工资收入低和劳动条件差的服装、纺织、玩具厂等出口导向的劳动密集型行业中就业。“深圳在全球化的过程之中，其出口加工业的发展主要依靠最廉价、最驯服的女性劳动者。”② 这些 18~25 岁的未婚女工除了农民工称呼外，还有一个更通俗的称呼“打工妹”，她们更愿意每天埋头在枯燥的流水线上从事单调枯燥的工作，“因为（年轻）女性的身体通常被

---

① 西部农村劳动力现状及转移分析报告［R/OL］. 中国网，2007-12-07.

② 潘毅. 中国女工：新兴打工阶级的呼唤［M］. 任焰，译. 香港：明报出版社，2007：62.

想象为更加驯服、更加忍耐，并且更加适合于工厂机器”①。正由于她们在城市无法享有居住、教育、医疗和其他社会福利，所以她们只有住在工厂提供的宿舍当中，在深圳以及其他经济开发区的工厂中普遍存在着为临时性劳动力提供统一住宿的做法。正是通过这种宿舍制度，工厂可以最大限度地延长劳动时间和榨取劳动力的剩余价值。2008 年前后，“大多在广东、江苏和浙江等省的电子、制鞋和服装等劳动密集型的工厂工作，（打工妹）的月工资为 1000～2600 元”②。

当然，外出打工对于西部地区的农村女性来说，已成为一种新型且有巨大吸引力的就业方式。对于已婚妇女来说，外出打工无论是在本县还是本省，目的并不仅仅是为了赚取更多的金钱，还是希望能扩大眼界、增长见识并希望增加自己更多的职业经历；对于未婚妇女来说，也希望借此外出就业途径寻求外嫁机会，而不用再重复自己母亲或者其他女性长辈的生活轨迹。然而对打工妹来说，外嫁并非易事。就以潘毅的《中国女工》一书为例，深圳流星厂工人的工资和待遇存在着明显差异，从而自然而然地将打工妹与管理层、打工妹与打工仔（男性工人）区分开来，如在“流星厂，男性的工资通常比较稳定，在工人中，男性的平均工资比女性高 30%”③。打工妹必须不断地改变自己的语言习惯与生活习惯，才能适应城乡差别和工农差别中的城市生活。也就是说，西部地区农村妇女在初中毕业后没有继续升学的话就会来到城市打工，通常年龄一过 25 岁，她们的家庭就会要求她们就是否留在城里打工做出决定，而她们往往为了结婚而辞工重新返回农村生活。打工妹的父母之所以能对其施加影响，是因为在其打工期间，打工妹与其父母（出生家庭）大都保持着密切的经济联系，如“59. 26%的（打工妹）都会经常寄钱回家，比男性高 19 个百分点。外出打工女儿几乎全给父母寄钱以支持兄弟读书和盖房；而到她们结婚时，父母仅返回 40%，（甚至）有的一分也不给”④。而这一现象本身具有普遍性，打工女孩“最多（能）把收入的 2/3 寄回家，最少的也有 1/3，（而她们）留给自己支配

---

① 潘毅．中国女工：新兴打工阶级的呼唤［M］．任焰，译．香港：明报出版社，2007：23-24.

② 杨国才．边疆少数民族妇女流动的特点及变化［J］．云南民族大学学报，2008（6）：46-52.

③ 潘毅．中国女工：新兴打工阶级的呼唤［M］．任焰，译．香港：明报出版社，2007：236.

④ 马春华．市场化与中国农村家庭的性别关系：社会变迁过程中川西竹村家庭性别关系的变化［D］．北京：中国社会科学院，2003.

的收入很少”①。

（二）已婚农村妇女成为第三产业中的家政工

从第三次人口普查（1982年）到第六次人口普查（2010年）的数据来说，第三产业中女性劳动力比例从1982年的34.99%上升到了2010年的44.64%。从2013年开始，第三产业中服务行业的从业人员已经超过了第一产业中的农业从业人口，成为吸纳外出流动的劳动力人口就业的最主要领域。从2014年开始，服务业更是首次超越第二产业成为促进国内生产总值的首要产业。“在2014年和2015年，服务业中从业人员还在继续增长，从而成为农村劳动力主要的就业领域。”②

其实在20世纪90年代末，随着东南沿海地区经济发展就已经出现了第三产业当中的新兴就业领域，如旅游业、娱乐业和餐饮业等，它们同样青睐年轻的女性劳动力。当然，即使是在第三产业中就业，不同年龄段的妇女所从事的职业也是相对固定的。如20余岁的年轻未婚女性较多从事美容美发、餐饮服务和歌舞表演等行业，③ 而40岁以上的已婚妇女大多从事保洁、家政服务、医院护工和餐馆饭店的杂工等岗位。以“在2009年前后，中年妇女占比超过90%”的家政工（保姆、月嫂、小时工以及家政服务员）为例，她们所从事的“买菜做饭，洗洗涮涮，照顾年幼孩子或者年迈老人”的工作本身就属于再生产劳动，只不过如果发生在有血缘或者姻缘关系的家庭成员之间只具有使用价值而无交换价值，而发生在雇主与雇工之间就不仅具有使用价值还有交换价值，因为它成为服务行业中的一个独特的职业类别，“这些半辈子都围着炉灶、猪圈转的女人突然意识到，我也能工作，我也能挣大钱了！”④

从2012年到2014年，我国“作为第三产业的服务业对国内生产总值的贡献率分别为45.4%、47.6%和48.1%”⑤。随着人口老龄化情况日益严重和失能老人数量的持续上升，外加自2021年起我国三孩生育政策的实施等更催生了城市家庭对于家政服务的旺盛需求，“2018年，中国家政服务业从业人员达2602

---

① 陈雷．农村女性外出务工与家庭性别关系的变迁［EB/OL］．中国高校人文社科网，2005-10-26.

② 中国国家统计局．中国统计年鉴2015［Z］．北京：中国统计出版社，2015.

③ 对0~3岁幼儿进行生活护理和智力开发的育婴师或早教员来说，她们能够给幼儿讲故事、读儿歌并进行婴幼儿早期的智力开发等，适合由年龄小和学历高的大中专毕业生担任，且其工作场所一般是早教机构或者会所等公共空间，而非私人家庭等封闭场所。

④ 文炜．天镇保姆一个温馨的品牌［J］．中国扶贫，2016（7）：30-33.

⑤ 中国国家统计局．中国统计年鉴2015［Z］．北京：中国统计出版社，2015.

万人。其中，规模以上家政服务企业从业人数达 1119 万人，同比增长 12.6%；规模以下家政服务企业从业人数为 1483 万人，同比增长 12.3%”①。也就是说，我国农村妇女成为家政业的主力军，人数高居世界首位。以第六次全国人口普查数据推算②，当年广州市有 368 万户家庭，其中 20%的家庭有付费购买家政服务的需求，而当年全市家政工有 30~40 万人，尚有高达 30 万的人员缺口。对于家政企业来说，家政业的从业人员流动大且愿意进入者的数量严重不足，再加上城乡之间的生活方式差异很大，如果缺乏相应的培训和经验积累则会出现入职困难等问题，而要培养一名合格的家政工无疑会增大企业成本。对于雇主来说，随着社会生活的发展，照顾“一老一小”的刚性需求日益增长，而长期短缺合格的家政工，使得他们面临找家政工难、收费不断攀升而对家政工的服务满意度则日渐下降的问题。对于文化程度较低与年龄较大的潜在家政工来说，“这本身就是伺候人的活，得看人家脸色。更难受的是雇主的歧视和苛刻……有的雇主不让我们同桌吃饭，甚至只给吃剩饭。如果不是收入还算可以，谁愿干这行?”这其实反映了家政业从业环境不理想以及职业成就感低的问题，这三者交织在一起形成家政业中至今都无法解决的大难题。

一般来说，按照不同的工作时间与工作方式，家政工可分为三种类型：第一种是传统意义上 24 小时住在同一雇主家里从事家政服务的住家型；第二种是不住在雇主家里，但在固定时段（如上午四小时或者下午四小时）去同一雇主家进行家政服务的包时型；第三种是按需上门为多个雇主提供家政服务的小时工型。其中照料雇主年老失智/失能老人或者婴幼儿的家政工属于住家型，如以 2017 年，上海陪护 70 岁以上老年人为主要任务，同时兼做一般家务的家政工工资为例，护理能自理老人的工资为 4500~5000 元/月，半自理的为 5500~6000 元/月，完全不能自理的 6000~8000 元/月。而专门护理产妇和新生儿需要在雇主家居家照料一个月之久的月嫂也属于第一类，月嫂需要指导产妇的产后康复以及为新生儿提供洗澡、换尿布和其他的专业护理等，等产妇顺利度过月子期就可以拿到自己的全部工资了。

由于包时型和小时工型家政工更适合为一般家庭提供带孩子、洗衣、做饭和保洁等服务，市场对这类家政服务需求量最大。就家政工来说，每天固定时

① 中国家政服务业数据分析：2018 年从业人员达 2602 万人［EB/OL］. 艾媒网，2019-07-31.

② 广州市统计局. 广州市 2010 年第六次全国人口普查主要数据公报［R/OL］. 广州市统计局网站，2011-05-17.

间上班，工作时间比较灵活自由，自己可支配的时间多，如果从事兼职的话收入也很可观。以2017年上海从事做饭做家务、带小孩等不住家的小时工价格为例，每天固定上班的为35~40元/小时，每周固定间隔上班的40~50元/小时，其他则按月议价。就以做饭为例，要做多少人的饭菜，雇主的要求高不高，这些细节都决定着家政工的价格。现在家政市场把家政工划分为不同档次，如工作一年的称为初级家政工，三年的称为中级家政工，五年以上的称为高级家政工，以及口碑好的称为金牌家政工，就是根据不同服务质量配套不同档次的工资，而且每个档次的工资差距十分显著。

二、离土不离乡的妇女在第二和第三产业中就业

随着西部地区经济社会的发展，原先因东部沿海地区经济发展出现的旅游业、娱乐业和餐饮业等也开始向西部转移，成为雇佣当地妇女从第一产业转移到第二和第三产业就业的主要领域。2021年12月29日公布的《第四期中国妇女社会地位调查》① 数据显示，18~64岁的在业者中，女性占43.5%，其中农村女性的在业比例为73.2%，女性在第一、二、三产业就业的比例分别为28.8%、17.1%和54.1%，其中在第一产业就业的比例比2010年降低16.5个百分点，在第二、三产业就业的比例分别比2010年提高2.6和13.9个百分点。农村在业女性中，非农就业比例为39.5%，比2010年提高15.4个百分点。37.8%的农村女性有外出务工经历，返乡女性从事非农劳动的比例为52.6%。当然，根据西部地区不同地域农村的特点，这些第二第三产业也包括刺绣加工生产、商品零售与批发、餐饮服务业、乡村旅游业当中的经营农家乐或者歌舞表演等。也就是说，即使是那些继续从事农业劳动的妇女，她们为邻里和亲友在果园或者蔬菜大棚内打工的，也有了自己日结或者月结的工资性收入，妇女从事农业生产劳动也有了随行就市的经济价值。此外，随着城市电商经济下沉，离土不离乡的妇女同时承担起电商市场化运营与家庭照料的双重责任，下面以不同族群农村妇女在第二产业和第三产业中的就业展开相应论述。

（一）农村妇女从事染采和刺绣加工业

染采是云南大理喜洲白族村民最重要的传统产业。在染布业发展的全盛时期，全村有300多户村民从事自织、自扎、自染和自销经营的染布业。从1983

① 中华全国妇女联合会．第四期中国妇女社会地位调查主要数据情况发布［EB/OL］．全国妇联女性之声，2021-12-28.

年开始，历史上从事扎染的农户率先开办扎染作坊，1984 年 5 月建立了村办企业周城民族扎染厂，扎染厂采取统一印样图案，由各家各户分别进行扎花工序，花样统一上交制染成品，再集中对外进行销售。随着染采业的不断发展，周城扎染厂不仅解决了本村 4000 多名妇女的劳动就业，而且还带动邻村和外县的 5000 多名妇女先后就业。此外，随着周城染采业的兴旺发达，还带动了附近村民对扎染布进行深加工和相关产品开发，如全村有 100 多户家庭专门从事扎染服装和扎染旅游用品的设计、制作与销售等。当地村民不仅通过自行销售、联户展销以及流动销售（利用农闲到各旅游景点摆摊或者在大理三月街等民俗活动中设点推销）等形式，最终“形成（扎染布的）产、供和销一条龙，直接增加了当地妇女的非农性收入”①。

由于大部分西部地区都被称为刺绣之乡，不同族群的农村妇女大多擅长盘绣、拉绣、堆绣、平绣、皱绣、破绣、辫绣、轴绣、锁绣、结籽绣和盘绦绣等刺绣技术。传统刺绣大多用于嫁衣、鞋面、手帕、小孩鞋帽、背带和其他绣件上，属于生产劳动中的精细活，费时多，大多只能自用或者作为迎来送往的礼品。现在钱包、花鞋、壁毯、垫毯、枕套、手机套和电脑包等绣件作为商品开始走入市场交换的领域，特别是纯手工制作的绣品大多属于个体单打独斗式的生产，生产能力有限且销售环节一时也难以打开，若上马绣花机等机器设备对于个体绣户来说，则面临着前期投入大、技术操作难度大以及打开成品销售市场难等问题。2013 年以来，贵州省册亨县启动实施“锦绣计划”,② 以产业扶持的方式推动布依族的织布、印染和刺绣等传统技艺走向市场，共举办“锦绣女”和“巧媳妇”等锦绣计划培训班 24 期，培训绣娘 2667 人（次），使得 20000 余名布依族妇女依靠刺绣手艺走上了脱贫致富奔小康的道路。如 2015 年 4 月，贵州丹寨县嘎闹手工刺绣有限公司成立，从事苗族手工刺绣和马尾绣的苗帽、苗鞋、花腰带等的制作和销售；为全县 50 多位巧手绣女进行平绣、挑绣、单面绣、双面绣、锁绣和马尾绣等绣法培训，在保护、传承和发展苗族优秀文化时，提高苗族农村妇女的就业技能，增强其致富本领。2018 年，贵州六盘水市钟山区成立了首个苗族服饰加工厂，③ 把绣花机生产的机制品与苗族妇女手工绣制的绣品结合起来，让苗族妇女在农闲之余或者再生产劳动之余能够按件派活且按

---

① 金少萍．周城白族扎染村的保护与开发［J］．西南边疆民族研究，2003（2）．

② 周玉林，卢雁妮，肖雄．贵州册亨“锦绣计划”传承创新并重 让妇女“手艺活”变为致富“摇钱树［N］．中国妇女报，2019-04-17（3）.

③ 钟山首个苗族服饰加工厂投入生产［EB/OL］．人民网，2018-08-17.

件计酬，走一种“公司+合作社+贫困户”的运作模式。如该服装加工厂将24户贫困户纳入其中，按照第一年5.5%、第二年6%和第三年6.5%的比例进行分红。目前该服装加工厂实现日产机制苗族服饰350套，手工苗族服饰10套，由于传统服装的形制、花纹、图案和色彩始终深受当地苗族和周边县市苗族的喜爱，采取订单式销售，成品销往毕节和威宁等地。现在服装厂汇集了刺绣、织锦、蜡染等方面的众多能工巧手，可以增加生产服装的种类，而且不断改进老装和新装的布料和生产工艺，在带动当地妇女学习和掌握传统服饰制作技艺的同时，能保障苗族传统服饰在现代社会的生命力和永续发展。2019年5月，云南省石林县对50名绣娘开展绣花技法实训，让绣娘们掌握马尾绣，旨在让当地农村妇女能够把当下流行元素与民族特色文化相结合，生产多种马尾绣产品，实现就近就地转移就业，打赢脱贫攻坚的持久战。

传统上新疆的哈萨克妇女大都会刺绣，且能制作各种壁挂和花毯，但仅限于自制自用，或者作为礼品用来馈赠亲友。从1996年起，柴达木盆地的农村妇女将她们绣好的成品，每幅按面积大小以250~300元定价交给专门前来收购的外地商人，由其统一对外销售，现在妇女们利用空闲时间生产的刺绣品每月都能收入500~600元，手工刺绣已成为哈萨克族妇女增收致富的主要渠道之一。而乌孜别克族刺绣是将哈萨克妇女缝制花毯的工艺与乌孜别克族的刺绣工艺结合起来形成的独特刺绣工艺，其中以壁毯、垫毯、枕套、珍珠枕套、珍珠壁挂和珍珠肩夹等最为有名，历来深受新疆各族顾客以及外来游客的喜爱，现已成为当地市场上最受欢迎的特色商品。2019年，新疆昌吉木垒县大南沟乌孜别克族民族乡的“贫困户每月刺绣收入可以达到2000元以上”①。

（二）农村妇女在民俗旅游产业中就业

作为我国旅游资源最为丰富的地区，西部地区的资源总量约占全国总量的40%，改革开放40余年来，特别是实施西部大开发战略和新农村建设以来，西部地区的旅游基础设施、公共服务设施以及产业体系不断完善，旅游业现已成为西部地区乡村振兴当中的重要产业，对于实现区域协调发展特别是实现农村剩余劳动力部分或全部就地转移发挥了重要作用，包括农村妇女在内的人员在离土不离乡的旅游业中获得了现金收入。

在20世纪90年代末，西部地区出现了一大批乡村旅游特色村寨和特色城

① 吴静怡．乌孜别克族的“Office Lady”在这里［EB/OL］．人民政协网，2020-01-16.

镇，以当地政府大力推进以农家乐①为代表的乡村旅游为例，它通过生产、加工和销售当地特色农产品和提供饮食、住宿、娱乐等旅游服务来增加村民的收入，本身具有就业容量大、就业层次多和就业门槛相对较低等特点。虽然农家乐经营规模较小，管理模式比较传统，但这是一种村民参与度极高，获益颇丰的乡村旅游发展模式，能有效地带动当地剩余劳动力就地转移。在那些富有地方饮食风格特色和旅游接待能力强的特色村寨中，“对大多数经营户而言，旅游收入已经成为家庭的主要收入来源”②。

一般来说，西部地区农家乐还具有以下四个特点。第一，“一个旅游点能致富一个村”。以“天下长发第一村”为例。贵州红瑶女性从 13 岁开始蓄发，直到 16 岁成年礼这天才会剪下长发并珍藏，待到结婚生育后的 30 岁左右，已育有小孩的红瑶嫂再将珍藏多年的少女时代的头发一起盘在头上，然后一直蓄发到老。目前黄洛瑶寨全村 60 多户人家 300 多人，其中 60 多人发长在 1.4 米以上，最长者达 1.75 米，成为著名的长发村，并在 2002 年获得“吉尼斯群体长发之最”的称号，被誉为“天下长发第一村”。瑶族女性特色民族服饰和长头发这两种红瑶女性文化资源正是借助民俗旅游而得到了开发，于是，黄洛瑶寨“瑶女长发展示+红瑶风情表演”的民族旅游项目“已成为黄洛景区内唯一的民族风情表演项目”③。

第二，“一个旅游区繁荣一个县”。这指的是当地政府提升景区对周边民族村寨的带动力，鼓励民族村寨依托景区提供餐饮和住宿等服务，从而带动当地劳动力就地转移脱贫致富。如新疆吐鲁番的葡萄沟就有众多农家乐体验项目，包括采摘葡萄和欣赏维吾尔民族歌舞表演等；四川九寨沟景区的藏羌民俗表演也为景区的自然风光增色不少，而附近年轻村民除了在景区表演歌舞外，其余的则为游客提供餐饮、住宿服务以及以“家访”为特色的导游服务等，此外加工销售当地的农副产品也能为村民创造更多的收入。

第三，“依托非遗保护为核心的文化旅游”是农家乐的升级版。自 2000 年

---

① 所谓农家乐是以每户村民家庭作为具体接待单位，为游客提供吃、住、娱乐及购物等体验农家风情的休闲旅游形式，由于家庭成员积极参与，有效弥补了农业生产劳动的季节性特点，实现了农村劳动力就地向非农行业的转移。

② 章立明，王语嫣．政策、权力和市场形塑下的傣族村寨的宗教生活变迁［J］．学术探索，2017（10）：63-69.

③ 赵巧艳．布迪厄实践理论视角下民族旅游与社会性别的互动：以龙胜金坑红瑶为例［J］．人文地理，2011（6）：67-71.

以来，经过国内高校和科研院所的先期调查、规划和试点，西部地区也培育出一批民俗文化生态村，后来政府和市场力量进入后，加大了对基础设施的投入，形成了配套完善的民族旅游示范村项目，如在云南形成可邑、箐口、大沐浴、南碱和大糯黑等旅游示范村，增加了游客的休闲感、娱乐感和参与感。2014 年，位于景洪城北 20 余公里的傣族村落曼掌村，由于生态环境良好，自然风景优美，干栏式傣族民居风貌保存完整，被当地文化部门试点建设以手工造纸为主的“文化农庄”。现在曼掌村已经确定 24 户村民为第一批非遗展示户，对傣族织锦、手工造纸、慢轮制陶、象脚鼓和贝叶经制作技艺等非遗项目培训，配合村庄美化和旅游接待设施建设，形成以傣味美食为特色的“傣家乐”，最终形成“通过非遗的集中保护和展示吸引游客，通过旅游开发，反过来促进非遗的保护和传承模式”①。

第四，以“住农家屋、吃农家饭、干农家活和享农家乐”为内容的民俗风情旅游，是农家乐发展的新趋势。如以收获各种农产品为主要内容的务农采摘旅游，以民间传统节庆活动为内容的乡村节庆旅游，还有将农业与休闲结合起来的家庭旅馆②的农家乐，特别是后者已成农家乐发展的大趋势，即利用田园景观、自家庭院、菜园、花圃、果园等农业景观、自然生态环境资源同当地民族风情等资源有机结合起来的休闲度假形式。如果农家乐经营状态良好就会为本地各个年龄阶段和各个文化层次的妇女劳动力提供就地转移机会。少数年轻的高学历女性劳动力可以利用网站、微信和手机 App 三位一体的旅游营销模式来促进整个行业的长远发展，如她们可以在艺龙、途牛、去哪儿网和携程等平台上公布住宿信息并进行文案推广，然后通过互联网和移动通信平台进行订单确认与回复咨询等活动，整合景区、民宿、农家乐、旅行社和大棚户资源。游客可以白天在地里采摘水果和蔬菜，晚上在家庭旅馆休息，而旅游景点则可以根据季节联系不同大棚户进行合作，形成网上订单确认、前台接待、客房清洁、餐食服务以及接送游客当地往返的交通服务等一条龙服务，这样就能“更好地解决农村妇女劳动力就业问题”③。特别是一旦提高了当地农业收入的附加值，解决了单纯的农业收入来源单一的问题，就能促进当地经济社会的全面发展。

---

① 西双版纳傣族村寨：盼旅游开发促非遗传承［EB/OL］. 新华网，2015-04-10.

② 家庭旅馆（Bed and Breakfast）全称是共享家庭公寓和家庭酒店，房主为游客提供客房和早餐服务，游客也可在厨房内进行简单的烹饪。

③ 吴絮颖. 以民俗生态旅游业为契机促进农村妇女素质发展：以广西龙胜黄洛瑶寨为例［J］. 农业经济，2016（5）：78-80.

（三）城市电商经济下沉为农村年轻妇女带来新的就业机会

截至2020年11月，《中国互联网发展报告2020》蓝皮书显示，中国网民已达13.19亿，电子商务年交易规模为34.81万亿元，网络支付交易额为249.88万亿元，移动支付普及率位于世界领先水平，中国数字经济规模稳居世界第二。由于我国的农业资源丰富，当城市电商经济下沉至农村时，[①] 直接产生了包村推广员、村淘合伙人和网络代购员等新型岗位，也间接产生了物流配送和农产品销售等相关岗位，而那些离土不离乡的农村年轻妇女[②]为了平衡生产角色与再生产角色，抓住了这一弹性工作时间、无工作地点限制以及准入门槛低但增收致富效应显著的工作机会，做起了替村民代购或者经营农产品销售甚至是物流配送的工作，在有效促进货源地的经济发展的同时，承担起电商市场化运营与家庭照料的双重责任。

绝大多数相关研究主要论述农村电商的出现使得农民摆脱传统商品流通的中间环节，直接参与到电商市场中与消费者建立联结，创收增收。[③] 然而这些农村电商研究缺乏性别视角，后续研究[④]开始聚焦从事农村电商的青年妇女群体，然而同样缺乏族群视角，因此目前有关农村电商与妇女的研究，案例主要来自我国东部地区的农村妇女。其实在农村电商发展过程中，农村青年妇女作为拥有互联网技术、运营知识、销售经验以及相对有弹性时间的群体，无疑成为支撑农村电商发展与兴旺的重要力量。农村青年妇女以小农户为基本经营单位，通过资本的投入、产品类型的创新、店铺的升级、雇佣人数的增加、社会关系的经营等方式对自我控制的资源库的生产和再生产要素进行不断的重新组合和配置，以期摆脱电商线下生产性和线上销售的双重挤压和制约。为了具有电商

---

① 京东农村电商模式是设立县级服务中心，由乡村主管负责招聘推广员，教会村民网购比当地商超便宜的家电与日用品。阿里巴巴的农村电商业务（农村淘宝），在全国组建县级服务中心和村级淘宝服务站，在全国范围招募村淘合伙人帮助村民代购淘宝上的商品。中国邮政布局农村电商业务（村邮乐购），包括网络代购、农品销售和物流配送等服务。

② 由于进城务工和外出求学，留守农村的多为未成年儿童以及60岁以上的老人，他们缺乏网购技术并对网上购物的观念接受程度低，需要专人提供上网购物服务等。

③ 张建云．互联网与农业生产方式大变革［J］．兰州学刊，2016（6）：179-185；何宇鹏，武舜臣．连接就是赋能：小农户与现代农业衔接的实践与思考［J］．中国农村经济，2019（6）：28-37；聂凤英，熊雪．“涉农电商”减贫机制分析［J］．南京农业大学学报，2018（4）：63-71.

④ 聂召英，王伊欢．复合型排斥：农村青年女电商边缘化地位的生产［J］．中国青年研究，2021（9）：96-103.

市场运营中的掌握选品自主权、降低产品成本以及缩短发货时间等优势，她们将线上电商的运营与线下的生产加工相结合，逐渐形成“线上销售+线下生产”的生产经营模式，这样一来不仅摆脱了产品供应商在价格、时间、质量等问题上的限制，而且也直接为线上电商市场的竞争提供了价格、质量、发货时间短和可溯源等优势。四川省阿坝州理县分布着众多高山村落，留守在农村的老人既不会开车，又不懂互联网，种出的农产品只能在国道旁摆摊销售，很难变现，理县桃坪羌寨回乡创业人员易川开办“羌妹子易川电商旅游服务中心”,[①] 帮助老乡把当地的豆子、土豆、苞谷、腊肉、花椒、苹果等土特产发往全国各地，成为大山深处的搬运工。而为了打开农产品销路，就要让更多人认识大山深处的世界。2020 年 4 月起，易川正式开始短视频创业。她的短视频记录了羌族村寨里最古朴的生活。作为视频中的主角，易川帮家中长辈割猪草、摘水果，冒雪外出放羊、与兄弟上山挖虫草，在家中干农活、挂腊肉，还展示服饰、建筑、舞蹈等独具风格的羌族文化。仅 1 年多，易川开设的 2 个短视频账号共吸引粉丝超 80 万，短视频把大山里的农户与城市里的消费者连接起来。此外，易川还吸纳周边农村闲散劳动力和待业青年加入自己的带货团队中，从事快递打包、发送等基础工作也可以挣到 2000 元左右，解决了当地农村妇女的就近就业问题。

2012 年底，全国的贫困人口达 9899 万；2015 年底，全国还有 14 个集中连片特殊困难地区、832 个贫困县、12. 8 万个建档立卡贫困村，贫困人口达 5575 万人；截至 2020 年 2 月，现行农村贫困标准下（每人每年 4000 元）的农村贫困人口全部脱贫，832 个贫困县全部摘帽，历史性地消除了绝对贫困现象。在当代市场化进程中，由于农民消费的粮食、工业品以及其他服务都已经或者大部分市场化，农村家庭需要大量现金收入来满足不断增长的消费需求，如家庭成员的教育费用、房贷、车贷、日常生活消费等，如何解决家庭生产与再生产之间最低程度上的平衡问题，已经不全是养家糊口的男性的职责，它也成为衡量离土不离乡的妇女能力和名声的重要标准之一，那种认为已婚妇女所挣的只是“零用钱”[②] 的社会认知，既不符合当代农村的实际情况又显得不合时宜。

---

① 单鹏 . 羌族村寨里的“搬运工”：短视频“播”出幸福新生活［EB/OL］. 中国新闻网，2022-02-02.

② 熊秉纯 . 客厅即工厂［M］. 蔡一平，张玉萍，柳子剑，译 . 重庆：重庆大学出版社，2010：109.

第三节 公共政策干预/介入农村妇女角色的生产/再生产过程

在漫长的历史过程中，妇女角色刻板印象的生产/再生产机制极其复杂，离不开社会文化的渗透与具体个人终其一生的参与互动，前者包括关于妇女角色的种种矛盾看法与不一致做法，而后者在建构刻板印象时也在消解它。虽然贝克（Ulrich Beck）认为，“在以男女不平等为先决条件的制度化结构之中是无法创造出男女之间的平等”的①，我国男女平等的基本国策在21世纪的今天还未完全实现，但是并不等于我国的公共政策不能干预/介入性别刻板印象的生产/再生产过程。通过政治、法律、经济与教育等公共政策来修正与调整性别观念，特别是提升西部地区农村妇女政治参与的意愿并转化为能力，从而保障其在家庭与社区当中享有合法的社会福利与相应权利，我国一直在路上。

一、父系继嗣制度下充满悖论的妇女观

作为20世纪西方神话学重要标志的女性主义神话学揭示了这样一种现实，世界上绝大多数文明都是父系继嗣制度，而其显著特征就是会在某种程度上贬低和蔑视妇女，包括对妇女社会权利的忽视与压制。当然，父系继嗣制度妇女观也有充满悖论的地方，一方面它要依仗妇女的生殖力来传承和延续自身，另一方面又要处处防范与打压与男性本质迥异的女性禀赋。具体而言，西部地区自然条件各异，不同族群的生产方式各具特色，因而形成的关于生产对象、生产工具和生产过程的生产习俗也是千差万别，而其中最饶有意思的是，生产习俗中对女性的尊崇与贬损却有着高度的一致性。

（一）基于生殖崇拜的女神观

在西南地区的壮族、彝族、怒族、白族、哈尼族、纳西族、拉祜族、傈僳族、阿昌族、景颇族、基诺族、苗族、瑶族、水族、侗族、傣族、布依族、布朗族、仡佬族、德昂族和佤族等族群当中都有关于人类起源于葫芦的神话传说。这些神话传说既反映了远古先民对人类起源的探索，又反映了其生育文化对自身生殖现象的社会认知。从表象上看，葫芦浑圆而又饱满的外形同孕妇高高隆

① BECK U. Risk Society: Towards a New Modernity [M]. California: Sage Publication, 1992: 109.

起的腹部极为相似，而葫芦中空多子的内涵又与妇女孕育和生子现象产生了关联，以此衍生出人类起源于葫芦的神话传说。

1. 有关女神的创生神话

在云南拉祜族最有名的创世史诗《牡帕密帕》中，就有“ 厄莎造人”的传说，即很久以前，宇宙间没有任何东西，女神厄莎创造了地球和自然界，但是没有人类，厄莎感到寂寞就种下一棵葫芦。等到葫芦成熟后，从中走出一男一女，男的叫扎笛，女的叫娜笛，两人长大以后，厄莎就让两人结成夫妻繁衍后代，从此地球上就有了人类。

云南佤族神话“司岗里”中也包含有关人类起源和佤族历史的内容。“司岗”意为石洞，也有意为葫芦的说法，“里”意为出来，“司岗里”指的就是人类是从石洞或者葫芦里出来的，因为石洞和葫芦都形似人类母亲的肚腹。佤族传统的木鼓以红椿木为原材料，长约 200 厘米，直径约 70 厘米，鼓身挖一条长约 150 厘米，宽约 15 厘米的直槽，槽两侧各刻一鼓舌，鼓舌周围留有空隙，可以起到共鸣作用。由于木鼓内部的构造与女阴结构相似，所以祭祀木鼓被认为是佤族生殖崇拜的表现。此外，这一祭祀活动也旨在祈求上苍保佑五谷丰登和人丁兴旺，因为谷物从播种、生长到结出硕果的整个过程，代表着自然界循环往复和生生不息的力量，这与妇女生儿育女繁衍后代的现象极为类似。

云南基诺族传说女神阿嫫腰白创造了天地以后，用手搓出了一堆污垢，用污垢做成了人和动物。后来，人类曾经历过一个洪荒时代，仅有一对兄妹存活在世上，他们种植了一棵葫芦，但只结了一个果实，葫芦被烙开后，从里面走出了布朗人、傣人和汉人，最后才走出了基诺人。当然，这个神话既是基诺族的人类起源传说，也是其对族群关系的认知与理解。

西部地区多个族群所崇拜的祖先神几乎全为女性，这主要是由于妇女具有生育的生理特征在繁衍人类中起着不可替代的作用，她们死后往往被视为保护神，从而产生了女性始祖崇拜。如满族神话故事中的“他拉依罕”妈妈，既是一位祖先女神，又是 48 个哈拉（部落）部落长，她处事公正，明断是非，而且能够双手使刀，是有名的双刀妈妈。锡伯族人祭祖供奉的女祖先为“喜利”妈妈，就是把一条五彩绳装在一个用布或纸做成的口袋当中，也被称为“口袋”妈妈，年三十时将长绳扯出，一头拴在屋里的西北角，一头拴在东南角，意思是祈祷喜利妈妈保佑锡伯人的子孙后代繁衍生息。

2. 农业生产民俗中的生殖仪式

正因为西部地区不少族群已经认识到女性与男性的最大生物差别主要表现

在月经、怀孕和生育等方面，而且也对这种生理禀赋顶礼膜拜过。他们把妇女的生育和大地长出草木相联系，认为田野、河流、大地都是女性和女阴的象征，希望人口繁衍如同大地生长草木那样郁郁葱葱，永不枯竭。在祭祀土地时要放置女性使用过的器物和经血；女性分娩要去田野，认为这可使分娩顺利和五谷丰登；收割谷物要由生育过孩子的女性首先开镰，认为这样会使土地的产出更加丰厚和繁盛。这些农耕仪式表演性地展示了这种性别魅力。

在《诗经》时代，人们就意识到男女交媾可诱使田地丰产，“女人就像是土壤，男人们，你应当在她身上播种”,① 并深信“交媾能催促种子发芽，禽兽繁殖，”农业生产被看作是两性的结合。《诗经》中就保存不少男女在田地里交媾以诱使田地丰产的诗句，如《豳风·七月》云：“同我妇子，馌彼南亩，田畯至喜。”《小雅·甫田》云：“曾孙来止，以其妇子，馌彼南亩，田畯至喜。”《周颂·载芟》亦云：“侯主侯伯，侯亚侯旅，侯彊侯以。有嗿其馌，思媚其妇，有依其士。有略其耜，俶载南亩。”而且男女交合也是一种求雨和祈雨的象征仪式，如《小雅·甫田之什》云：“琴瑟击鼓，以御田祖，以祈甘雨，以介我稷黍。”

在云南滇池周围墓葬出土的贮贝器上也有一些与农业活动有关的雕铸和图像，其中有关孕育、播种和收获场面的最为常见。石寨山 M13：259 号人物屋宇镂花铜饰中就表现了这样的孕育场面，在一个干栏建筑的平台上有坐者、舞蹈者、吹葫芦笙者和整理物件者，右角有两个人正在交媾，这是一种古老的模仿巫术，即认为通过交媾能够促进农作物的孕育与生长，并让粮食获得丰收。

在传统的农业社会中，农业生产的某些环节还有类似模拟性行为的做法。如“洱海坝子白族过栽秧会前要先祭田公地母，栽秧时秧官与妇女们嬉笑挑逗，说各种淫秽词语，遭到妇女们戽水戏谑，秧官全身上下全被泥水淋湿，但也毫不在意，身上越湿，秧官和大家就越高兴，白族人会说，在秧田里越闹得厉害，谷子就会长得越好”②。在广西那坡、靖西一带插秧的第一天，至今还流行一种“逗泥丸”的习俗，即男女青年互相将泥浆泼到对方身上，以溅泥浆多者为荣，其中就有生殖崇拜的象征意义。

传统上在苗族聚居区普遍盛行踩花山、跳花场和跳花坡等男女交游集会活动，所谓的跳花又称跳场、跳年、跳月、跳芦笙等，是苗族青年男女交流情感，

---

① 伊利亚德．神圣与世俗［M］．王建光，译．北京：华夏出版社，2003：94.

② 黄泽．西南民族节日文化［M］．昆明：云南教育出版社，1995：317.

谈情说爱的一种方式，因为苗族相信“苗族不跳花，儿女难成家”和“苗族不跳花，稻谷不扬花”等说法，于是把每年的农历七月十三日的第一个“未日”定为跳花日，认为跳花后才能风调雨顺，当年庄稼能获得好的收成。

（二）基于性别排斥的女污观和女祸观

由于男女两性显而易见的身体差异，月经初潮/停经以及怀孕与生育等特征成为父系继嗣赖以存在的生理基础，妇女与生育的关系也常在农业生产民俗中进行仪式性的展示，以此象征丰收有望和六畜平安等。当然，也正是这些易于识别的差异，为传统的父系继嗣制度的女祸观和女污观大行其道提供了确凿的口实。

1. 女污观

女性身体禁忌是伴随出现经血，开始性生活和孕育新生命等明显生理功能而出现的，有的文化视其为自然现象而不加理会，更多的文化则无法做到熟视无睹，因此，针对月经的隔离仪式最具普遍性。在西部地区，许多村寨社区层面的捕鱼、狩猎和农耕等生产祭祀活动完全排斥妇女参加，因为她们身上的月经现象会让鬼神附身使得祭祀失效，这是因为“肮脏绝不是一单独的和孤立的事件，无论在什么地方，肮脏都是个系统。肮脏只是我们将事务系统地秩序化并加以分类的副产品，而在这种秩序化的过程中……这种肮脏的观念使我们面对象征的领域，并使之与更明显的纯净象征系统汇合起来”①。

凉山彝族认为妇女来月经后身体就变得很脏，因此，月经初潮后的女子便不能爬上屋顶，否则房屋就有倒塌的危险。藏族妇女在月经期不能与男人有身体上的接触，严禁进入寺院和其他圣洁的地方，也不能串门或者进入别人家的帐篷，认为一旦冒犯会弄脏灶神，让主人家失去福气，如果非要进房的话，须经主人同意，并且手握牛粪或一根柴，才能防止邪气；藏族妇女分娩的地方大多选在牛棚和羊圈之中，视其为净土之地，认为婴儿在此诞生，将能抵御邪魔的侵扰，“而在自家屋内生产会触怒神灵”②。羌族也认为如果妇女怀孕的话，她的危险性就要翻番了，禁止孕妇进入新婚夫妇房间，认为孕妇身上不干净，也不准她在家里分娩，必须到牛和羊圈里去分娩；如果没有满月的产妇，不能进入灶房，以免得罪火神和家神，为一家人带来灾祸。

---

① 鲍伊．宗教人类学导论［M］．金泽，何其敏，译．北京：中国人民大学出版社，2004：54.

② 穆兴天．青海少数民族［M］．西宁：青海人民出版社，1995：116.

云南的傣族、哈尼族和布朗族等也认为月经期间的妇女会给周围带来灾祸，她们触摸过的植物会枯萎，触摸过的水果会腐烂，不允许她们参加婚礼和葬礼等仪式，也不允许进入佛寺等神圣场所，“甚至要求她们在月经期间到村外去居住”①。

传统上云南佤族也视产妇在家内分娩为不洁。佤族房屋一般有主间与客间之分，所用火塘也有主火塘、客火塘和鬼火塘之别，鬼火塘是专门祭祀所用，产妇若在家中分娩，生产之处有的设在主火塘上方的老人睡觉之处，有的则设在鬼火塘或客火塘旁，因为佤族往往将孕妇视为鬼附体，直到满月后方能脱离鬼床。基诺族认为产妇分娩不仅不洁净，而且还有可能带来灾祸，为了避免孕妇分娩带来的灾祸，所以产房一般设在竹楼外的小凉台、谷仓和草棚等处，平安生产的产妇须经过净化仪式才能返回家屋居住。

2. 女祸观

除了妇女不洁观外，女祸观也是父系继嗣社会的一种普遍共识，夏桀因妹喜亡了国，商纣因妲己亡了国，甚至吴三桂“冲冠一怒为红颜”也是栽在美人身上。四川昌都民间谚语更是直白地说：“百名男人中，只有一个是人妖，而百名女人中，只有一位是仙女。”也就是说，妇女用自身的性魅力蛊惑男性，使男性丧失理性，成为社会的一种消极因素和破坏力量，男性应该对此保持高度的警惕并采取有效的防范措施，才能避免灾祸的发生。

在保存较多原始苯教内容的典籍《赛米》中，借创始人辛饶弥沃之母说道：“所谓女人就是罗刹女的再生，因为她心底的情欲如此强烈，故被视为魔鬼；因为她的贪欲如此强烈，罪恶的世界均出自她的子宫。”② 这样一来女性就被打上了“劣生”烙印，成为受到男性社会严重歧视与小心防范的对象。

二、公共政策干预/介入农村妇女政治参与的需求和行动

自 1949 年新中国成立以来，我国就开始推动包括西部地区农村妇女在内的中国妇女的政治参与，因为妇女的政治参与本身是测量男女平等的重要工具，也是妇女解放的最高形式。而对于广大的农村妇女而言，其政治参与主要表现

---

① 李金莲，朱和双．论中国少数民族的月经禁忌与女性民俗［J］．楚雄师范学院学报，2005（5）：41-48.

② 陈果．论藏传佛教对藏族女性性别角色的影响［J］．湖北民族学院学报，2006（5）：18-20.

为参与村落治理的需求与行动，农村妇女除了生产角色和再生产角色外，是在家庭之外社区角色与村落政治的交集，或者说妇女的社区角色本身就孕育着妇女政治参与的可能性。经过70多年的发展，西部地区农村妇女的政治参与水平不足和质量不高状况制约着对其生产与再生产价值的评价，导致其整体社会政治经济地位低下的问题已得到进一步改善。除了继续完善《中华人民共和国村民委员会组织法》（《村组法》）保障村民自治权利外，我们还需要从农村妇女的政治参与状况出发，通过教育培训来开发农村妇女参与村落治理的需求，并通过具体措施进一步促使其转化为进行村落治理的行动。

（一）新中国成立以来西部地区农村妇女的政治参与状况

1949年以后，西部地区农村妇女与全国妇女一起在中国共产党领导下推翻阶级压迫和民族压迫，走上了共同繁荣与共同发展的道路，特别是人民公社时期动员妇女走出家庭参加集体劳动对于提高妇女政治地位具有深远影响。1978年，中国共产党第十一届三中全会推行农村经济体制改革，特别是人民公社制度退出后成立了村民自治组织，为包括妇女在内的农村居民民主治村和自我管理提供了组织保障，《村组法》颁布后更是为农村妇女参与村落治理提供了制度保障。除了人口结构、家庭类型以及其他外部因素外，我们把农村妇女参加村级（村民代表）大会作为切入点来看其在不同阶段的政治参与状况。

1. 人民公社时期被动参加生产队的社员大会

新中国成立前夕，具有宪法效力的《中国人民政治协商会议共同纲领》明确规定，妇女在政治上拥有与男性平等的权利；1949年中华人民共和国成立后，西部地区农村妇女与全国人民一起参加民主改革运动与社会主义建设，1954年颁布的《中华人民共和国宪法》进一步规定，“妇女在政治的、经济的、文化的、社会的和家庭生活等各个方面享有同男子平等的权利”，为包括西部地区农村妇女在内的中国妇女实现男女平等提供了制度性保障，具有划时代的意义。从1955年起，《人民日报》在“三八”妇女节都会发表有关妇女的社论，这种惯例是我国政府对妇女权益保护的重要政治导向和舆论宣传。相比在参加土地改革、剿匪反霸、抗美援朝、“三反”和“五反”等一系列政治斗争中涌现的各类积极分子来说，对于广大农村妇女来说，参加具有计划经济与派工派活性质的人民公社，通过集体劳动形式切实地确立起“妇女能顶半边天 ”的政治地位。

与人民公社制度相适应的是经营上的政社合一，生产上的集中劳动，分配上的统一核算等，实行公社、生产大队和生产小队三级管理等（在一般情况下，公社人口数量为4~6万人，生产大队人口数量为2000人左右，生产小队人口数量为100余人）。作为行政职能和经济职能合二为一的生产大队全称为生产大队管理委员会，由大队支部书记（副书记）、生产大队长（副大队长）、妇女主任、团支部书记和民兵营长等全脱产的干部组成；而生产小队一般由支书、队长、妇女主任、民兵排长以及出纳等半脱产干部组成，其中妇女主任作为本生产队里的骨干，主要是带领妇女参加生产劳动，并且每天还要根据女社员的年龄和劳动能力等分配不同的农活。在参加公社或者生产大队的大会战时，生产小队的妇女主任一般要担任本小队的铁姑娘队队长。作为生产队长的助手之一，妇女主任可以参加队委会议，虽说评定劳动收益（工分）主要由集体协调来决定，但主要还是由队委会决定，有的生产队一个月一评，甚至是一天一评；在农忙季节，队委会也根据劳动时间会给社员在各自底分的基础上提高一个等级记工分。

在人民公社三级所有、队为基础的设置中，西部地区不同族群的农村妇女都生活在特定的生产小队当中，需要“一日三晌下地干活”来挣取全家人一年的口粮与其他生活资料。除了在生产大队和生产小队担任妇女主任等干部外，其他生活在具体的生产小队当中的农村妇女，除了参加集体劳动外，她们的政治参与主要表现在参加生产队的社员大会方面。虽说普通妇女不能参加评定工分的队委会，但是只要是平常有出勤任务的劳动力都要求参加传达中央文件和安排生产任务的社员大会，参加大会就变成一项政治任务，而在会议结束后每个参会人员都能拿到工分（“政治工分”）。“解放（后）入社以来，公社总爱开社员大会，几乎天天晚上都要开会。菊兰每天晚上开会时，总是手里不离针线活。她坐在干部不容易瞧见的地方，耳朵里听着干部们讲话，眼里瞅着从人缝中透过来的一线灯光，手里不停地纳着鞋底、鞋垫或凉袜底等。我的一双深暖鞋，硬是她在一次次开会的会场纳成的。”① 参加社员大会，普通农村妇女是不用发言也不用表态的，只要人到会场应卯就可以做自己的手工活计。在突出政治表现的热潮下，政治工分也应运而生，因为社员只要去大队、公社、县里或者外地开会和学习等，都可以按生产队出工来计算工分。

正如第三章第三节所述，虽然人民公社时期妇女走出家庭参加生产队组织的集体劳动可以挣取工分，但是并没有因此而触及农村的父系继嗣制的家庭结构，因为妇女依然承担着家庭再生产劳动的任务，而无暇分身去发挥更多的政

① 侯永禄．农民日记［M］．北京：中国青年出版，2006：141.

治参与职能，因此，即使强制要求农村妇女参加社员大会，从而保持高出席率，但也只是让妇女的政治参与流于形式；同时人民公社的计划经济和分工派活的高度集中性，严重地束缚了农村生产力的发展，妇女劳动力的主动性与积极性一直得不到发挥，而集体劳动中生产效率低下的问题使得当时全国农村 1/3 的人口一直没有解决最基本的温饱问题。

2. 村民自治时期主动参加涉及自身利益的村民会议

在 1981 年底，全国 90%以上的生产队建立了不同形式的农业生产责任制，特别是全国范围内确立起包产到户家庭联产承包责任制以后，之前生产大队管理委员会的行政职能和经济职能已经完全消失，在行政村（原生产大队）基础上成立的村民委员会成为农村居民自我管理、自我教育和自我服务的基层群众性自治组织。

对于西部地区的农村妇女来说，她们就生活在具体的村民小组（生产小队）当中。《中华人民共和国村民委员会组织法》（2018 年修订）① 规定，村民委员会主任、副主任和委员是由村民直接选举产生，村民委员会每届任期五年，届满要举行换届选举，“对于少数民族妇女来说参与民主选举在很大程度上能够体现政治参与的能力与意识”②。就以四川凉山彝族农村妇女在民主选举活动的参与度为例，③ 选择“去”的占 83.5%，“偶尔去”的占 12.14%，“从来没有去过”的占 4.36%；在对于参选村干部的意愿上，69.9% 的表示“愿意”，21.85%的表示“不愿意”以及 8.25%的表示“无所谓”。虽然 60.7%的彝族妇女认同政治参与其实就是对自身利益的关注，但是当地也确实存在政治参与动因不足以及效率低下的问题，如在选举投票行为上，“家庭意见”占 58.74%，“自己意见”占 24.76%，而“上级意见”占 3.9%以及其他意见占 12.6%。

其实除了参加每 5 年一次的村委会换届选举会议外，对于生活在村民小组（自然村）的女性村民来说，参加村民委员会或者村民小组举行的村民会议也是政治参与的一部分，虽然米歇尔·罗莎尔多（Michelle Z. Rosaldo）早就指出，“男性的活动范围往往在家庭之外的公共领域，这个领域决定了社会的政治问

① 中华人民共和国村民委员会组织法［Z/OL］. 中华人民共和国民政部网站，2019-01-10.

② 杨善华，柳莉. 日常生活政治化与农村妇女的公共参与：以宁夏 Y 市郊区巴村为例［J］. 中国社会科学，2005（3）：117-125.

③ 毛平，张禧，山国艳. 西部民族地区农村妇女发展特点及路径探析：以四川凉山彝族地区农村妇女发展为例［J］. 贵州民族研究，2016（6）：57-60.

题；女性则被局限在家庭范围内，更多关心她们的家庭利益”①。特别是以下这些内容多少都会涉及她们自身的利益或者所占的份额。正如《村组法》第二十四条所规定的，以下涉及村民利益的事项，需经村民会议讨论决定才可以办理，它们是：（一）本村享受误工补贴的人员及补贴标准；②（二）从村集体经济所得收益的使用；（三）本村公益事业的兴办和筹资筹劳方案及建设承包方案；（四）土地承包经营方案；（五）村集体经济项目的立项、承包方案；（六）宅基地的使用方案；（七）征地补偿费的使用、分配方案；（八）以借贷、租赁或者其他方式处分村集体财产；（九）村民会议认为应当由村民会议讨论决定的涉及村民利益的其他事项。也就是说，西部地区各个村落因地理位置和自然条件不同，经济发展状况也不相同，以上事项可能不会全部涉及（如第七条），但是诸如（四）和（六）所涉事项涉及任何一个个体家庭的切身利益，在这种情况下就不可能出现妇女只是作为户主代表去被动开会的情况。

此外，《村组法》第二十一条规定，由一定比例的村民提起就可以召开会议外，还在第二十六条中明确规定每季度需要召开一次会议，这是与村务公开制度有关的；第三十条规定村民委员会应当及时公布下列事项，接受村民的监督：（一）本法第二十三条、第二十四条规定的由村民会议、村民代表会议讨论决定的事项及其实施情况；（二）国家计划生育政策的落实方案；（三）政府拨付和接受社会捐赠的救灾救助、补贴补助等资金、物资的管理使用情况；（四）村民委员会协助人民政府开展工作的情况；（五）涉及本村村民利益，村民普遍关心的其他事项。除了前款规定事项中，一般事项至少每季度公布一次；集体财务往来较多的，财务收支情况应当每月公布一次；涉及村民利益的重大事项应当随时公布。

虽然之前提及的四川彝族妇女的选举投票行为很大程度代表家庭的态度，是与丈夫讨论后的结果，但是《村组法》还是给予了女性村民政治参与的制度

---

① ROSALDO M Z. Woman, Culture and Society: A Theoretical Overview [Z] // ROSALDO M Z, LANPHERE L. Woman, Culture and Society. California: Stanford University Press, 1974: 17-42.

② 村民委员会由主任、副主任和委员共三至七人组成。村民委员会成员中应有妇女成员，在村民委员会当中专设管理计划生育、卫生防疫和共青团专职委员，有的单独分列，有的三职合一由妇女主任担任，大多数情况下这是一个行政村干部中仅有的由妇女出任的职务。村民委员会成员不脱离生产，根据情况，可以给予适当补贴。后来在村民委员会与自然村（村民小组）中不定量设置妇女干部，既代表上级行使行政职能又作为村民利益的代表。

保障。如第二十二条提出召开村民会议，应当有本村十八周岁以上村民的过半数，或者本村三分之二以上户的代表参加，村民会议所做决定应当经到会人员的过半数通过。正是在这些情况下，本村民小组十八周岁的女性村民的意见无论是代表她们自己还是其身后的家庭都不再是可以忽略不计的，还有就是男工女耕模式下留守在村落的妇女其实成了“男户主”的代表。除了大部分积淀在种植与养殖业中的妇女外，还有的农村妇女本身活跃在集体经济、个体经济和私营经济之中，她们的生存理性成为其政治参与的基本动力。也就是说，如果村落里有数量众多的经济资源可以为自己和家庭带来物质利益（至少是不损害），她们就会在比较政治参与的投入与预期回报的情况下，特别是“维护自己的家族或利益群体在村庄既定权力格局中的有利地位，扩大自己这一方（家族或利益群体）在村庄中的势力，通过选举进入村庄权力中心等”①情况下，进行权衡利弊表决，进而最终影响甚至改变村落中已有的关系网和权力格局。

目前，学术界对西部地区农村妇女的政治参与情况与改变农村妇女政治参与现状进行了多角度的探究，如从政治面貌、职业和对政治的了解程度对农村妇女政治参与的影响因素进行分析；② 或者从经济和社会发展水平、社会环境、政治体制和法律法规、妇女自身因素等分析农村妇女政治参与的情况；③ 并进而提出借助农村妇女自组织活动（如广场舞等）的政治渗透作用来改变农村妇女政治参与的思路。④ 如我国农村出于村庄空心化等原因，妇女成为农业生产的主力和村庄选举的重要主体，许多农村“女性精英”不仅是小家庭的“女当家”，也是广场舞团队的优秀领导人，但在村级政治参与方面动机、能力及机会均处于弱势，特别是当选村委会主要领导职位的比例非常低，但是伴随农村文化活动的政治化演变，广场舞这种具有民主意识和民主管理能力训练内涵的自组织将成为农村妇女迈向政治参与的雏形，并在一定程度上逐渐改变村庄治理格局与面貌。

（二）公共政策助力农村妇女开发政治参与需求并转换为行动

由于传统性别角色的影响，西部地区农村妇女在政治参与方面普遍存在缺

① 杨善华，罗沛霖，刘小京，等．农村村干部直选研究引发的若干理论问题［J］．社会学研究，2003（6）：103-108.

② 郭君平，王春来，张斌，等．转型期农村妇女政治参与态度与行为逻辑分析：以苏、辽、赣、宁、黔五省（区）为例证［J］．中国农村观察，2016（3）：27-40.

③ 魏君．农村妇女政治参与现状背后的原因探讨［J］．现代妇女，2014（12）：99.

④ 韩国明，齐欢欢．农村“女性精英”广场舞领导与村委会竞选分析：动机、能力与机会：基于甘肃省 16 个村庄的实地调查访谈［J］．贵州社会科学，2017（2）：85-91.

陷，即男女两性均认为男性参与村落纠纷解决和村落治理等社区事务是天经地义的，男性的社区角色就是包括担任寨老、寨主和村寨头人等管理职位，正如第三章显示的妇女的社区角色主要是公益性和仪式性的，妇女往往无权过问村落的公共事务，更不用说参与决策，即传统性别文化将妇女排斥在公共事务的管理与决策之外，导致妇女对家庭之外社区中政治参与并无兴趣，也不具备政治参与的本领与能力，从而失去从根本上维护自身在家庭与社区当中权利的机会。除了改善妇女政治参与途径和参与方式外，公共政策可以通过学校教育层面来缩小男女两性的教育水平差距，开发妇女的政治需求并促使其转化为行动，才能使其在社会生活中真正撑起政治参与的“半边天”。

1. 农村妇女接受现代学校教育的年限不足

中华人民共和国成立后，党和政府十分重视西部地区的教育问题，普及六年制和基本普及九年制义务教育，有的地区开办民族小学和民族中学，大力普及现代学校教育，提升西部地区农村妇女的教育水平。由于传统西部地区农村妇女家庭教育的目的是培养女儿将来能扮演好妻子角色和母亲角色，所以母亲主要教会女儿操持家务、纺线织布以及照看弟妹等；其实这既是实际生活所需，又是未婚女孩在婚姻市场中的加分项。由于需要花费大量时间学习这些传统技能，就会阻碍女孩更好地接受现代学校教育，特别是现代学校教育的课程设置、教学内容和教育目标与传统性别角色定位存在明显的差距，所以女孩上学无用论思想泛滥，从而导致西部地区农村妇女在接受现代学校教育中长期处于滞后状况。

第二期中国妇女社会地位调查报告（2000 年）的统计数据显示，我国女性总体受教育水平有了较大提高，但农村妇女接受教育水平仍然偏低，与男性相比差距较大。如农村女性文化程度为初中以上的比例是 41.2%，比男性低 21.9 个百分点；而女性文盲率为 13.6%，比男性高 9.6 个百分点。[①] 据第五次人口普查数据发现（2000 年），15 岁到 19 岁之间的女性既未工作也未上学，而在家从事再生产劳动的比例达到 4.12%，而男性该比例仅为 1.02%；另据第六次人口普查数据（2010 年）也发现在西部十二个省区分性别的 15 岁以上文盲人口中女性的比例要高于男性，如表 3.1 所示。

① 国家统计局．第二期中国妇女社会地位抽样调查主要数据报告［R/OL］．国家统计局网站，2001-09-04.

表 3.1 西部地区分性别农村 15 岁以上文盲人口简表（2010） 单位:%

地区	男性	女性	差值	排序
全国	3.92	10.66	6.74	
内蒙古	4.32	10.64	6.32	9
广西	1.94	7.95	5.65	10
重庆	4.47	11.58	7.11	8
四川	5.33	12.95	7.62	7
贵州	7.58	22.60	15.04	2
云南	5.56	13.58	8.02	6
西藏	28.81	47.0	18.25	1
陕西	3.74	9.08	5.34	11
甘肃	9.21	19.95	10.74	4
青海	11.63	25.45	13.82	3
宁夏	7.03	17.02	9.99	5
新疆	2.92	4.50	1.58	12

资料来源：根据中国人口 2010 年普查资料整理。http：//www.stats.gov.cn/tjsj/pcsj/rkpc/6rp/indexch.htm.

此外，第六次人口普查数据还表明，义务教育阶段女童的在校率有随年龄增长而逐步降低的趋势，特别是在 15~17 岁大龄儿童时期下降更加明显。据 2015 年《中国性别平等与妇女发展》白皮书显示，“2014 年初中和高中在校生中的女生比例分别为 46.7%和 50%”①。也就是说，西部农村儿童在初中阶段已经终止学业或者不继续升入高中，特别是初中阶段的女孩要在家中帮忙做家务劳动，照看年幼的弟妹，以此来减轻母亲的家务劳动负担或者让母亲有外出务

① 中华人民共和国国务院办公室．中国性别平等与妇女发展［EB/OL］．中国政府网，2015-09-22.

工的机会，由此可见，西部地区少数民族女孩比男孩更容易辍学，其升学的机会成本更高。

2020年第七次全国人口普查数据显示，西部地区15岁以上人口受教育年限超过10年的且高于全国平均水平的只有3个省区，其余的全在10年以下，目前尚未公布分性别与受教育年限的具体数据，如表3.2所示。

表3.2　西部地区15岁以上人口受教育年限简表（2020）　（单位：年）

序号	地区	受教育年限	排位
1	全国	9.91	
2	陕西	10.26	1
3	新疆	10.11	2
4	内蒙古	10.08	3
5	宁夏	9.81	4
6	重庆	9.8	5
7	广西	9.54	6
8	四川	9.24	7
9	甘肃	9.13	8
10	青海	8.85	9
11	云南	8.80	10
12	贵州	8.75	11
13	西藏	6.76	12

数据来源：国家统计局第七次全国人口普查公报（第六号）[EB/OL]．国家统计局网站，2021-05-11.

《第四期中国妇女社会地位调查报告》显示，截至2020年12月，18~24岁女性的平均受教育年限为12.81年，比2010年增长1.85年；虽然西部农村女性平均受教育年限比2010年增长2.04年，达到7.44年，但依然低于九年义务教育年限，也就是说，要提升西部地区农村妇女受教育的年限仍然有很长的路要走。

新中国成立到改革开放前，我国农村妇女参与村庄治理的热情和积极性非常高。巅峰时，全国70%~80%的合作社由女性担任副社长以上职务，女性担任副社长以上职务的人数占全部人数的66.1%。① 但是改革开放后，农村妇女在村庄治理中的参与度降低，参与热情下降，而西部地区农村妇女能力不足是制约其参与村庄治理的重要因素。在农村，男性比女性享有更多的受教育机会，导致男性在经济能力、谈判能力、调动社会资源能力方面都优于农村妇女。在民主投票的前提下，选民们投票都要进行理性的计算，他们会将选票投给对他们自身有利的候选人，而在经济能力、谈判能力、调动社会资源能力方面都处于劣势的普通女性很难通过选举参与到村庄治理当中。

2. 开发农村妇女的政治参与需求，并促使其转化为行动

虽然现有研究也发现农村妇女的政治参与状况并不与地区的经济发展水平成正比，如“我国中、东部地区的农村妇女较之于西部地区农村妇女而言，其政治参与率相对较低”②，但是就整个西部地区的实际情况来看，农村妇女的政治参与度的确因性别角色而受限，在这种情况下，只有通过公共政策才能开发农村妇女的政治参与需求，并通过具体措施保障来促使其转化为行动。

具体而言，西部地区农村妇女面临的限制因素表现包括两个方面，第一，西部地区农村妇女缺乏接受初等学校教育，尤其是高等教育的机会，导致其长期存留在第一产业，即使在向第二第三产业转移的过程中也长期囿于传统性别分工的领域/职业当中，如第一、第二和第四章相关章节所示，导致妇女的生产劳动和再生产劳动价值长期难以得到公正评价。由于传统西部地区农村妇女在家庭和社区中所承担的工作，多以家庭为轴心，以照料丈夫、孩子和老年家庭成员为主，导致两性村民对于妇女由公益性与服务性的社区角色转向村落治理与管理的政治参与角色还不能完全从心理上给予足够的接纳、认同和支持。丈

① 《新中国妇女参政的足迹》编写组．新中国妇女参政的足迹［M］．北京：中共党史出版社，1998：51.

② 郭君平，王春来，张斌，等．转型期农村妇女政治参与态度与行为逻辑分析——以苏、辽、赣、宁、黔五省（区）为例证［J］．中国农村观察，2016（3）：27-40.

夫、家庭成员、普通村民妇女竞选村干部的不赞成，村民对妇女的政治参与能力要求较为苛刻，对妇女政治参与的角色期望不高，加之当地村民对妇女参政水平和作用的评价也较为低下，这些都增加了妇女政治参与的心理压力并导致其出现信心不足问题。

第二，西部地区农村妇女的再生产劳动任务繁重。如《第三期中国妇女社会地位调查报告》（2010 年）[①] 数据所显示的，在 3～10 岁的农村儿童中，35.9%从没上过幼儿园，而“附近没有幼儿园”是其主要原因。在农村 25～34 岁有 6 岁以下孩子的母亲在业率为 79.7%，比没有年幼子女的农村同龄女性低 6.7 个百分点；18.9%的在业母亲有时或经常为了家庭放弃个人发展机会，比男性要高 6.5 个百分点。这一情况还是全国农村的平均水平，在经济社会发展状况不佳的西部地区则有着更高的发生率，即农村妇女有着更低比例的就业率和更少获取现金收入的机会。《第四期中国妇女社会地位调查报告》（2020 年）显示，家有 3 岁以下孩子的家庭有“托幼服务”需求的比例为 35.1%，但 3 岁以下孩子白天主要由托幼机构照料的仅占 2.7%，由母亲照料的占 63.7%，由此可见女性的家庭照料负担重而公共服务支持不足。截至 2020 年 12 月，农村在业女性中，37.8%的农村女性有外出务工经历，返乡女性从事非农劳动的比例为 52.6%，而通过职业或者就业身份分析发现，“外出频率较高的农村妇女参与村庄公共事务的概率比外出频率较低的农村妇女高 1.342 倍”[②]。也就是说，外出频率高、与外界接触较多的农村妇女的视野和思路较为开阔，对村落公共事务的认知程度也较强，因此其政治参与度也相对较高。而且年收入较高家庭的女性的政治参与度也相对更高。此外，年轻女性参与民主政治和基层社会治理的意愿更强和能动性更明显。《第四期中国妇女社会地位调查报告》（2020 年）显示，在 18～24 岁的农村女性中，31.3%有参与村委会成员竞选的意愿；在 25～34 岁的农村女性中，这一比例为 33.5%，远高于其他年龄段的妇女群体。

对于公共政策的制定者和执行者来说，通过以学校教育作为基础，鼓励农村妇女以发展经济为依托，以经济地位的提高为契机来开发农村妇女的政治参与需求是较为有效的路径，即“通过乡村妇女经济上的独立来取得政治权利上

① 第三期中国妇女社会地位调查课题组．第三期中国妇女社会地位调查主要数据报告［R］．妇女研究论丛，2011（6）：5-15.

② 方帅．当前农村妇女政治参与现状及影响因素研究：基于全国 1036 位妇女农户数据的回归分析［J］．山西农业大学学报，2018（10）：38-43.

的平等"①，经济地位的提高既成为引导农村妇女参与乡村治理的重要突破口，又是冲破传统性别文化束缚、改善不平等性别权力结构的关键。陕西政府试点陕南两县八名农村女性经济精英尝试进入村落权力中心并参与乡村治理事务，目的在于促使其从经济精英转变为治理精英，突破传统性别角色的限制并改善传统性别权力结构，从而推动村落治理并且助力乡村振兴。

当然，随着经济社会的发展，我国农村妇女的政治参与意识与参与行为在不断强化。"我国农村妇女对村务关注的占比从2013年59.21%上升到2017年的65.08%。"② 如在云南哈尼族农村妇女当中，她们在第一、二、三产业中就业，从而形成了有别于只从事农业生产的单一角色，如以种植业为主，以养殖和销售农副产品为辅的生产者，受雇于私营企业的职工或者个体经营户的雇工，自营农场、饭店以及加工行业的企业主等，可以看得出其教育经历、职业经历以及从事行业等个人经历与职业经历大相径庭，因此，同为妇女的她们不会因性别的一致而出现利益的一致，因此如何表达自己的利益诉求并达成村落层面的一致还需要探讨另外的方式和途径。

农村社区在村干部选举中强调女性选民的参与，特别是女性候选人的比例，例如某村中现有纳入财政补贴的村干部五名，其中女性两名，担任村副主任和妇女主任。除了开发妇女政治参与需求外，公共政策还需要制定明确规定与细则来构建妇女权益保障体系，建立政策与法律相支撑的刚性制度供给等把妇女的政治参与需求转化为行动。《中华人民共和国妇女权益保障法》（2018年修订）在首要位置对妇女的政治权利做出了规定，如"女性有权通过各种途径和形式，管理国家事务，管理经济和文化事业，管理社会事务；女性享有与男性平等的选举权和被选举权等"，其中更是明确规定"妇女村民代表应当占村民代表会议组成人员的三分之一以上"。虽然我国从法律层面保证男女两性的平等地位，而要实现农村妇女的政治参与权，还需要政府各级部门制定具体措施来使其落到实处，得到充分保障。在《青海省妇女发展规划（2011—2020年）》中规定"基层领导班子中女性比例进一步提高。争取90%以上村（牧）委会中至少有一名女性，女村委会主任比例达到2%，100%的居委会中有一名以上女性"。青海省人大常委会颁布实施的《青海省村民委员会选举办法》中对妇女参

① 海莉娟．从经济精英到治理精英：农村妇女参与村庄治理的路径［J］．西北农林科技大学学报，2019（5）：48-56.

② 方帅．当前农村妇女政治参与现状及影响因素研究：基于全国1036位妇女农户数据的回归分析［J］．山西农业大学学报，2018（10）：38-43.

选做出了具体明确的规定,[①] 在“总则”章节第二条中明确规定“村民委员会中应当有妇女成员”，在“提名候选人”章节第十九条中明确规定“正式候选人中应当至少有一名女性”。青海省民政厅公布的第九次村（居）委会换届选举结果显示：全省共有 5818 名和 3458 名妇女干部进入村和社区“两委”班子，分别占干部总数的 15%和 67.9%，实现了全省每个村（社区）“两委”班子中至少有 1 名妇女干部的预定目标。

从全国范围来看，女性的地位整体得到了提升，但地区间、城乡间妇女的地位依然存在较大差距。《中国妇女发展纲要（2011—2020 年）》（以下简称《纲要》）对村委会中女性成员的比例提出了明确的目标要求。农村妇女的政治参与是乡村振兴战略实施进程中不可忽视的一项内容，有效参与乡村治理能有利于农村的产业兴旺、乡风文明以及实现基层社区的有效治理。《第四期中国妇女社会地位调查报告》（2020 年）显示，截至 2020 年 12 月，农村妇女在至少参与一种民主管理、民主监督、社会公益活动的比例为 31.9%，其中 18~24 岁农村女性相对更积极，比例为 52.5%，比 2010 年提高 8.8 个百分点。目前农村妇女的政治参与虽取得了一定成效，但在政治参与度、实际效能和相关机制等方面仍有待提高。针对从事农村电商的年轻妇女因为“难以安排出时间参与村镇层面以及社会层面的政治事务，只能将自己排除其外”[②] 的现象，各级政府应该制定切实措施，改变农村妇女处于相对不可见状态、无法拥有足够的话语权、难以在基层政治运作之中进行博弈以争取更多资源和资本的状况，建立农村女性利益表达的有效渠道，不断提升她们参与民主政治建设和基层社会治理的意愿、能力和水平。

---

① 青海省人大常委会办公厅．青海省村民委员会选举办法［EB/OL］．青海省民政厅，2018-02-18.

② 聂召英，王伊欢．复合型排斥：农村青年女电商边缘化地位的生产［J］．中国青年研究，2021（9）：96-103.

结论

乡村振兴视野下西部地区农村妇女角色研究的维度与旨趣

乡村振兴战略的主体是包括西部地区农村妇女在内的所有人，激发他们的内生动力是实施乡村振兴战略的关键。乡村振兴战略的实施为西部地区农村妇女提供了发展机遇，在乡村振兴视野下进行西部地区农村妇女角色研究具有三重维度。也就是说，实施乡村振兴战略，不仅要开发农村妇女的人力资源，而且要解决影响她们主体性和能动性发挥的限制性问题，实现性别平等并推动男女平等的基本国策落到实处。

一、西部地区农村妇女角色研究的三重维度

如果说妇女在发展界中的能见度得益于国际社会尤其是联合国系统的不间断努力的话，那么妇女研究在中国人文社会科学领域的能见度则与1995年第四届世界妇女大会在北京召开有着莫大关系。① 那么，在实施乡村振兴战略过程中到底有没有做西部地区农村妇女角色研究的必要？主要研究西部地区农村妇女的什么角色？研究西部地区农村妇女角色的目的是什么？而厘清这三个问题的答案指的就是乡村振兴视野下西部地区农村妇女角色研究的三重维度，即它是一项关于妇女的研究，一项发现妇女的研究以及一项为了妇女的研究。

（一）一项关于妇女的研究

1995年第四届世界妇女大会前后，如雨后春笋般冒出来的我国妇女问题激发了国际社会的广泛关注，许多双边、多边及非政府捐赠机构在会议的筹备期间或会后从自身目的出发开始赞助我国妇女学学科建设、妇女社会地位调查、妇女与生育健康、反家庭暴力、扶贫与社区发展、女村干部与妇女参政能力等妇女发展项目，一改以往中国妇女研究难以获得立项的积贫积弱状况，一时间

---

① 1990年、2000年、2010年和2020年，全国妇联和国家统计局组织了全国规模的第一期至第四期中国妇女社会地位调查，内容包括健康、教育、经济、社会保障、政治、婚姻家庭、生活方式、法律权益和认知、性别观念和态度九个方面。通过这种全国性、连续性和权威性的调查，就是为了全景式了解每十年中国妇女生存和发展的状况，旨在服务于国家发展规划纲要和中国妇女发展纲要编制等国家战略的谋划。

"妇女/社会性别"项目成为中国人文社会科学横向课题中的一匹黑马，很快便汇集了海外汉学/本土队伍，全国各类高校/社会科学院系统/妇联组织等各路人马。

20世纪80年代末90年代初留学欧美的女性学者译介了欧美女性主义百余年来的众多理论，自由主义女性主义、激进主义女性主义、社会主义女性主义、心理学女性主义、后现代女性主义、后结构女性主义、黑人女性主义以及第三世界女性主义等改变了20世纪90年代以前马克思主义女性主义在中国一家独大的局面；口述史、社会性别分析等方法也陆续进入中国……通过这些"走出去，请进来"的措施，关于欧美女性主义研究的理论、方法与实践的探讨开始频繁出现在中国的期刊、图书与媒体上，翻开任何一本期刊，特别是有关我国妇女问题中的女工下岗、女大学生就业、女村民的政治参与问题等研究文章比比皆是，但是这类妇女问题研究类文章的最大特点往往是把社会问题妇女化，特别是性别本质主义的分析结论往往大行其道。然而，得益于妇女研究国际话语和理念的影响，现在从妇女发展的政治立法、机构设置、妇女运动乃至具体入微的妇女研究都不再关起门来自说自话，我国的妇女研究已成为国内全球化程度最高的领域之一。

2010年以来，随着党中央对三农问题的重视，中国农村的农业女性化问题、农村妇女家庭地位问题、农村妇女的教育问题、农村女性的流动问题以及农村妇女参政议政等问题引起了学术界的广泛关注，包括但不限于以下著作：刘世凤的《索玛花的叙事——四川凉山彝族女性研究》（九州出版社，2010年）、张宏宏的《平地女性与山地女性——大理地区不同生态环境下女性地位的变迁》（民族出版社，2011年）、李智环的《经济组织中的维吾尔族妇女》（中国社会科学出版社，2011年）、朱慧珍主编的《女性生存状态透视——广西少数民族女性口述史》（广西师范大学出版社，2013年）、金一虹的《中国新农村性别结构变迁研究：流动的父权》（南京师范大学出版社，2015年）等。也就是说，在乡村社会的转型过程中，农业的承担主体发生了变化，因此，在对农村发展的研究中必须重视妇女。正如贺雪峰所说的，中国各地农村的情况各有不同，同样，各地农村妇女的生存境况也有很大差别，不能一概而论，妇女研究应该提供各地不同的案例和田野材料，尤其是要增添对西部地区农村妇女的研究，特别是地方性的材料，丰富中国的农村妇女研究。同时兼顾中国现代化进程的背景，呈现现代化进程中的农村妇女的具体生存现状。①

正是在这种学术全球化的发展过程中，妇女研究的理论与方法不断得到改善，包括一些偏差性认知也将会在发展中得到纠正和澄清。截至 2023 年 6 月 25 日，中国知网上有 15560 篇标题包含“乡村振兴战略”的论文，以“乡村振兴与农村妇女”为标题，可以在知网上检索到相关学术论文 70 篇，涉及妇女就业创业、政治参与、村庄治理、精神生活和思想政治等主题，其中与西部地区有高关联度的论文 11 篇。也就是说，现在或者未来国内学术界对西部农村妇女在乡村振兴战略中的作用、路径等研究方兴未艾,② 完全有可能成为一片大有可为的学术沃土。

（二）一项发现妇女的研究

与表面上的热闹相比，事实上中国妇女研究面临着各种挑战，形成这种境况的原因既复杂也简单。一方面是既得利益者（男性与女性兼有）觉得妇女研究不是什么真正的知识，只是极端的欧美的女性主义者对知识、理性或者男性的攻击而已。当然，他（她）们不愿意公开表露或表达这种敌意，而是以各种貌似客观科学的名义来误导读者和学生，让他（她）们相信男强女弱的历史不可更改，也无须更改，或者说男女不平等有其历史原因，或者现实上的男女不平等也并没有那么恶劣等。其实“人只能理解他头脑允许他理解的东西，一个再聪明的人也不能超越他的大脑”③，这种漠视与忽视与 20 世纪 60 年代美国妇女学所遭遇的状况如出一辙。当然，目前对于这一状况也只能选择等待，等待妇女研究不再被假装看不见就不存在的那一天到来。如在 2019 年、2020 年和 2021 年国家社科基金规划立项课题中，我们已经看到在那些最不可能发现妇女的学科中，学者们也开始从事“发现妇女”的相关研究了。2019 年以妇女或者性别为名称的国家社科基金课题立项项目分布在党史党建（1 个）、经济学（2

① 贺雪峰．中国农村的区域差异与性别问题［J］．云南行政学院学报，2018（1）：4.

② 刘继文，良警宇．生活理性：民族特色产业扶贫中农村妇女的行动逻辑：基于贵州省册亨县“锦绣计划”项目的经验考察［J］．中国农村观察，2021（2）：15-27；李敏，刘淑兰．乡村振兴战略下农村妇女政治参与及引导路径［J］．福建农林大学学报，2019（4）：9-14；吴惠芳．如何在乡村振兴中助推妇女赋权与发展：“乡村振兴与妇女发展”学术研讨会之新视点［N］．中国妇女报，2018-06-12（B1）；刘华芹．民族地区乡村振兴研究现状与展望：基于 CSSCI 文献的分析［J］．湖北民族大学学报，2021（3）：88-100.

③ 胡克斯．激情的政治：人人都能读懂的女权主义［M］．沈睿，译．北京：金城出版社，2008.

个）、法学（1个）、中国历史（3个）、世界历史（2个）、人口学（5个）、宗教学（1个）、中国文学（3个）和外国文学（2个）等多个学科领域，而在2021年以妇女或者性别为名称的国家社科基金课题立项项目除了社会学和民族学外只分布在哲学（1个）、人口学（1个）、外国文学（2个）和中国文学（1个），且大多属于“发现妇女”，顶多是“关于妇女”的研究，离“为了妇女”的妇女研究来说还有相当的差距。

另一方面也有从事妇女研究者自身的问题。从事妇女研究的学者来自人文社会科学的所有领域，文学、历史和社会学是女性主义的最初阵地，随后心理学、人类学、教育学、政治学、哲学、法律包括社会工作的执教者也纷纷跟进，从事与自身学科结合的妇女研究。总的来说，妇女研究者通常都对妇女知识生产中的不平等格外敏感，因此，就女性谈女性，突出妇女与强调妇女成为研究中的一大趋势。把妇女的经验作为学术研究的主题本无可厚非，但是如果没有问题意识的话，就无法聚焦于某一点进行深入讨论。至于分析方面则更是不足，要么把社区发展的落后归因于妇女的素质低，主张女性要“自强、自信、自尊、自爱”，但是却没有进一步挖掘要实现这“四自”并不能只依靠妇女个体的意志与能力；要么把生育偏好说成是传统文化的男尊女卑的糟粕等，至于传统文化得以生存和延续的土壤则大多语焉不详。总之，这些只单纯以女性视角来构筑妇女研究的成果整体偏弱，原因就在于妇女研究者的学科意识不足。

对于我国西部地区农村妇女研究来说，不仅要到古代神话传说中去找女神，重建女性的光荣历史，还要从社会变迁中去建构性别认知与身份认同，而后者更是妇女全面定位自己身份的契机。我国改革开放40多年与联合国世界妇女发展十年几乎同步，我国西部地区的农村妇女从西藏到成都，从傣族再到摩梭人等，不论她们本身是牧区的农妇、工厂的打工妹、餐馆服务员还是在从事歌舞表演的演员，她们的职业经历本身就是巨大的时代变革和社会转型的最好缩影。① 如沈海梅的研究揭示现代性对一个傣族村寨性别分工的影响，反映出现代性对傣族男女的不同意义；② 刘永青的研究指出当“民族旅游”大潮涌向落水

---

① 王星星．技艺与性别：热贡唐卡女性艺人的技艺实践［J］．内蒙古民族大学学报，2019（5）：37-44．李玭蒨．旅游发展对民族地区女性社会地位的影响研究：以西江千户苗寨为例［D］．贵阳：贵州民族大学，2018；李萍，吴亚平．民族村寨旅游发展的阶段性演化与女性增权的差异化表达：基于贵州雷山县三个苗族村寨案例的实证分析［J］．贵州师范学院学报．2017（7）：12-17.

② 沈海梅．族群认同：男性客位化与女性主位化：关于当代中国族群认同的社会性别思考［M］．民族研究，2004（5）：27-35.

村摩梭社区时，男性成功地从家户领域跨入公众领域，而女性则被羁縻在“主内”的传统角色中徘徊和挣扎；[①] 朱虹和潘毅等人的研究则揭示出劳动力市场中打工妹所面临的“水平隔离”和“垂直隔离”问题；[②] 陈雷的研究则表明女性外出打工可以使当地村落一部分家庭层面出现“男主内、女主外”的性别分工模式。[③]

另外一些学者则把男女两性进行比较研究，也就是说，社会结构和组织是怎样塑造男女的社会性别的？这种“性别的差异性”有多少是由生物种类决定的，有多少是由文化社会决定的？人类学的民族志方法正好长于细致展示社会和文化对性别的形塑过程。如对云南民间的传说故事、歌谣和谚语进行解析与分析，就会得出不重蹈窠臼的结论，而不仅仅认为这些文本只是“蕴藏了民族发展的历史、风俗、道德和宗教信仰等内容”。通过讲故事、猜谜语、唱民歌等方式进行的知识传承本身就是一种性别社会化的过程，少年儿童是以成年人的性别模式作为模仿对象的，也就复制了父母的社会性别意识。

（三）一项为了妇女的研究

传统西部地区的农村社会中认为男性“养家糊口”的生产劳动是公共领域的社会劳动，而女性“照料丈夫和抚育子女”的再生产劳动是私人领域的家务劳动，只有使用价值而不能称其为经济活动。这种对于妇女贡献的隐匿主要源于不能对妇女角色给予适当评价，或者说是对妇女角色的刻板印象在起作用。

以往人类知识的建构基本忽视了性别因素，把主要是男性创造的知识看成是全人类的知识，妇女研究提出要以性别的视角来重新理解知识，有关人类另一半的知识才终于源源不断地涌现出来，这种“弥补历史”的努力同时也有自我精神完善的目的：寻找妇女的榜样，提高妇女的自我意识，创造积极的自我形象等。其实在这个过程中，既有重新认识，重新评价那些被认为理所当然事情的解构过程，也有寻找新的主体或新的理论并在批判中重建的过程。研究发现，妇女并非完全被动，在历史上妇女也是积极的成员，能够发挥自己的作用

---

① 刘永青．民族旅游与社会性别建构：以宁蒗落水村摩梭妇女为个案［M］//张晓萍．民族旅游的人类学透视．昆明：云南大学出版社，2005：243-255.

② 朱虹．打工妹的城市社会化：一项关于农民工城市适应的经验研究［J］．南京大学学报，2008（4）：52-57；潘毅．开创一种抗争的次文本：工厂里一位女工的尖叫梦魇与叛离［J］．社会学研究，1999（5）：11-22.

③ 陈雷．农村女性外出务工与家庭性别关系的变迁：以四川 G 村为例［EB/OL］．中国高校人文社科网，2005-10-26.

并彰显自己的能力。这样一来，妇女研究就可以从研究妇女的“问题”转变到寻找妇女的力量上来。

正如列维-斯特劳斯（Claude Leui-Strauss）所说的：“动植物不是由于有用而被认识的，它们之所以被看作是有用或有益的，正是因为它们首先已经被认识了。”① 如云南省新平县嘎洒镇的农村妇女采集食用的野生蔬菜种类共有72种，归属59属44科；药用植物53种，归属50属33科；染料植物10种，归属9属8科等。西部地区农村妇女能够熟练地掌握关于自己生活区域周边的生态环境和植物的各种知识，她们懂得采摘植物的技巧、保护水源地的技巧以及保护生态环境的技巧等，这些对于整个村落的建设来说起着十分显著的作用。

妇女研究最根本的目的是为了发展妇女的潜能，从而促进每一个个体的成长。最关键的是要建构什么样的妇女知识来启发与教育妇女，让她们认识到自己的力量和价值，从而相信自己的潜能，而不只是空洞地说妇女需要“自尊、自信、自立、自强”（四自），只把“四自”名词强加于妇女本身是于事无补的。当然，这里所谓的妇女知识本身是妇女需要的并且能从中受益的，这是所有从事妇女研究的学者需要思考的问题，即如何收集基于妇女实践的经验，如何进行归纳与总结，如何能让更多的妇女从中受益。也就是说，从事妇女角色研究本身既是一个尊重研究对象实践经验的基础研究，又是一个服务研究对象的行动研究，两者具有知行合一性。

二、实现性别平等并推动男女平等的基本国策落到实处

2017年，党的十九大提出实施乡村振兴战略。2018年中央一号文件明确提出“实施乡村振兴‘巾帼行动’”，将妇女作为实现乡村振兴的重要力量，于是激发女性的主体性和能动性，保护女性的利益诉求也成了乡村振兴的重要课题。而进行西部地区农村妇女角色研究的旨趣就是实现性别平等并将推动男女平等的基本国策落到实处，当然，这也是乡村振兴的题中应有之义。

（一）西部地区农村妇女是实现乡村振兴的重要力量

2019年2月19日，中共中央在《关于坚持农业农村优先发展做好“三农”工作的若干意见》中明确提出：“加强制度建设、政策激励、教育引导，把发动群众、组织群众、服务群众贯穿乡村振兴全过程，充分尊重农民意愿，弘扬自

① 列维-斯特劳斯．野性的思维［M］．李幼蒸，译．北京：商务印书馆，1987：13.

力更生、艰苦奋斗精神，激发和调动农民群众积极性主动性。”①国家明确提出在实施乡村振兴战略中需要汇聚全社会力量，特别是要激发农民群众的主体作用，而农村妇女既是乡村振兴战略实施过程中的重要对象和目标，也是推动这一工作的主要力量。习近平总书记在全球妇女峰会上指出：“中国将更加积极贯彻男女平等基本国策，发挥妇女‘半边天’作用，支持妇女建功立业、实现人生理想和梦想。”② 在乡村振兴的战略大背景下，农村妇女可以在实现性别平等的大前提下参与更多的乡村建设工作，这对其既是重大的机遇，也是巨大的挑战。

截至2020年底，我国已经如期完成全面建成小康社会的第一个百年奋斗目标，即消除贫困地区部分人口的收入无法满足生存需要的绝对贫困问题，而为了巩固我国农村地区整体摆脱贫困的成果，就需要全面实施乡村振兴战略，到2035年我国要基本实现农业农村现代化，到21世纪中叶全面实现农业强、农村美和农民富的发展目标，为实现全体人民共同富裕奠定坚实的基础。除了巩固脱贫攻坚这一来之不易的成果外，学术界开始聚焦乡村振兴战略的内生动力问题，③ 农村妇女作为乡村振兴的重要主体，既是乡村振兴的享有者和受益者，也应该是乡村振兴的积极参与者。然而广大农村妇女接受学校教育的年限短、非农劳动技能缺乏、非农收入不稳定、政治参与不足以及基本权利得不到保障等问题突出，直接阻碍了妇女参加乡村振兴的积极性。

相关部门如何发挥农村女性的主体性作用，调动其参与乡村振兴的积极性、主动性、创造性，成为理论界和实践界关心的问题。首先，为了全面实现乡村振兴战略，各级政府要对西部地区乡村社会主体之一的农村妇女进行全方位的赋权，特别是运用报纸、广播、电视等传统媒体宣传民主法治意识的同时，融合公众号、微博、抖音和快手等新媒体，加大对性别平等与妇女权益相关政策的宣传力度，从而激发妇女参与乡村振兴的主体能动性。

其次要投入资金并引导社会力量建立托儿、育儿以及养老等社区便民机构，

---

① 中共中央 国务院关于坚持农业农村优先发展做好“三农”工作的若干意见［EB/OL］．新华网，2019-02-19.

② 习近平谈妇女工作金句：引导妇女既要爱小家，也要爱国家［EB/OL］．中国共产党新闻网，2019-03-08.

③ 吴晓萍．论乡村振兴战略背景下民族地区的乡村建设与城乡协调发展［J］．贵州师范大学学报，2017（6）：54-59；邓磊．西部民族地区乡村振兴的核心是人［J］．华中师范大学学报，2019（1）：19-22；孔瑞，高永久．乡村振兴战略实施中基层少数民族精英的融入机制与作用研究［J］．广西民族研究，2021（1）：144-152.

缓解农村妇女生产角色与再生产角色叠加的双重压力；充分利用家庭成员在再生产活动方面的资源，包括倡导家庭成员之间以互助方式分担妇女的再生产劳动，如父亲参与儿童照料和从事家务活动，父母辈家庭成员分担子代的育儿压力以获取将来的养老资源等。

最后建立激励机制来提高农村妇女在社区事务中的影响力，重视中老年妇女在传承乡村社会文化习俗、技艺和民间知识中的特殊地位和主体作用，保障妇女通过间接或直接的方式来扮演不同的社区角色，“从制度上推动更多妇女参与村级治理，从文化上营造男女平等的意识和氛围，保障乡村振兴战略能够落到实处”①。

（二）保护农村妇女的利益诉求是乡村振兴的重要内容

2022 年 4 月 29 日，国家统计局发布 2021 年农民工监测报告显示，“2021 年我国外出农民工 17172 万人，比上年增加 213 万人，增长 1.3%。外出农民工平均年龄为 36.8 岁，本地农民工平均年龄为 46.0 岁，相差 9.2 岁。可见外出农民工以青年为主。农村留守妇女成了农村人口的主力”②。目前农村至少有一半的劳动力为妇女，所以农村妇女在乡村振兴中起着非常关键的作用。国内学者认为关注乡村振兴除了吸引优秀人才返乡创业、返乡就业外，还需调动农村妇女的积极性和创造性，准确地说就是开发农村妇女的人力资源从而服务乡村振兴大业。阿马蒂亚·森（Amartya Sen）在《以自由看待发展》一书中指出，“使用‘人力资本’的概念只集中注意到了整个画面的一个部分，虽然它无疑是一个进步，但是它确实需要补充。这是因为，人不仅是生产的手段，而且是其目的”③。也就是说，自由是发展的首要日的，发展就是扩展人的实质自由。这种实质自由意指人们有理由珍视的那种生活的可行能力。人的自由而全面的发展就在于获取这种自由，并在这种自由的基础上提升自我发展、自我创造的能力，最终实现人的自由而全面的发展。

具体到本书的研究对象与研究问题而言，妇女是发展农村经济的重要成员，承担着主要的农业生产任务，没有妇女的参与，农业生产能力和农产品质量无法保证，产业兴旺就难以实现。因此在实施乡村振兴战略中，各级政府既要开

① 吴惠芳．如何在乡村振兴中助推妇女赋权与发展：“乡村振兴与妇女发展”学术研讨会之新视点［N］．中国妇女报，2018-06-12（B1）．

② 中华人民共和国中央人民政府．国家统计局发布 2021 年农民工监测调查报告［R］．商业时报网，2022-04-29.

③ 阿马蒂亚·森．以自由看待发展［M］．任赜等译．北京：中国人民大学出版社，2012：294.

发农村妇女的人力资源，又要保护农村妇女合理的利益诉求，如从事非农生产活动和政治参与的权利等，因为实现性别平等并推动男女平等的基本国策落到实处也是乡村振兴的题中应有之义。

1. 保护农村年轻妇女从事非农生产活动的权利

虽然农业比较效益低下，然而土地产出仍然起到基本的保障作用，因此西部农村妇女不仅从事着家庭农业生产活动，而且广泛参与村落中的婚丧嫁娶和人情往来等社区事务，这在一定程度上“促进了女性独立意识、能力提升和两性关系和谐稳定”①。随着农村经济发展，催生出农业经营、乡村旅游、健康养老、托幼服务和教育文化等乡村创新创业机会，再加上农村生活的日益商品化和货币化也在推动着村庄社会观念的更新，特别是农村年轻女性越来越倾向从事非农生产的活动，如年轻妇女充分利用已经出现的机会和自身的知识和资源，利用互联网进行创业活动。

互联网农业是一种革命性的产业模式创新，以互联网为基础和平台，电商农业实现了农产品买方和卖方的无缝连接，随着农业全产业链时代的来临，包括农产品生产、加工、销售、仓储以及物流等环节，不同年龄段的农村妇女通过一定的技能培训就可以胜任这些工作，通过增加其就业机会获得工资性收入。也就是说，互联网农业作为产业转型升级和实施乡村振兴战略的重要抓手，已经成为西部地区精准扶贫的有效手段。

由于西部地区具有独特的自然风光和丰富的多元文化，利用村民的闲置房屋和宅基地可以开展民宿旅游产业，打造文化民宿体验目的地。截至 2019 年 3 月，云南泸沽湖畔大落水村在携程网上可以预定的旅馆数为 82 家，还不包括摩梭村民自建的到店付不提供预定的其他客房，据说全村的床位已经超过 6000 个。摩梭女性可以承担客栈经营中的接待游客、准备餐食以及打扫客房卫生等具体工作。1949 年以前，大落水村很少有人认识汉字，现在全村已有 40~50 个大中专毕业生，他（她）们学成之后纷纷回乡开酒吧和设计制作民族特色的工艺品进行销售，包括在网上处理自家客栈的网上订单等。②

---

① 梁栋，吴惠芳．农业女性化的动力机制及其对农村性别关系的影响研究：基于江苏、四川及山西三省的村庄实地调研［J］．妇女研究论丛，2017（6）：85-97；许传新．西部农村妇女农业生产参与状况及影响因素分析：对四川省 24 个行政村的抽样调查［J］．华南农业大学学报，2009（2）：1-8.

② 包括与丽江旅行社打交道提高自家客栈的入住率，在去哪儿网、途牛网、携程网、艺龙网、马蜂窝和有鱼订房等网站上发布房源信息并接受网上预订退订事宜。

通过具有当地特色的农副产品营销平台，带动周边旅游市场的发展，实现劳动力的就地转移，形成农旅结合的乡村产业振兴模式。如云南泸沽湖畔大落水村牵马和表演歌舞等项目，① 已经扩大为全村所有 18~55 岁的劳动人口都可参加的集体活动，每天 5~6 人为一组，一组一组地轮流参加活动，这样收入就能惠及全体村民。

就互联网农业来说，它在促进农民创业就业，增收节支和提高自身能力，倒逼产业转型升级和优化产业链条，改善农村经济结构并缓解留守儿童及老人等社会问题方面，具有颠覆性的作用与潜力。然而在实践中也存在产品或服务的选择难题、农民自身动力不足、物流成本高昂、信息化水平低和金融排斥等方面的问题，而运营电子商务的已婚农村青年妇女受到来自家庭、村庄和政府机构三个层面的多重隐性排斥，形成了复合型和互构型的排斥效应。为了保护掌握新生计方式的农村青年妇女的权利、资源以及衍生出的现代化的主体性意识，“政府需要对其进行全方位的赋权，将其真正纳为治理、服务的对象，从而为乡村的全面振兴制造新动能”②。

2. 加大力度保护农村妇女的政治参与

乡村振兴的目标之一是治理有效，因此促进农村妇女参与乡村治理也是一个重要议题。各级政府在尊重农村妇女政治参与的行为选择和路径选择时，进行更加完善和具体的制度设计，确保妇女与男性有同等机会进入村级的权力机构。

首先，尊重农村妇女“微参与”与“软参与”的行为选择。福柯曾说：“权力其实是在社会结构和社会关系当中的，是在人与人之间、人和组织之间发生的。”③ 金一虹通过对若干村庄的案例调查，剖析了农村妇女是如何借助村庄经济共同体和治理共同体的转型，发挥自身能动性，并获取妇女组织提供的各种资源，在性别与村庄政治的复杂互动中重新定义公共性，打破公私领域的性别区隔，开启妇女公共参与的新空间。她从日常生活和性别政治的角度重新定义了村庄政治，分析了作为“非世居者”的农村妇女是如何通过从日常的“微参与”“软参与”到直接维权、修改乡规民约以及参选“谋政”等方式，或间接或直接地介入到村庄治理和村庄管理之中的。这是因为“性别政治深嵌入村

---

① 章立明．摩梭人母系家庭与性别分工的百年变迁：以云南省宁蒗县永宁乡大落水村为例［J］．山东女子学院学报，2022（2）：52-60.

② 聂召英，王伊欢．复合型排斥：农村青年女电商边缘化地位的生产［J］．中国青年研究，2021（9）：96-103.

③ 福柯．规训与惩罚［M］．刘北成，等译．上海：上海三联书店，1999：72.

庄的血地缘脉络之中、受制于村庄政治；性别政治的发展逻辑也有改写村庄政治规则的可能”①。

其次，总结农村妇女政治参与的路径选择。张欢欢等人的《赋权理论视角下农村妇女参与乡村振兴的路径研究——以S公益项目为例》② 一文提出通过开展文化娱乐活动，形成一个相对稳定的团队（广场舞队伍），团队成员之间相互支持，分散舆论压力；通过开展志愿服务，农村妇女得到村民的认可，在村庄中树立威信，农村妇女尤其是广场舞队伍负责人的能力得到了锻炼，为农村妇女参与公共事务的行动奠定了基础，有的妇女进入到村两委班子，有的甚至当选为村支部书记。当然，这一实践路径目前仍然在探索阶段，需要更多的案例证明通过组织文化娱乐活动能促使文化娱乐队伍的带头人在管理好队伍时也能成为政治精英，从而参与村庄的社会治理。

最后，完善农村妇女政治参与的制度设计。我国政府以法律的形式确定了农村妇女在村庄治理中的地位，例如2018年修订的《中华人民共和国村民委员会组织法》规定：“妇女村民代表应当占村民代表会议组成人员的三分之一以上。”但是据2017年统计数据显示，“村委会成员中女性所占比重为23.1%”③。随着我国基层民主政治建设不断完善和农村经济不断发展，各级政府需要制定更加具体和完善的措施才能确保农村女性更多地参与到农村社区管理和社会治理当中。④ 也就是说，一旦妇女进入村委会或其他相关议事机构，就能参与制定和落实与实施乡村振兴战略有关的政策制度，民主监督村务公开等事项；参加创建农业合作社和农业企业以及选择经营领域和经营模式，参与沟通协调乡村

---

① 金一虹．嵌入村庄政治的性别：农村社会转型中妇女公共参与个案研究［J］．妇女研究论丛，2019（4）：10-27.

② 张欢欢，陶传进．赋权理论视角下农村妇女参与乡村振兴的路径研究：以S公益项目为例［J］．贵州社会科学，2020（3）：161-168.

③ 国家统计局．2017年《中国妇女发展纲要（2011—2020）》统计监测报告［EB/OL］．国家统计局网站，2018-11-09.

④ 刘筱红．以力治理、性别偏好与女性参与：基于妇女参与乡村治理的地位分析［J］．华中师范大学学报（人文社会科学版），2006（4）：2-6；海莉娟．从经济精英到治理精英：农村妇女参与村庄治理的路径［J］．西北农林科技大学学报（社会科学版），2019（5）：48-56；郭夏娟，魏芃．从制度性参与到实质性参与：新中国农村女性的治理参与及其地位变迁［J］．浙江社会科学，2019（9）：15-20；毛平，张禧，谷光路．乡村振兴视角下民族地区农村妇女政治参与效能提升路径研究：基于四川省凉山州彝族农村地区的调研［J］．安徽农业科学，2019（4）：250-252；汪淳玉，叶敬忠．乡村振兴视野下农村留守妇女的新特点与突出问题［J］．妇女研究论丛，2020（1）：17-25.

内外关系；参加乡村调解自治委员会，成为乡村纠纷调解的核心力量；努力参选和当选人大代表和政协委员，参与乡、村两级妇联执委，利用妇联组织等各类平台对实施乡村振兴战略提出建议和表达诉求等。

参考文献

中文

1. 阿马蒂亚·森．以自由看待发展［M］．任赜，于真，译．北京：中国人民大学出版社，2012.

2. 胡克斯．激情的政治：人人都能读懂的女权主义［M］．沈睿，译．北京：金城出版社，2008.

3. 陈长平，席小平，陈胜利．中国少数民族生育文化［M］．北京：中国人口出版社，2005.

4. 陈顺馨，戴锦华．妇女、民族与女性主义［M］．北京：中央编译出版社，2004.

5. 陈东原．中国妇女生活史［M］．北京：商务印书馆，1998.

6. 杜玉亭．基诺族简史［M］．昆明：云南人民出版社，1985.

7. 杜杉杉．社会性别的平等模式：筷子成对与拉祜族的两性合一［M］．刘永青，译．昆明：云南大学出版社，2008.

8. 方铁．西南通史［M］．郑州：中州古籍出版社，2003.

9. 鲍伊．宗教人类学导论［M］．金泽，译．北京：中国人民大学出版社，2004.

10. 费孝通．生育制度［M］．天津：天津人民出版社，1982.

11. 高发元．云南民族村寨调查：哈尼族［M］．昆明：云南大学出版社，2001.

12. 高发元．云南村寨调查：布朗族——勐海布朗山乡新曼峨村［M］．昆明：云南大学出版社，2001.

13. 里波韦兹基．第三类女性：女性地位的不变性与可变性［M］．田常晖，张峰，译．长沙：湖南文艺出版社，2000.

14. 谷德明．中国各少数民族神话［M］．北京：中国民间文艺出版社，1987.

15. 贵州省编写组．苗族社会历史调查：第 1 册［M］．贵阳：贵州民族出版社，1986.

16. 格桑顿珠．傈僳族文化大观［M］．昆明：云南民族出版社，1999.

17. 和钟华．少数民族妇女与森林［M］//何丕坤．森林树木与少数民族．昆明：云南民族出版社，2000.

18. 侯永禄．农民日记：一个农民的生存实录［M］．北京：中国青年出版社，2006.

19. 黄泽．西南民族节日文化［M］．昆明：云南教育出版社，1995 .

20. 金乐勒．云南少数民族禁忌大观［M］．芒市：德宏民族出版社，2004.

21. 马奇，史密斯．社会性别分析框架指南［M］．社会性别意识资源小组，译．北京：社会科学文献出版社，2007.

22. 米特利．性的政治［M］．钟良明，译．北京：社会科学文献出版社，1999.

23. 刘怡，白忠明．基诺族文化大观［M］．昆明：云南民出版社，1999.

24. 达维逊．性别社会学［M］．程志民，等译．重庆：重庆出版社，1989.

25. 吕大吉，何耀华．中国各原始宗教资料集成：彝族、白族、基诺族卷［M］．北京：中国社会科学出版社，1996.

26. 福柯．规训与惩罚［M］．刘北成，等译．上海：上海三联书店，1999.

27. 《民族问题五种丛书》云南省编辑委员会．佤族社会历史调查：一［M］．北京：民族出版社，2009.

28. 云南民间文学集成办公室．纳西族东巴文学集成 祭天古歌［M］．北京：中国民间文艺出版社，1988.

29. 潘毅．中国女工：新兴打工阶级的呼唤［M］．任焰，译．香港：明报出版社，2007.

30. 彭兆荣．西南舅权论［M］．昆明：云南教育出版社，1997.

31. 布尔迪厄．男性统治［M］．刘晖，译．深圳：海天出版社，2002.

32. 埃什尔曼．家庭导论［M］．潘永康，等译．北京：中国社会科学出版社，1991.

33. 波伏娃．第二性［M］．陶铁柱，译．北京：中国书籍出版社，1998.

34. 万建中. 禁忌与中国文化［M］. 北京：人民出版社，2001.

35. 温益群. 木鼓中的母性之魂［M］. 昆明：云南教育出版社，1995.

36. 文山壮族苗族自治州苗学发展研究会. 文山苗族民间文学集 诗歌卷［M］. 昆明：云南民族出版社，2006.

37. 新疆维吾尔自治区丛刊编辑组. 中国少数民族社会历史调查资料丛刊 柯尔克孜族社会历史调查［M］. 乌鲁木齐：新疆人民出版社，1987.

38. 西双版纳傣族自治州民族事务委员会. 哈尼族古歌［M］. 昆明：云南民族出版社，1990.

39. 杨知勇，李子贤，秦家华. 云南少数民族生产习俗志［M］. 昆明：云南民族出版社，1990.

40. 云南历史研究所. 云南少数民族［M］. 昆明：云南人民出版社，1983.

41. 云南省编辑委员会. 云南少数民族社会历史调查资料汇编：一［G］. 北京：民族出版社，2009.

42.《中国少数民族社会历史调查资料丛刊》修订编辑委员会云南省编辑组. 云南少数民族社会历史调查资料汇编：五［G］. 北京：民族出版社，2009.

43. 云南省编辑委员会. 傣族社会历史调查 西双版纳之三［M］. 昆明：云南民族出版社，1983.

44. 云南省编辑组. 独龙族社会历史调查：一［M］. 昆明：云南民族出版社，1981.

45. 云南省民族事务委员会. 阿昌族文化大观［M］. 昆明：云南民族出版社，1999.

46. 云南生育健康协会. 传统文化与生育健康［M］. 北京：中国社会科学出版社，1997.

47. 杨学政. 原始宗教论［M］. 昆明：云南人民出版社，1991.

48. 严汝娴. 民族妇女：传统与发展［M］. 昆明：云南人民出版社，1995.

49. 杨筑慧. 中国西南民族生育文化研究［M］. 北京：中央民族大学出版社，2006.

50. 叶舒宪. 高唐神女与维纳斯［M］. 北京：中国社会科学出版社，1997.

51. 尹绍亭，秋道智弥，阿部健一. 人类学生态环境史研究［M］. 北京：中国社会科学出版社出版，2006.

52. 赵群，孙大江，张洁，等. 社会性别与技术生存环境［M］. 昆明：云南民族出版社，2000.

53. 赵嘉文，马戎．民族发展与社会变迁［M］．北京：民族出版社，2001.

54. 中国各民族宗教与神话大词典［M］．北京：学苑出版社，1993.

55. 中华文化通志编委会．中华文化通志：彝、纳西、拉祜、基诺、傈僳、哈尼、白、怒族文化志［M］．上海：上海人民出版社，1998.

56. 中华文化通志编委会．土家、景颇、羌、普米、独龙、阿昌、珞巴、门巴族文化志［M］．上海：上海人民出版社，1998.

57. 章立明．结构与行动：西双版纳傣泐家庭婚姻的社会性别分析［M］．北京：人民出版社，2011.

58. 张跃，何明．中国少数民族农村 30 年变迁［M］．北京：民族出版社，2009.

英文

1. GIDDENS A. The Constitution of Society：Outline of the Theory of Structure［M］. Berkeley：University of Coalifornia. Press，1984.

2. PATEMAN C. The Disorder of Women［M］. Cambridge：Stanford University Press，1989.

3. MOHANTY C. Feminist Genealogies Colonial Legacies，Democratic Futures［M］. New York and London：Routledge，1991.

4. HERSHATTER G. The Gender of Memory：Rural Women and China's Collective Past［M］. Berkeley：University of California Press，2011.

5. STONE L. Kinship and Gender［M］. Boulder：Westview Press，2000.

6. ROSALDO M Z，LAMPHERE L. Woman，Culture and Society［M］. California：Stanford University Press，1974.

7. BECK U. Risk Society：Towards a New Modernity［M］. California：Sage Publication，1992.

后　记

1998年，我首次接触社会性别概念，到2002年能运用社会性别分析框架进行社会性别项目培训与撰写相关基线调查报告；2003年以来，我数度为全校本科生开设素质选修课程《两性社会学》和《性别与发展》等；十数年间曾通过专著和论文对性别、妇女以及发展议题进行过专门的探讨。我通过从事教学科研工作、主持课题与项目研究等，已在相关领域积累了不少的工作经验和心得。

我一直有一个心愿就是能够以西部地区农村妇女作为研究对象进行长时段的观察与思考（包括诗经时代—唐诗时代—宋元明清—1949年前—1979年—21世纪），借用摩塞框架对妇女三重角色的界定重新认识西部地区农村妇女的生产角色、再生产角色与社区角色，重建《诗经》时代以来西部地区农村妇女的生活实践与生活价值，从中寻找能为我国性别平等政策所用的文化基因，具有重要的实践意义与理论价值。本书的研究对象包括但不限于汉族农村妇女。西部地区长期存在的农村妇女受教育程度低（2020年第七次人口普查数据）以及文盲率高（2010年第六次人口普查数据）的问题，一方面是该地区经济社会发展水平长期滞后所导致的，另一方面也表明这一地区传统习俗中的糟粕仍在发挥不利影响，因为相比于生产方式与生产工具的变革而言，思想观念变革的阻力更大。知识界通过揭示这类不合理习俗引发思考进而谋求变革需要一个相当漫长的过程，而本书稿就是这个过程中的一次尝试。

在本书稿的撰写过程中，我曾先后得到云南大学民族学与社会学学院的瞿明安教授、云南省社会科学院历史学所的杜娟研究员以及社会学所苏醒博士的大力帮助，在此表示衷心的感谢。

在本书稿的出版过程中，我首先感谢云南大学民族学与社会学学院学术委员会同意全额资助本书的出版，感谢何明教授、李志农研究员、武奇博士以及朱敏女士在此过程中给予的大力支持和实际帮助。我还要感谢匿名评审专家给予本书稿的肯定，他们所提出的中肯意见已经成为本书稿定稿时的主要依据，特别希望成书后也能得到他们的认可。

总之，本书稿历时数年几经修改并最终付梓出版，离不开以上诸位师友的鼎力相助，再次向大家致以衷心的感谢！

章立明书于昆明草海书屋
2023 年 11 月 10 日